CB040686

MENSAGENS DE *Maria* PARA UM *Novo Dia*

Mark L. Prophet
Elizabeth Clare Prophet

MENSAGENS DE *Maria* PARA UM *Novo Dia*

Tradução de
RENATO MOTTA

Consultoria técnica da
SUMMIT UNIVERSITY PRESS

NOVA ERA

CIP-Brasil. Catalogação-na-fonte
Sindicato Nacional dos Editores de Livros, RJ.

Prophet, Mark L.

P64m   Mensagens de Maria para um novo dia / Mark L. Prophet, Elizabeth
Clare Prophet; tradução Renato Motta. – Rio de Janeiro: Nova Era, 2006.
.– (Mensagens Douradas de Maria; 1)

Tradução de: Mary's Messages for a New Day
ISBN 85-7701-129-1

1. Maria, Virgem Santa – Ensinamentos. 2. Santíssima Trindade. 3. Vida
espiritual. I. Prophet, Elizabeth Clare, 1939-. II. Título. III. Série.

CDD – 299.93
06-3013   CDU – 299.93

Título original norte-americano
MARY'S MESSAGES FOR A NEW DAY

Para informações entrar em contato com:
SUMMIT UNIVERSITY PRESS
63 Summit Way, PO Box 5000, Gardiner, Montana, 59030-5000, USA
Tel.: 1-406-848-9500 – fax: 1-406-848-9555
e-mail: info@summituniversitypress.com – website: http://www.summituniversitypress.com

SUMMIT LIGHTHOUSE DO BRASIL
Rua Machado de Assis, 252, Vila Mariana, 04106-000, São Paulo, SP
www.summit.org.br
Fax: (11) 5539-1356

Direitos exclusivos de publicação em língua portuguesa para o Brasil
adquiridos pela EDITORA NOVA ERA um selo da EDITORA BEST SELLER LTDA.
Rua Argentina 171 – Rio de Janeiro, RJ – 20921-380 – Tel.: 2585-2000
que se reserva a propriedade literária desta tradução

Impresso no Brasil

ISBN 85-7701-129-1

PEDIDOS PELO REEMBOLSO POSTAL
Caixa Postal 23.052
Rio de Janeiro, RJ – 20922-970

*A todos os devotos da Mãe Abençoada
e de seu Filho Jesus Cristo*

Sumário

PARTE UM
O Aspecto da Sabedoria da Chama do Cristo
Quatorze Cartas de uma Mãe a seus Filhos

PARTE DOIS

O Aspecto do Amor da Chama do Cristo

Oito Mistérios do Rosário Oferecidos pela Mãe a Seus Filhos

Rosário Escritural de Nossa Senhora
para a Nova Era

PARTE TRÊS
O Aspecto do Poder da Chama do Cristo
Quatorze Mensagens da Palavra da Vida para as
Crianças da Mãe

Prefácio

Amados que amam a vida:

Quero contar-lhes a história de minha conversão ao Espírito da Era de Aquário. A Mãe. A Grande Deusa. "A mulher vestida de sol, tendo a lua debaixo dos pés e uma coroa de 12 estrelas sobre a cabeça."

Minha conversão a Deus como Mãe, o complemento de Deus que eu sempre conheci como Pai, aconteceu por intermédio da abençoada, da maravilhosa Nossa Senhora. Parece-me estranho que nossa tradição judaico-cristã não tenha nos dado um senso do aspecto feminino de Deus. E, no entanto, ela estava lá, junto dele quando Elohim (o plural de Deus, em hebraico, denominação que expressa pluralidade, polaridade, na unidade do Um) nos criou, homem e mulher, à imagem e semelhança do Nós Divino.

Quando encontrei Nossa Senhora, ou melhor, quando ela me encontrou, compreendi finalmente o imenso abismo de solidão que eu e outros experimentamos sem a presença da Mãe. Maria ensinou-me o quanto todos nós, desesperadamente, ansiamos por conhecer nossa Mãe Cósmica e por reconhecer que nossas almas foram geradas no útero cósmico — e o quanto tentamos preencher esse vácuo com uma busca frenética ao culto do prazer, fazendo tanto barulho e correndo de um lado para o outro, tentando escapar da solidão, com a alegria dela silenciada nos sentidos da alma. Os passos dela no portal da consciência, abafados sob a batida de músicas destrutivas, embalando em um sono hipnótico toda uma geração que ela está chamando agora para voltar para casa. Por meio de nossos cultos à morte e ao ato de morrer, escondemos repetidamente esse anseio desesperado de encontrar a Mãe.

A dor tem estado ali há tanto tempo que não a reconhecemos mais, nem sua causa e sua cura. Simplesmente tornamonos cada vez mais auto-suficientes. Tornamo-nos adultos. Não precisamos mais da Mãe. Mas continuamos buscando sua proteção. A TV é mãe — a violência, os comerciais em alto volume, as novelas, o desfile de celebridades, conversas e mais conversas que jamais alcançam a verdade, e o sexo apresentado sob todas as formas possíveis. Serão essas as nossas válvulas de escape para camuflar a falta da Mãe? "Mãe, olhe para mim, fale comigo! Faça alguma coisa! Qualquer coisa! Se não me elogiar quando eu me comportar bem, pelo menos bata em mim quando eu me comportar mal. Mas não me odeie. Mãe, por favor, não me deixe só."

Casos amorosos que se sucedem, um sentimento do amor verdadeiro jamais alcançado, as preocupações com sexo, o corpo feminino, a força sagrada da Mãe que existe tanto no homem quanto na mulher — todas essas coisas são vãs tentativas de alcançar, e até mesmo de controlar, a deusa esquiva. E o que dizer do aborto? E quem, afinal, é realmente abortado, a criança ou a mãe? Este é o anticlímax da relação de amor e ódio com aquela que realmente amamos e que, não importa o que façamos, não nos ama, não precisa de nós, não repara em nós, ou pelo menos assim parece.

O computador passa a ser Mãe, e o que nos é estranho também é Mãe. A fascinação com o horror, o cataclismo e as guerras intergalácticas sobre-humanas e enlouquecedoras entre a persona do bem e do mal se tornam a inversão da nossa busca pela Mãe. E quando ela não vem e continua não vindo, ou assim nos parece, vemos o país em um ato de suicídio nacional, em profunda melancolia e depressão. Ou será isso tudo seu último ato de vingança contra ela?

Sim, precisamos da Mãe Divina. E como precisamos! Precisamos dela tanto quanto precisamos do Pai Divino, pois sabemos que é ela que nos ensina sobre Ele. Sem a Mãe, tememos nos aproximar do trono do Pai. Mas precisamos nos aproximar, pois é lá que está a Mãe!

Quando a Mãe chega — e ao chegar ela nos diz que sempre esteve ali com seu amor —, ela é uma instrutora-mestra. De forma predominante e principal, a Mãe é aquela que conhece o que é conhecido.

Ela nos assegura, nos níveis mais profundos da nossa psique, que nosso Pai e nossa Mãe são Um, e que nossas almas foram criadas a partir da união do fogo sagrado, Alfa e Ômega, no Grande Sol Central. Ela nos tranqüiliza e dissolve nossa inquietude com a certeza de que nosso Pai e nossa Mãe são verdadeiramente um só, e se amam.

Ela nos revela esse amor sob uma perspectiva cósmica — a sucessão de mundos internos e externos, e nos faz ver em toda parte a multiplicação da vida através do seu Verbo enunciado. A união amorosa dos amantes cósmicos é pura luz, luz cintilante, que perpassa a trama e a urdidura de toda a criação, selando nossas almas no Ovo Cósmico. A Mãe nos dá a paz que permeia toda compreensão, compartilhando conosco nossa origem e a experiência da imaculada concepção da nossa alma no núcleo ígneo do ser universal.

Ela nos ensina que há muito tempo, pelo uso do livre-arbítrio, nos afastamos do eixo da vida e desaceleramos nas dimensões do tempo e do espaço, indo para mundos distantes, suspensos em uma liberdade casual e sem propósito, no útero cósmico. Em nossos experimentos com energia, cristalizamos universos e compartimentos de consciência — até que a lembrança do amor deles e de nossas almas embaladas no berço daquele fogo sagrado se tornou distorcida, distendeu-se e, finalmente, desintegrou-se.

Em meio ao nosso completo esquecimento, a única pista que temos é aquela saudade interior, acelerada pela memória interna da alma, a vaga imagem de que uma vez, no passado, formamos uma unidade de amor.

É Nossa Senhora, a brilhante e bem-aventurada filha de Deus, que reconecta nossas almas com o cordão umbilical da Virgem Cósmica. E o ritmo da vida que vem dela, uma vida pulsante, se torna mais uma vez nosso. Nossa Senhora é a encarnação mais aproximada e mais querida que conhecemos da Virgem. Através de uma, chegamos à outra. Nossa Senhora é a mensageira dela, a forma daquela que não tem forma, a presença da esquiva presença dela que, no entanto, tudo permeia.

Por graça das iniciações de sua alma sob a Virgem Cósmica, Nossa Senhora é aquela que foi ungida por Deus para carregar em seu ventre, para nós, o Cristo na pessoa de Jesus, o Filho. Ela vem hoje nos ensinar como nós, também, podemos recebê-lo dentro de nossos corações como a Pessoa Verdadeira de nossa alma. Ela nos ensina a ouvir a voz ainda tímida do Verbo, à medida que ele nos fala dentro dos nossos corações. E, continuamente, explica o mistério do Cristo que habita em nós.

É ela que nos fala do Filho e de seu espírito redentor. Ela nos ensina que somos as crianças amadas por Deus, e que através do nosso amor pelo seu Filho, a quem ela tornou seu próprio filho, podemos nos tornar filhos e filhas de Deus, e que, ao obedecermos aos seus mandamentos, o Pai e o Filho nos amarão com ternura, descerão sobre nós e farão sua morada dentro de nós. Ela é nossa mestra até que O reconheçamos como mestre. E mesmo então, ela se mantém em vigília para cuidar da nossa comunhão com o Pai, o Filho e o Espírito Santo.

Ela é a guardiã da nossa iluminação. Conhece-nos melhor do que nós mesmos. Sabe de nossas fraquezas e preocupações. Escuta atenta, enquanto contamos mais uma vez nossos problemas. Ela nos ajuda a avaliá-los e medi-los em comparação com as montanhas e as estrelas. Ensina a respeito da impermanência do tempo, do espaço e de tudo o que existe. Ela torna a vida linda, plena e alegre — aqui e agora.

Ela é a sacerdotisa no altar do nosso coração, cuidando do fogo sagrado da Trindade. Ela nos mostra como devemos nos curvar diante do Espírito do Senhor, o Consolador enviado pelo Pai e pelo Filho para nos ensinar a prática do amor que dá de si mesmo. Nela, reconhecemos a pessoa que vai nos fazer lembrar de todas as coisas que o Filho nos ensinou quando estava conosco aqui na Terra, e quando estávamos com ele no Paraíso.

Antes mesmo de Abraão nascer, ele nos ensinou o nome EU SOU e revelou o nosso eu verdadeiro que está nele. E pouco antes da nossa última separação no Gólgota, e depois em Betânia, ele nos revelou mais uma vez o nome do Pai, EU SOU O QUE EU SOU, e até mesmo o nome por trás desse nome. E nos revelou o Verbo e o grande mistério da sua encarnação nele. Por fim, desvelou a verdade de que "onde EU SOU — em consciência, em mestria, em amor — ali também nós somos e estamos".

A Mãe nos lembra que podemos realizar todas as obras que Ele realizou, e outras ainda maiores. Ela, a noiva do Espírito Santo, está de pé ao lado do Consolador enquanto ele explica que, através da amorosa obediência ao Pai, do modo sábio de viver nossas vidas e da entrega de nós mesmos ao Filho quando nos dedicamos uns aos outros, a promessa de nossa herança será alcançada.

Às vezes, quando desobedecemos a Ele e queremos fugir para nos esconder, ela nos pega pela mão e nos assegura que podemos encará-lo, podemos receber seu amor purificador e bravamente aceitar a disciplina que nossas almas realmente necessitam e querem. Então, à medida que passamos pelos muitos testes do nosso amor pelo amor deles, ela nos promete que o Filho vai acender a chama da sua consciência crística em nossos corações, tornando-a nossa.

Então, não seremos mais crianças e sim Filhos de Deus e herdeiros, com Ele, da luz interior. E é a Mãe que nos mostra o caminho, passo a passo, nos mostra a senda que nos leva a essa reunião da nossa alma, primeiro com o Pai através do Filho, depois com o Espírito Santo através do Filho e, finalmente, com a companhia dos santos que já alcançaram essa união, seja no Céu ou na Terra.

Nossa Mãe não vai nos abandonar — não, ela não vai nos deixar sozinhos — até nosso rumo estar definido, com as linhas da vitória bem delimitadas, e até que, usando o manto dela e Dele, sejamos fortes o bastante para superar o desafio da vida e vencer.

João deixou registrada sua visão, da Mulher vestida de Sol, e do "grande dragão vermelho", no 12º capítulo do Apocalipse. De acordo com os ensinamentos do Relógio Cósmico, ela aparece no portal da consciência na hora de Aquário. Ao final dos 2 mil anos da dispensação de Peixes, a era de Jesus Cristo, ela dá à luz o Filho Varão que está dentro de todos nós. Seu defensor é Miguel, o arcanjo, que derrota o dragão, o Caído, e o atira, bem como seus anjos, para fora do Paraíso, jogando-os na Terra. Ali, eles continuam "a lutar contra os remanescentes da semente dela, os quais mantêm os mandamentos de Deus e dão testemunho de Jesus Cristo".

O Filho Varão, ó crianças da Mulher, é a consciência Crística individual. E ela está no processo de dar à luz essa Criança Crística dentro de nossa alma. Com essa Criança no ventre, ela grita com as dores do parto, sofrendo tormentos para dar à luz. Estamos vivenciando o momento do seu parto, do nosso nascimento. E somos nós que estamos nascendo e nos transformando no Eu Superior.

O dragão está a postos, pronto para devorar a Criança assim que ela nascer dentro de nós. A semente do dragão que habita a Terra hoje representa o joio que o inimigo plantou junto com o trigo. Eles são as crianças do maligno. Eles se opõem veementemente em todos os limites de consciência à chegada da era da Mulher, nos homens e mulheres, e à chegada da era de seu Filho Varão dentro de cada alma nascida de Deus. Esta oposição se manifesta como a serpente sutil e sua falsa lógica da auto-suficiência das soluções humanas para resolver os problemas humanos, sem a necessidade da Presença da Pessoa do Filho de Deus.

Hoje em dia, nossas idéias sobre a vida estão tão coloridas por essa força do anticristo, esta força que é contrária à luz que existe em mim e em você, que muitas vezes ficamos indignados com a verdade que a Mãe traz, até que ela exorcize o ódio implantado no fundo do inconsciente coletivo pelos filhos do maligno.

Eles são os rebeldes, furiosos com a vida, que dançam sua dança mortal do "faça-você-mesmo", fascinando nossa juventude e levando-a a níveis cada vez mais profundos da morte auto-hipnotizada. Sua morte é tão traiçoeira por ser gradual, um afastar do Eu Crístico, enquanto o corpo e os sentidos externos continuam ativos. Trata-se da morte da percepção, da sensibilidade à vida, da determinação de ser. O seu ódio à Virgem é tão virulento que, todos os dias, eles apresentam o espetáculo da morte suave, da morte adocicada. Não há mais a livre escolha — vida ou morte. A vida não é mais real. A única escolha passa a ser a cor e o sabor da morte.

Observamos crianças pequenas serem atraídas para as drogas, para a violência, o horror, o ódio, a guerra, assassinato e suicídio. Tudo isso preenche o vácuo de tédio que se formou neste tipo de existência, pela falta da equação pessoal da Mãe. Agora enxergamos a imaginação dos corações de alguns homens exatamente como era nos dias de Noé: "apenas o mal contínuo." Vemos que até mesmo os instruídos são magnetizados pelo *glamour* da subcultura autodestrutiva implantada pelos filhos do maligno, que os faz marchar sozinhos, como robôs, rumo ao Juízo Final e à segunda morte.

Os filhos do mal sabem que lhes resta pouco tempo. Buscam os que podem devorar. Entoam suas canções a respeito de vir do inferno, de ir para o inferno e de levar os povos com eles através de sua revolução cultural, das músicas ofensivas e das drogas. Assim é a loucura de sua lógica lúbugre. E ninguém parece se dar conta de que eles é que são irreais.

Eles são a ilusão exacerbada, fantasmas de seu tempo e espaço passados, que estão gastando suas últimas energias na inversão radical, perversa, abandonando de forma obsessiva o ritmo da vida que é a verdadeira ordem e geometria do cosmos — o cosmos que somos nós, que nós mesmos contruímos e do qual somos feitos. Portanto, as violações que eles cometem da lei do amor são contra nós, pessoalmente, e não apenas contra o "eles" impessoal.

"Aquele que não é por mim — pelo cosmos que EU SOU — é contra mim. Quando qualquer parte do Um sofre, sou eu que sofro." É isso o que nos diz nossa Mãe. Assim devemos dizer nós, ao nos tornarmos parte dela, não mais dela afastados. Portanto, nos mobilizamos para exorcizar o câncer da auto-separação que está consumindo o corpo de Deus — o corpo de nós, suas crianças.

De forma alarmante, porém, um segmento cada vez maior de nossa sociedade está anestesiado pela infiltração subliminar do barulho, do niilismo e até da guerra psicopolítica e química que é imposta, e onde a percepção do que é real e irreal, do bem e do mal, e alterada de forma drástica, levando as pessoas a temerem o inimigo do lado de fora, sem saber que ele está do lado de dentro. A ansiedade se torna a síndrome de uma sociedade em constante inércia, com medo de crescer (embora saibamos muito bem que o que deixa de crescer também deixa de existir), com medo de viver e com medo de morrer.

Ela vem, nossa Salvadora, para nos resgatar dessa espiral descendente da degradação do nosso tempo. Ouçamos seu chamado e respondamos a ele antes que seja tarde demais! Antes que seja tarde demais e nossas almas não possam mais encontrar seu olhar suave e doce.

Nossa Senhora, o arquétipo da Mulher, ensinou-me tudo isso e muito mais a respeito de suas profecias de Fátima, mas sua mensagem é terrivelmente difícil de suportar, e muito impopular. No entanto, é verdadeira.

Nossa Senhora não conseguiu me ensinar isso até eu poder reconhecê-la como mestra — e ouvi-la. Mas como poderia eu reconhecê-la se não a conhecia, pois durante toda a minha vida só ouvi palavras de ódio quando se referiam ao nome dela, e conheci a ignorância ou a negligência maliciosa de sua missão, tanto humana quanto divina. Com todo o preconceito anticatólico, anti-Maria que me foi ensinado desde a infância devido a um medo fanático e inacreditável, como poderia eu reconhecer aquela que era a chave para a Mãe?

Só haveria uma forma de isso ter acontecido, e foi como aconteceu: pela conversão. Fui convertida à Mãe por Maria.

Estava terminando a faculdade de ciências políticas na Universidade de Boston e me preparava para ir a Washington, D.C., a fim de servir aos Mestres Ascensos. Antes de sair daquela cidade, iria vivenciar uma das minhas mais importantes experiências — se não a mais importante — na Senda. Ela me ensinou mais a respeito de mim mesma do que anos de estudo de filosofia, lógica ou psicologia, ministrados pelos melhores professores.

Compreendi que tinha um preconceito que me havia sido imposto desde a infância, preconceito que jamais questionara nem tentara entender por mim mesma. Como tudo que aprendemos e aceitamos cedo na vida, aquilo estava simplesmente ali, crescendo dentro de mim. As doutrinas que nos são impostas na infância podem nos cegar de tal forma que impedem o desenvolvimento natural de nossas almas! Às vezes ficamos tão presos a esses conceitos que não conseguimos nos libertar e mantemos os preconceitos durante décadas, e até mesmo durante toda uma encarnação.

Eu sempre me senti muito bem dentro de igrejas católicas. No tempo em que estava estudando na Europa, fiz uma peregrinação pelas catedrais católicas. Mesmo assim, ainda acreditava, conforme os ensinamentos que recebera, que os católicos veneravam ídolos, que Nossa Senhora era uma espécie de deusa que se permitia ser chamada de "Mãe de Deus", além de outros conceitos desse tipo. Achava que as pessoas veneravam sua figura em vez de Deus. Não compreendia porque alguém precisava passar por Maria para alcançar Jesus e chegar a Deus. Fui ensinada que as pessoas a consideravam igual, ou até mesmo maior do que Jesus Cristo ou o próprio Deus Todo-Poderoso.

Eu reagia com indignação e sentimentos fortes às imagens e ícones de Nossa Senhora existentes em toda a cidade de Boston. Uma dessas imagens era um mural gigantesco que cobria toda a parede de uma estação da linha de metrô que eu pegava para ir para a Universidade de Boston todos os dias. Esse mural apresentava-a com o título de "Rainha do Universo". Se ela era tão grandiosa assim, por que permitia aquelas blasfêmias? Sentia-me zangada com ela. Com todos os outros problemas que já haviam provocado a divisão e a confusão no cristianismo, por que ela não descia de seu pedestal e esclarecia estes conceitos? Creio que me sentia assim tão perturbada porque bem no fundo de minha alma sabia que na verdade eu a amava, e queria conhecê-la como ela foi e como ela é, não como outros a haviam pintado para mim.

Porém, mesmo na minha determinação e independência, Deus me mostrava, pouco a pouco, o quanto minha percepção subjetiva era completamente inadequada, pois eu não poderia, de modo algum, esperar ser aceita como uma oferta a Ele ou mesmo ser amada sem a ajuda de alguém que já havia sido tão chegada a Ele.

Em outras palavras, Ele me mostrou, e eu comecei a aceitar, com uma humildade e paciência recentes, que eu precisava desesperadamente de um mestre. A Senda possui princípios básicos, tem iniciações, tem ensinamentos, e cada um desses elementos nós devemos colocar e usar como um manto, ciclo após ciclo. Só podemos ir sozinhos na preparação de nós mesmos para a chegada do Rei até determinado ponto. A partir daí, por não conseguirmos nos ver como realmente somos, necessitamos de mais alguém, que seja mais sábio do que nós, para nos mostrar como preparar nossas lâmpadas.

Deus respondeu aos meus chamados e me enviou Mark, o mestre que se tornou meu marido e amado companheiro de trabalho na Senda. Ele era o sinal visível dos até então invisíveis Mestres Ascensos. Através dele eu ouvi pela primeira vez a Palavra do Senhor dada pelo Arcanjo Miguel no fogo pleno do Espírito Santo. Através dele conheci El Morya (o amado São Thomas More). Ele foi o amigo mais verdadeiro que uma alma poderia encontrar. Até mesmo minha busca por Saint Germain (São José) havia terminado.

Naquele ensolarado dia em Boston vivenciei a alegria de estar na Presença de Deus, entre as hostes do Senhor, entre os santos anjos! Eles eram reais. Caminhavam entre nós para nos ajudar nos "momentos de aflição", como Daniel profetizara. Havia esperança, muita esperança em meu coração, pelo destino do mundo. Confiante no Senhor, eu caminhava quase saltitando, ao longo das calçadas e no meio da multidão da hora do almoço, rezando e conversando com Deus na maravilhosa compreensão da existência dos filhos e filhas que o servem, os Mestres Ascensos. Encontrara o que tanto procurara. No entanto, embora ainda não percebesse por completo, algo continuava faltando — uma área da minha vida continuava um vazio completo. E foi neste estado de inconsciência, de ignorância e, sim, confesso, de hostilidade declarada a Maria, programada consciente ou inconscientemente dentro de mim, que ela me encontrou.

De repente olhei para cima — e lá estava ela! Eu estava face a face com a Mãe Abençoada. Vi-a claramente, pela primeira vez em minha vida, a maravilhosa Maria, um ser de grande luz. Um raio de luz e indescritível alegria atravessou meu corpo, passando como uma corrente elétrica do alto da minha cabeça até os meus pés, subindo depois de volta.

Lembro-me do local exato na calçada onde parei — estática, transformada. Seu rosto era de uma jovem donzela, de uma filha de Deus. Ela era a *Pietà* de Michelangelo, viva, linda e gloriosa. Eu a reconheci de imediato como Maria, a Mulher da era, e como a emanação luminosa de uma luz ainda mais grandiosa. Ela estava vestida com o Sol por trás do sol. Seu coração imaculado estava em chamas, com uma energia que transmitia para mim, e para quem quisesse recebê-la. Estava claro que ela era aquela cuja devoção pura ao Pai era um rio cristalino cuja fonte era o Filho, Jesus Cristo.

Ali estava ela, diante de mim, a jovem mais transcendente e linda, cheia de graça, verdade, beleza e integridade. Parecia uma jovem que pertencia a este século, suspensa acima e diante de mim, tão real quanto você. Tão verdadeira quanto eu mesma.

Ela era alguém que poderia convidar-nos para tomar uma xícara de chá com ela, na cozinha, alguém com quem poderíamos conversar sobre qualquer coisa. Era alguém exatamente como eu, só que em outra dimensão. E, claro, não exatamente como eu, pois era muito, muito mais. Sua Presença era tão resplandecente quanto a luz que ela adorava e na qual se transformara. Parecia evidente que através de sua meditação sobre o macrocosmo ela se transformara em um espécie de cosmo em si mesma. Ela entrara no âmago de tudo e, conscientemente, se tornara parte da vida, do infinito, o que não acontecera comigo. Ela se integrara a uma porção muito maior do Eu, coisa que a maioria das evoluções da Terra sequer faz idéia de que seja possível.

Havia suficiente dela (sua parte divina) em mim e suficiente de mim (a parte humana) nela, que eu soube que o que quer que ela tivesse feito para se tornar o que era eu poderia fazer também, desde que ela me mostrasse o caminho. Soube dessa verdade porque a Presença dela comunicou isto para mim. Sua Presença trazia possibilidades, infinitas possibilidades, não apenas para mim, mas para todas as mulheres, e para os homens também. Sua própria pessoa dizia: "EU SOU O QUE EU SOU porque o Filho de Deus nasceu em mim. Ele pode nascer também em você, de verdade, fisicamente, espiritualmente e simbolicamente. E quando isso acontecer, você reconhecerá a mesma Presença do EU SOU onde você estiver... e as obras que eu faço você fará também, e ainda maiores."

Eu queria ser como ela, e sabia que poderia conseguir isso se a abraçasse e seguisse sua senda. Nossa Senhora não era mais apenas Nossa Senhora! Era Nossa Senhora *e também* o Espírito do Senhor, que estava com ela e nela. E havia mais. Ela era a mestra — alguém que caminhara sobre a Terra e superara com sucesso os testes e as provas de seu tempo, de seu lugar, e ascendera (acelerara a luz da sua alma) até seu Pai, que era meu Pai também, seu Deus e meu Deus. Era alguém que compreendera Deus como Mãe de forma única, como nenhuma outra mulher jamais fizera. Ela era alguém que poderia me ensinar a ser eu mesma, a ser mulher, a ser uma com Deus, como Mãe.

Hoje Nossa Senhora representa para mim uma dentre tantos seres femininos que fazem parte das hostes do Senhor — personificações, exemplos de Deus como Mãe. Ela é uma das Mestras Ascensas que realizaram seu eu como Mãe, que levaram essa energia da Mãe à sua conclusão lógica, que se reuniram à Trindade e que, através da consciência de Deus em si, gerou o avatar da sua era, Jesus Cristo.

O amor de seu coração transbordou sobre mim. Fundiu-se com minha alma, com meu eu. Na presença de sua infinita compaixão, fui sendo envolta e protegida pela veste da sua compreensão. Ela conhecia meus pecados e os compreendia. Houve uma troca. Ela tomou meus pecados e os consumiu no fogo sagrado do seu coração. Ela me deu compreensão. Através de sua sabedoria me tornei íntegra. Naquele instante compreendi que eu a amara, a verdadeira Mãe Maria, durante todo o tempo.

Nossa Senhora era minha amiga. No interior mais profundo de minha alma, eu sempre a amara, mas minha mente exterior havia sido programada. Como era possível tal dicotomia existir em uma só pessoa? Compreendi que eu aceitara em meu ser, por um momento ou por uma hora, o mesmo ódio que existia pela Mãe de Cristo em várias partes do mundo. Da mesma forma que o poder do "anticristo" nega o Filho de Deus dentro de nós, Nossa Senhora explica que é o ódio à Mãe, ou "antimãe" que nega a fonte da consciência crística em todos nós. E essa negação efetivamente bloqueia para as crianças desta geração a fonte inspiradora da pureza representada pela luz da Mãe dentro de seus próprios templos.

Todo aquele condicionamento irreal que vinha dos meus primeiros anos se foi de mim, e eu a vi em toda a sua beleza radiante de amor e total humildade diante de Deus e diante da luz Dele, que ardia dentro do meu próprio ser, ainda que imperfeita. Senti vergonha por ter me permitido usar aquela mortalha da consciência de morte que permeia o mundo e cobre a face da Mãe. Perguntei-me que outras lavagens cerebrais teria eu aceito através da vida, pelo fato de o mundo ser dessa forma? Pensem nisso! Tudo o que vocês incorporaram dentro de si mesmos, trazidos por outras pessoas, idéias e conceitos contrários aos seus sentimentos mais verdadeiros, vindos de pessoas que se apresentavam como autoridades em questões da alma na santidade de sua comunhão com o Espírito. Pensem no quanto vocês estiveram dispostos a aceitar sem ir literalmente à fonte da vida e exigir sua própria prova espiritual empírica e científica, apesar da vida sob a forma de Deus, a vida como Mãe, estar pronta e disposta a se revelar para vocês!

Fiquei tão enamorada de Nossa Senhora que não caminhei e sim *corri* para a igreja católica mais próxima! Entrei pela nave.

Ajoelhei-me diante de sua imagem, sabendo conscientemente que estava me ajoelhando diante de uma representação de Nossa Senhora. Não estava venerando nem a estátua nem a Mãe Maria. Estava me curvando à luz que havia dentro dela, a luz do Deus único que se manifestara em mim na Pessoa daquela Mãe na qual Maria se transformara. E a reconheci como mestra porque ela era o exemplo.

Clamei por ela e por Deus Pai, de quem ela é filha, e pedi perdão. Clamei por Deus Filho, de quem ela era Mãe, e pedi perdão. E clamei por Deus Espírito Santo, de quem sua alma se transformou em noiva, e pedi perdão. Tudo se tornou tão claro! Ofender a Mãe era ofender a Trindade. Não era de espantar que o mundo estivesse em pedaços! Não era de estranhar que o anticristo e o Dragão estivessem com tanto poder!

Consegui sentir seu amor fluindo para mim e seu perdão dissolvendo todos os mal-entendidos. Naquele momento, lhe ofereci minha vida. E soube que estava oferecendo minha vida ao Deus que estava nela, ao Deus que ela adorava, que absorvera sua alma dentro do seu Espírito através da abençoada iniciação da assunção.

Ofereci minha vida à luz do seu coração — "a luz que é a Luz verdadeira, e que ilumina todo homem que vem ao mundo". Reconsagrei minha vida ao Deus único em suas múltiplas expressões, em seus filhos e filhas. Agora conhecia outra expressão magnífica, uma expressão que, por livre-arbítrio, transformara a imagem de Deus nela própria. Tornou-se perfeitamente claro que, no ser que eu vi, a imagem de Cristo havia sido ampliada dentro de seu coração, até que a imagem dele fosse refletida não apenas em seu Filho, mas também em sua alma radiante.

Então eu disse: "Nossa Senhora, perdoe-me! Perdoe-me! Perdoe-me! E deixe-me ser seu instrumento. Deixe-me ir aonde a senhora me levar e deixe-me nutrir suas crianças. Deixe-me cuidar da vida e libertá-la. Deixe-me ser suas mãos e seus pés. Deixe-me ser seu coração e seu templo. E deixe-me servir às suas crianças, ensinar a elas e trazer conforto à vida. Eis-me aqui, use meu templo! Deixe-me ir e encontrar seus filhos, para dar a eles seu amor, sua luz e sua compreensão. Use-me. Sou sua filha. Minha vida é sua e estou disposta a seguir em frente para defender seus filhos." Então, senti seu amor, senti seu perdão e vi que encontrara uma Mãe totalmente nova.

Nossa Senhora havia sido parte do meu desejo de encontrar e da minha busca por Deus durante todos esses anos. Senti que, tal como Saul, eu havia sido ofuscada pelas bestas mortais do fanatismo religioso, que permitiram que eu desprezasse a outra parte de Deus, uma parte muito sagrada Dele, por uma hipocrisia cultivada. Minha conversão representou, através de sua abençoada intercessão, a cura da minha alma pelo Pai, pelo Filho e pelo Espírito Santo. Através dela, a luz ofuscante transmutou minha outra cegueira, e consegui me reconciliar com todos os três.

Vê-la era amá-la. Ela não levantou nenhuma barreira diante de si. Permitiu que eu a amasse. Deu-se a mim. Convidou-me a entrar em sua meditação sobre o Filho. E, ao fazer isso, penetrei no espaço superior de sua consciência. E me tornei uma com ela.

Quando ela me ofereceu seu estado de exaltação, ofereci-lhe meu estado inferior. Sabia que tinha alguma coisa para oferecer a ela, a única coisa que ela não tinha — um corpo físico, um coração, uma alma disposta a engrandecer o Senhor na Terra e a engrandecer sua presença celestial. Eu serviria de testemunha. Contaria sua história. Desafiaria a ignorância e a maldade lançada sobre seu nome abençoado e sua pessoa santificada. E o que quer que ela me mandasse fazer, faria com alegria.

Como se pode consertar algo errado sem ser através de palavras e atos, a fim de conseguir reparar uma injustiça tão grave? Embora Deus me perdoasse por completo naquele momento, eu precisava ir à procura das pessoas a quem erroneamente influenciara com meus erros. E o que dizer dos outros milhões que ainda sofriam pelas afirmações fraudulentas dos falsos mestres? Ao negar às crianças de Deus o acesso à Mãe, eles haviam, espertamente, negado acesso também a seu Filho. O ódio a Nossa Senhora era o ódio ao ventre que o gerou para nós. Se o Pai a havia venerado tanto, certamente nossa falha em fazer o mesmo era uma ofensa para Ele.

Sim, tornei-me uma com Nossa Senhora. A partir daí, ao longo dos anos que se seguiram, venho me comunicando intimamente com seu coração e alma. Ela é imensa! Tão imensa quanto o universo que sua consiência preenche. Sim, eu a considero, com alegria, a minha Rainha das rainhas e a Rainha do Universo. Seu poder lhe é dado por Deus, e ela o dá livremente a todos os que reconhecem o seu serviço através do amor. Ela o dá a todos os que prestam adoração à Mãe, a Deus como Mãe, através do seu nome sagrado. Essa foi uma conversão completa que jamais me abandonou, da mesma forma que sempre se manteve comigo a intensidade do momento em que descobri seu amor e a minha promessa para ela.

Quando falo de conversão, falo de entrar em comunhão com Deus, e talvez em comunhão com um dos seus santos, do Ocidente e do Oriente, em comunhão com a sua luz, a sua Presença. Conversão é mais do que uma noção intelectual ou uma experiência emocional. É entrar numa espiral de energia, de ser, e então se transformar naquela espiral, naquela energia, naquele ser. Em uma experiência real de conversão, sentimos que toda a nossa consciência e energia foi verdadeiramente convertida, ou "virou-se na direção oposta", seguindo o fluxo do movimento, em direção àquela consciência de Deus, com quem entramos em contato através de um de seus emissários.

Muitos buscam inspiração para sua vida em pessoas que viveram entre nós, muitas vezes no passado, e não necessariamente naqueles que entraram na consciência de Deus. Hoje, mais do que nunca, existe uma porta aberta no Céu, e temos a oportunidade de adquirir inspiração nos verdadeiros santos da Igreja interna, tanto os do Oriente quanto os do Ocidente. Eu os chamo, e eles chamam a si mesmos, de Mestres Ascensos. Porque passaram por seus testes na escola da vida, tendo como mestre o Cristo, Jesus. Porque se tornaram um com ele. Porque ele lhes ofereceu o manto da mestria de sua alma. Porque, por sua graça, ascenderam à sua Presença. E porque ele cumpriu a promessa que fizera a eles:

> Se alguém me amar, guardará minha palavra. Meu Pai o amará, e viremos para Ele, e nele faremos morada.
>
> Pai, é chegada a hora. Glorifica a teu Filho, para que também o teu Filho te glorifique pois lhe deste autoridade sobre toda a carne, para que dê a vida eterna a todos os que se tenham dado a Ele (...)
>
> Para que todos sejam um, como tu, ó Pai, o és em mim, e eu em Ti. Que eles também sejam em nós (...) Para que sejam um, como nós somos um: eu neles e Tu em mim, para que sejam perfeitos em unidade.

> Sim, os Mestres Ascensos são os santos que seguiram e mantiveram as palavras de Jesus Cristo. Neles, a Palavra se cumpriu: "Se alguém guardar minha palavra, jamais verá a morte."

Então, libertei-me, pela intercessão da Mãe, de um daqueles bolsões de ódio. E uma liberação de energia surgiu através do libertar de meus sentimentos e pensamentos, tanto de forma consciente quanto inconsciente. Desde aquele momento senti a Presença de Nossa Senhora comigo, ensinando-me o que significa ser Mãe e estar disposta a assumir a responsabilidade que pende sobre todas as mulheres, que é a de serem guardiãs da chama da Trindade em nossos maridos e filhos, em nossas comunidades e nações.

Creio que não haja liberação para nenhuma mulher sem a admissão de que Maria se tornou uma com Deus como Mãe e, por ter feito isso, por estar nos ensinando também a fazer isso, nós podemos igualmente fazê-lo. Se eu não conseguir ver a luz da Mãe nela e em seu Filho, como posso esperar vê-la em mim mesma ou em minha família?

Maria nos diz: "Esta é a era da libertação da mulher. Esta é a era da tomada de consciência de Deus-Mãe. Eu sou apenas uma pioneira, alguém que ensina o caminho, alguém que vai à vossa frente para mostrar que, naquilo em que me tornei, vós todos podeis vos tornar. Não importa o quanto de Deus enxergais em mim, deveis descobrir que todo filho e filha, através da luz de sua Mãe, da energia da Mãe, pode adquirir o completo potencial da consciência de Deus. Assim como fui chamada de Mãe de Deus, aquela que dá à luz o seu Filho na Terra, também vós podeis fazer o mesmo, amados."

Ser "mãe" de Deus é nutrir a vida de Deus na Terra, na Matéria encarnada aqui no tempo e no espaço. Este é o nosso chamado, como filhos e filhas de Deus. Quando compreendemos o Eu como Mãe, também podemos proteger a chama da vida — em primeiro lugar, no altar do templo do nosso ser, e, depois, uns nos outros — para proporcionar auxílio, ensinar, servir e ajudar às outras partes da vida que sentem necessidade, grande necessidade da Mãe.

Não podemos prosseguir na Senda espiritual a não ser que possamos promover a reconciliação com o nosso Eu interior como Mãe, com Deus como Mãe dentro de nós, com a Mãe Mundo e, então, com Deus como Mãe nos muitos santos que conseguiram reconhecer o Eu através daquela chama Mãe, como a não menor dentre eles, Nossa Senhora. A compreensão da Mãe é a liberação da beleza feminina criativa, da aspiração, da energia dentro de nós que é uma luz branca de pureza. É um fluxo vivo e constante de consciência.

Os hindus meditaram sobre a Mãe e a chamaram de Deusa Kundalini, descrevendo-a como a luz branca, ou a serpente espiralada que sobe da base da espinha até a coroa, ativando níveis de consciência cósmica em cada um dos chakras (centros espirituais) através dos quais ela vai passando pelo caminho ascendente. Neste mundo, as almas dos homens, e das mulheres, têm a missão de compreender o Eu como Mãe através da elevação deste fogo sagrado, chamado de "Kundalini" em homenagem à Deusa.

No caduceu, sua energia trina é vista como uma haste com duas serpentes entrelaçadas. É uma energia espiritual que, impelida pela nossa adoração da luz que é Deus, sobe do centro espiritual que corresponde à base da espinha (*Muladhara*) até o centro espiritual que corresponde ao alto da cabeça, ou coroa (*Sahasrara*). A chave para liberar esta energia da qual todos precisamos para a consumação da integridade em nós mesmos é a adoração da Mãe, de Deus como Mãe — a porção feminina Dele e que Ele colocou em todas as porções da vida. Os hindus chamaram esta porção de *Shakti* divina — o Grande Complemento, a Força Consciente da Trindade. Essa porção é conhecida por vários nomes, todos denotando suas várias funções e aspectos em relação às pessoas da Divindade: *Maheshwari, Mahakali, Mahalakshmi, Mahasarasvati* (Sabedoria, Força, Harmonia, Perfeição).

A Natureza (*Prakriti*) é Mãe, uma manifestação da Maternidade de Deus, cuidando de todas as criaturas através das extensões de si mesmo representadas pelos seres dos elementos: fogo, ar, água e terra. Até mesmo todo o universo da Matéria é Mãe — um ventre de tempo, espaço e energia onde todos nos mantemos em gestação, até a plenitude do nosso ciclo ser alcançada e finalmente penetrarmos na consciência cósmica.

Assim, ao dizermos "Ave, Maria!" estamos dizendo "Ave, raio da Mãe!".* estamos saudando a Mulher vestida do Sol, o princípio feminino da Divindade, a quem conhecemos e amamos com confiança e, acima de tudo, na figura da maravilhosa Mãe de Cristo, que

---

*No original em inglês, um desdobramento de palavras, envolvendo *Ma-ry* (Maria) e *Ma-ray* (raio da Mãe). (*N. do T.*)

também mora, embora adormecida, no homem e na mulher, como a luz do nosso ser mais interno. A esfera branca da Mãe fica selada no chakra da base sacral ou sagrado, até que a amemos o bastante para magnetizá-la — para realmente convencê-la a subir a escada em espiral e se encontrar com nossa alma no recanto mais profundo dos nossos corações. Ali, no Santo dos santos, recitamos com ela:

> Ave Maria, cheia de graça,
> O Senhor é convosco
> Bendita sois vós entre as mulheres
> E bendito é o fruto do vosso ventre, Jesus.
> Santa Maria, Mãe de Deus,
> Rogai por nós, filhos e filhas de Deus,
> Agora e na hora da nossa vitória
> Sobre o pecado, a doença e a morte.

Nós a entronizamos como nossa Mãe amada e ela nos reúne à Trindade, a chama trina da vida. Ela nos toma pela mão e nos acompanha durante toda a jornada até o cume do nosso Ser, a coroa das coroas, onde Deus é o Tudo em todos.

Nossa Senhora me assegurou que, na verdade, a Senda da yoga da Kundalini é parte da tradição ocidental. Foi por isso que ela apareceu a vários santos oferecendo-lhes o método eficaz e seguro de elevar a luz da Mãe através do rosário. Este é o motivo de os santos terem sido sempre retratados com um halo de luz branco em torno de suas cabeças — porque eles abriram o chakra da coroa e entraram em união direta, com a Presença do EU SOU. Entraram na bem-aventurança de Deus.

Os grandes místicos da Igreja ocidental descreveram suas experiências com este Deus amado e relataram como suas almas entravam e saíam daquela Presença. Sabemos que grandes iluminados, como São João da Cruz, Santa Teresa de Lisieux e Padre Pio passaram, todos, por essa experiência interior, preenchendo-se por completo com essa paixão divina, a bem-aventurança do amado, a ponto de desafiar a compreensão dos que interpretavam as marcas da cruz como um simples martírio.

No ritual do rosário, onde sempre contemplamos a missão do Filho nas Sagradas Escrituras, somos protegidos dos abusos de "forçar" os chakras (no violento tomar o céu à força, sobre o qual Jesus nos alertava) pelos anjos da Trindade e da Mãe. Apenas o puro propósito do verdadeiro amor de Deus e de nosso serviço a seus filhos, e não a glória para nós mesmos, pode impelir o amor da Mãe para o alto e para adiante, levando nossa alma à felicidade da reunião.

Alguns falsos instrutores tentam trazer a destruição entre as crianças dessa geração com falsos ensinamentos sobre a luz da Mãe. Acham-se capazes de ensinar a yoga da Kundalini sem a proteção da Trindade e sem a proteção da Mãe. Ensinam sobre este fenômeno como se fosse algo físico, e deixam suas crédulas vítimas vulneráveis aos perigos da libertação prematura e descontrolada desse imenso poder da Mãe. Insanidade, obsessão sexual, possessão demoníaca e outros sérios distúrbios psicológicos e emocionais deixaram muitos assustados e os desviaram da verdadeira Senda da Mãe, através de seus encontros com autoproclamados gurus.

Apesar de tudo isso, porém, a Mãe ainda nos faz recordar das palavras de seu Filho, "Não vos deixarei órfãos", e vem até nós com a Pessoa do Confortador, para nos ensinar o caminho certo, o caminho da luz que tanto Jesus quanto Gautama usaram para atingir a vitória que está ao nosso alcance e nos cabe conseguir — o Eu Crístico divino, através da adoração da chama da Mãe.

Por tudo isso tornei-me uma estudante desse raio da Mãe e dessa energia da Mãe. Identifiquei-me tanto com ele que algumas pessoas me chamam de "Mãe" ou "Madre". Trata-se apenas de um título, que denota respeito, como no caso das pessoas que chamam um padre católico ou "Padre",* ou a autoridade máxima de um convento de

---

*Em inglês, a palavra *father* designa tanto "pai" quanto "padre". (*N. do T.*)

"Madre Superiora". Não significa nada além disso. Não significa que eu seja ou me sinta exaltada. Significa que estou exaltando o Deus que existe dentro de mim como Mãe em todas as horas do dia. Significa que esta é a senda da minha devoção.

A devoção à Mãe é a compreensão de que, na Era de Aquário, quando elevamos esta luz através do amor puro até a Mãe — em primeiro lugar como pessoa (em Deus e em seus emissários) e em segundo lugar como princípio (na matemática, na ciência e na energia da Kundalini) —, então iremos experimentar a aceleração do nosso Eu Crístico.

Então encontraremos as respostas às questões fundamentais de quem é esse Deus, o Pai? E quem somos nós, como seus filhos e filhas? Quem é esse Deus, o Filho? E quem somos nós, homens e mulheres, no papel de seu pai e sua mãe? Quem é esse Deus, o Espírito Santo? E o que é essa alma dentro de cada um de nós, homem ou mulher, que anseia em ser sua noiva?

Este livro é uma mensagem irresistível para todos aqueles que, depois de terem passado por turbulentas décadas de busca interior, ainda têm a coragem de buscá-la e reconhecê-la por quem ela é. Nossa Senhora revela a Mãe nos seus ensinamentos da Nova Era e no seu rosário para a Nova Era. Primeiro, ela nos ensina o caminho da sabedoria, através do autoconhecimento iluminado do Filho, e a seguir ensina o caminho do amor, através da devoção à Trindade, através do Sagrado Coração da Mãe, pela dádiva diária do rosário.

Tentem. Funcionou para mim. Ela me diz que, feito com fé, também não vai deixar de funcionar para vocês.

Elizabeth Clare Prophet

✦

E darei poder às minhas duas testemunhas, e profetizarão por 1.260 dias, vestidas de saco.

Estas são as duas oliveiras e os dois candeeiros que estão diante do Senhor da Terra.

Apocalipse 11: 3-4

Prólogo

Esta obra é um tributo à Mãe do Mundo e a Maria que, como Mãe de Jesus, foi sua principal representante na Era de Peixes. Trata-se de uma trilogia de sabedoria, amor e poder que flui do coração da Mãe para os seus filhos. Contém não só as revelações ditadas por ela por meio de seus mensageiros, mas também as emanações de luz da sua Presença manifestadas para nós. Desse modo, damos testemunho da sua alma imortal que continuamente engrandece o Senhor.

As três partes de cada um dos três livros que compõem a Trilogia das Mensagens Douradas de Maria cumprem as palavras de Jesus: "O Reino dos Céus é semelhante ao fermento que uma mulher toma e mistura com três medidas de farinha, até que tudo esteja levedado."[1] O fermento é a Consciência Crística, a mulher é a Mãe Divina e as três medidas de farinha são os três aspectos de Deus manifestados no homem como a sagrada Trindade. Fizemos um esforço para tornar cada um dos aspectos da Trindade compreensíveis em cada um dos livros. Este Livro Um, *Mensagens de Maria para um novo dia*, apresenta a gloriosa sabedoria do Filho; o Livro Dois reflete o amor confortador do Espírito Santo, e o Livro Três define a perfeição da benevolência do Pai.

O todo da consciência da humanidade será, em última instância, fermentado pela sabedoria da Mãe, à medida que ela eleva seus filhos à verdadeira consciência do Pai, do Filho e do Espírito Santo.

A Mãe ensina a lei do grandioso Três-em-Um através da compreensão que ela transmite do Santo dos santos e da chama crística que arde no altar do coração. Esta chama trina é a centelha do Espírito do Cristo, a chama de sua chama, que é o dom da vida ofertado por Deus a todos os seus filhos e filhas.

A Parte Um deste livro, composta pelas "Quatorze cartas de uma Mãe a seus filhos", visa ancorar o aspecto da sabedoria da chama crística na consciência do discípulo. Essas cartas foram ditadas por Nossa Senhora a nós, mensageiros da hierarquia divina, na esperança de que seus filhos possam "permanecer no sonho de Deus, silenciar o clamor da insônia da mente exterior e jamais perder contato com os componentes da realidade em todas as partes da vida". Os ensinamentos oferecidos nessas 14 cartas também introduzem o devoto de Maria a uma conscientização iluminada das 14 estações da cruz, cujos desafios cada alma destinada à reunião imortal com o Espírito de Deus deverá vencer, em algum momento.

Originalmente distribuídas como *Pérolas de Sabedoria* aos discípulos do Filho de Maria espalhados por todo o mundo, essas cartas são o presente da Mãe Cósmica para a instrução do nosso coração em sua sabedoria, e no conceito imaculado que ela mantém para todos os seus filhos. Confiada a ela pelo Pai, esta imagem pura e impoluta da perfeição de cada um, guardada sem impurezas no coração e na mente, é a esperança, a fé e a caridade da Divindade para a humanidade que evolui.

A Parte Dois descreve os "Oito Mistérios do Rosário oferecidos pela Mãe a seus Filhos" e demonstra o aspecto amoroso da chama crística. Estes mistérios foram ditados por Nossa Senhora a mim, como Mãe da Chama. Os sete rosários para as sete manhãs da semana correspondem aos sete raios da luz crística que emergem do prisma do Espírito Santo. O oitavo mistério, correspondente ao domingo à noite, focaliza o poder do oitavo raio. Ao fazer diaria-

mente o rosário neste formato, os Filhos e as Filhas do Domínio*
ancoram o amor de Nossa Senhora dentro do cálice de seus corações e, através disso, consagram suas energias de vida à expansão
da luz da Mãe por todo o corpo planetário.

Quando Nossa Senhora veio a mim e me falou de seu desejo
de que seus devotos em todas as partes do mundo fizessem o Rosário Escritural para a Nova Era, ela primeiro anunciou os sete mistérios dos sete raios, juntamente com o formato da oração que
deveria ser usada. Estes mistérios são:

Primeiro Raio: Mistérios Jubilosos, que amplificam a vontade
de Deus;

Segundo Raio: Mistérios Doutrinários, que exaltam a sabedoria de Deus;

Terceiro Raio: Mistérios Amorosos, que magnetizam o amor
de Deus;

Quarto Raio: Mistérios Gloriosos, que revelam a pureza de
Deus;

Quinto Raio: Mistérios Curativos, que demonstram a verdade
e a ciência de Deus;

Sexto Raio: Mistérios Iniciáticos, que exemplificam o ministério e o serviço de Deus;

Sétimo Raio: Mistérios Miraculosos, que servem de testemunho à transmutação, liberdade e clemência de Deus.

Depois que estes rosários foram completados, a Mãe Abençoada divulgou os Mistérios Magistrais para o oitavo raio, que desta-
cam a majestade e a mestria de Deus. Em sua terceira aparição, a
Virgem Santa apresentou os mistérios e o formato das orações para

---

*Filhos e Filhas do Domínio é uma ordem espiritual para homens e mulheres
dedicados ao serviço da Mãe através de seus votos de adquirirem domínio sobre
a terra, o ar, o fogo e a água, além de buscarem mestria nos planos da Matéria
através do exemplo de Jesus, o Cristo (vide a Mensagem VII).

os cinco raios secretos que, conforme sua orientação, devem ser feitos à noite, de segunda à sexta-feira. Os rosários, que serão divulgados no Livro Dois, são os seguintes:

Primeiro Raio Secreto: Mistérios Inspiradores
Segundo Raio Secreto: Mistérios Ativos
Terceiro Raio Secreto: Mistérios Reveladores
Quarto Raio Secreto: Mistérios Declaradores
Quinto Raio Secreto: Mistérios Exortadores

Nossa Senhora disse que quando um número suficiente de pessoas tivessem estabelecido seu ritual diário de recitação destes rosários, ela ditaria o Décimo Quarto Rosário, que será divulgado no Livro Três desta trilogia.

O Rosário Escritural de Nossa Senhora para o Novo Milênio ensina ao discípulo o aspecto devocional do amor da Mãe e do Filho — o amor deles por Ele e o amor Dele por eles — ao mesmo tempo em que reforça o padrão de vida e da obra de Maria e Jesus, na medida em que apresenta os maiores e melhores exemplos de um modo de vida cristão e estabelecem a fundação para dispensação cristã.

A declamação deste rosário, formulada por nossa Mãe espiritual a fim de suprir as necessidades deste momento, leva à experiência crística universal calculada pelo Céu para despertar a alma para as realidades da Mãe Divina e do Filho Varão. Pois é esta luz vinda deles que é amplificada dentro de cada um que escolha fazer parte do rosário da vida que adorna a Terra. Este rosário vivo é composto pelos filhos da chama que diariamente consagram suas energias, tanto na Terra quanto no Céu, aos serviços contínuos a Jesus e Maria.

Este rosário de almas é uma corrente infindável de oferendas florais à Mãe, que as recebe, abençoa e faz retornar a seus filhos para fazer delas uma só — coração, cabeça e mente —, um só corpo em

Cristo[2] na Terra, a Igreja Universal e Triunfante viva. Essas orações são o verdadeiro e eterno louvor dos santos, que devem superar o acusador dos nossos irmãos pelo sangue (a essência do fogo sagrado) do Cordeiro (do Cristo). Esta é a palavra (a Palavra falada) do seu testemunho — daqueles que não amaram suas vidas até a morte.[3]

E quando a unidade dos filhos da luz se manifestar no fluxo de sua comunhão com o Pai e a Mãe — afirmando "Eu e meu Pai somos Um; Eu e minha Mãe somos Um" —, então deverão todos ser reunidos no mesmo lugar.[4] E ouvirão "uma grande voz, vinda do trono, que diz: 'Agora o tabernáculo de Deus está com os homens. Deus habitará, com eles, e eles serão o seu povo, e o próprio Deus estará com eles, e será o seu Deus'".[5]

As Formas de Oração Cristã e a Evolução do Rosário, incluídas na Parte Dois, mostrarão como os cristãos rezaram Deus através de Jesus e Maria, e como as formas de oração evoluíram desde a fundação da Igreja até os dias de hoje. Veremos que a declamação do rosário é a exaltação da Maternidade de Deus e da Filiação Divina que jamais será confinada a uma só igreja ou um só dogma. Da mesma forma que o tema do Filho de Deus concebido pela Virgem Cósmica é citado inúmeras vezes em muitas das religiões do mundo, também toda a humanidade irá, um dia, reverenciar a Mãe como fonte da vida e o Filho de Deus como o Salvador da Luz crística dentro de todos.

As "Adorações do Rosário", que precedem os mistérios da Parte Dois, consistem de orações escolhidas por Nossa Senhora para os sete raios e para o oitavo raio. No "Ritual do Rosário de Maria", a recitação do rosário é explicada em 14 etapas, para que todos os que as leiam e sintam o amor da Mãe possam devolver esse amor através do imediato oferecimento dessas meditações, saudações e afirmações, ao mesmo tempo em que relembram os sagrados acontecimentos na vida de Nosso Senhor, cuja graça é suficiente para todos nós e cuja esperança é nossa eterna salvação.

A Parte Três deste livro é uma coleção de "Quatorze Mensagens da Palavra da Vida", ditada a nós por Nossa Senhora enquanto percorríamos o mundo pregando o evangelho do reino.[6] Como parte da missão da hierarquia celestial para esta era, a Palavra falada de Deus foi transmitida por meio das nossas chamas gêmeas pelo corpo dos santos que conhecemos como Mestres Ascensos. Ao dar o testemunho do fogo sagrado e da Lei do Logos, a hierarquia proclamou que a missão das duas testemunhas[7] foi realizada.

A palavra de Maria apresentada nessas 14 mensagens prepara a consciência individual para as experiências iniciáticas dos últimos dias de Jesus na Terra. À medida que o discípulo assimila a própria consciência de Nossa Senhora e da perfeita vontade de Deus para todos os seus filhos e filhas, ele é abençoado pelo *momentum* vitorioso de Jesus, em cada uma das 14 estações (iniciações) da *via dolorosa*.

Para conhecer Maria a Mãe, devemos estar conscientes da aparência da individualização de sua chama de Deus durante os séculos de seu serviço ao Pai, ao Filho e ao Espírito Santo. Portanto, em nossa introdução à Alma de Maria na Terra, fornecemos ao leitor uma descrição dos triunfos de Maria, a Mãe, em várias de suas muitas encarnações da devoção à chama da verdade sobre a Terra.

Igualmente, desejamos familiarizar os filhos de Nossa Senhora, os que reconhecem sua chama e os que não a conhecem, com uma nova abordagem e melhor compreensão das funções desta Mestra Ascensa. Pois, como padroeira da juventude no mundo, ela mantém uma posição chave na hierarquia dos Mestres Ascensos que divulgaram as escrituras para a Era de Ouro através dos ensinamentos e publicações da Summit Lighthouse. Apropriadamente, nossa introdução ao Livro Dois fala a respeito da "Alma de Maria no Céu".

Nossa Senhora legou à humanidade o arquétipo da mulher da Nova Era. Através do seu exemplo e constância, ela evoca a Mulher Divina em todos nós. Ela não apenas nos mostra *como* o princípio feminino deve ser resgatado, mas também *porque* deve ser resgatado, a fim de que o Divino Filho Varão, desabrochando como o homem e a mulher crísticos, possa surgir dentro de cada filho e filha amados de Deus.

Este é o Divino Filho Varão que deve vir para reger todas as nações — todos os aspectos da consciência humana — com vara de ferro.[8] O significado da palavra vara, neste contexto, é "radiação da divindade", e o significado do ferro é eu, o EU SOU "regendo a natureza".* A natureza inclui os quatro planos da consciência de Deus, designados como fogo, ar, água e terra, os quais, por sua vez, correspondem aos quatro corpos inferiores do homem e do planeta.

Assim, a regência das nações com vara de ferro é a "radiação da divindade no EU SOU regendo as nações". O estabelecimento dessa regência é o objetivo da encarnação do raio feminino nesta e em todas as eras. O ápice da missão do feminino divino e da energia espiral de Ômega, tanto no homem quanto na mulher, é a realização da consciência crística.

Até que o princípio feminino da Divindade seja dignificado em cada homem e mulher, o Cristo não poderá nascer. Até que o Cristo nasça no indivíduo, o desenvolvimento da identidade do homem e da mulher não poderá experimentar o novo nascimento. Assim, o renascimento do Cristo no homem e na mulher, muitas vezes citado como "a Segunda Vinda", é necessário para a salvação da alma. De fato, o Cristo Pessoal individual é o Salvador do mundo do indivíduo.

Quando o Cristo nasce no coração do homem e da mulher, sua consciência depõe o anticristo, a quem Paulo se referia como a mente carnal, que é a inimizade contra Deus.[9] Pois o Filho de Deus

---

*No original, em inglês, vara (*rod*) seria o acrônimo de "radiance of divinity" — radiância da divindade — e ferro (*iron*) seria o acrônimo de "I AM rules over nature" — EU SOU aquele que rege a Natureza. (*N. do T.*)

surge para destruir o dragão do eu inferior, o ego humano, que deve ser sufocado para que o Ego Divino possa surgir.

Sem a Mãe, não pode haver o Filho. Sendo assim, esta trilogia é dedicada a todos os devotos da Mãe Abençoada e do seu Filho, Jesus Cristo, que personificou a glória do unigênito Filho de Deus, para que possamos contemplar sua luz — "a luz verdadeira que ilumina todo homem estava vindo ao mundo"[10] —, sendo, dessa forma, moldada à sua imagem.

Esta é a amada esperança da Mãe e sua fervorosa fé: que seus filhos, seguindo os preceitos do Pai, possam alcançar com sucesso muito além dos seus sonhos mais distantes. Assim, ela nos chama com um poema e um sorriso:

A morada da Filiação divina
Mantém sua porta em aberto.
A escuridão da mente mortal
Nela não penetra, decerto.

Pois logo além do poente mortal
Está a luz imortal do amanhecer,
Tremulando na face da manhã
As promessas do que vai acontecer.

A alegria deste dia da vida imortal
Ecoa do passado conturbado,
Cintilando o frescor da estrela-da-manhã,
Como diamantes cristalinos no gramado.

Como uma gota de orvalho, e até mais clara
Ela se revela no brilho desse novo dia;
No fervor onde se vê, mais e mais perto
O rosto do próprio Cristo que se anuncia.

Como uma rede frágil que trepida
Com o trovejar do sol incomum,
Um portal lindo de eternidade
Abre suas portas para cada um!

A serviço dela eu permaneço sempre,

Elizabeth Clare Prophet

Maria, porém, guardava todas essas coisas, meditando-as no coração.

Lucas 2: 19

Introdução
A Alma de Maria na Terra

Nos remotos dias da Atlântida, Maria, a encarnação do raio da Mãe, serviu no Templo da Verdade, onde, como sacerdotisa do Mais Alto Deus, cuidava da chama esmeralda do quinto raio. Servindo sob os mestres da verdade, Maria, juntamente com outras virgens do templo, estudou as artes da cura e se submeteu às disciplinas exigidas para todas as almas que desejam engrandecer a consciência do Senhor.

Trabalhando com as leis que governam o fluxo da energia de Deus dos planos do Espírito para os planos da Matéria, ela aprendeu que todas as doenças, a decadência física e a morte são causadas pelo bloqueio do fluxo de luz em algum ponto dos quatro corpos inferiores do homem, e que esse bloqueio de energia é resultado do mau uso do fogo sagrado, que gera um carma correspondente.

Ela aprendeu que a cura para a doença é a harmonização desse fluxo através dos centros de luz dos corpos inferiores, nos quais a reversão do processo da morte e destruição é efetuada pela iniciação das espirais da chama da ressurreição, dentro do cálice do coração. Seus instrutores mostraram-lhe como, uma vez que entram em ignição, essas espirais se expandem, envolvendo todo o corpo e a consciência, até que o homem se torne uma esfera de fogo branco pulsante e vitorioso sobre a morte e o inferno, o Ser Incorruptível.

Há muito tempo, no Templo da Verdade, quando a religião e a ciência eram os pilares de Alfa e Ômega, Maria fez experiências com as leis do fluxo, que também governam a ciência da precipitação. Saberia ela que em outra vida seria escolhida para gerar o Filho de Deus, que iria demonstrar essas leis através da transmutação da água em vinho, na cura do aleijado, na multiplicação dos pães e dos peixes e muitos outros assim chamados milagres, através dos quais ele iria apresentar ao mundo a suprema metodologia da ciência sagrada?

Em todas as suas encarnações, Maria trabalhou junto com sua chama gêmea, o Arcanjo Rafael. Ele permaneceu no Céu, no plano do Espírito, para focalizar as energias de Alfa, enquanto ela fazia sua morada na Terra, no plano da Matéria, focalizando a energia de Ômega. Assim unidos, eles cumpriram a lei da sua identidade divina, sua esfera do Ser, provando que, "no alto, como embaixo", Deus é onipotente, onisciente e onipresente.

A cada oportunidade de vida, Maria desenvolveu uma concentração cada vez maior na Imagem Mais Sagrada, do Pai, que aparecia a ela como a Presença do EU SOU. Sua consagração ao conceito imaculado do Filho intensificou-se mais a cada dia enquanto ela aperfeiçoava seus quatro corpos inferiores como veículos de expressão do Espírito Santo em sua alma.

Seu rosto se iluminava com essa luz interior e suas vestes fluíam ao ritmo da chama. Foi sua magnificação da luz do Cristo e da chama da Mãe que, na verdade, sustentou o foco de cura no Templo da Verdade, e foi através de devoções diárias que suas emanações desse templo se expandiram por toda a Atlântida. Unida à Virgem Cósmica, ela se manteve como uma virgem no templo durante toda a sua encarnação e deixou um foco e uma chama que deverá brilhar novamente na Nova Atlântida, a fim de santificar os fundamentos da mestria da cura nos corações daqueles que, sob a proteção da Lei, serão os verdadeiros curadores da raça.

Nos dias do Profeta Samuel, Maria foi chamada pelo Senhor para ser a mulher de Jessé e a mãe de seus oito filhos. Então disse o Senhor a Samuel: "Até quando terás pena de Saul, havendo-o eu rejeitado, para que não reine sobre Israel? Enche o teu vaso de azeite e vem; enviar-te-ei a Jessé, o belemita. Dentre os seus filhos me tenho provido de um rei."[1]

Quando Samuel recebeu sete dos filhos de Jessé e não encontrou o que fora ungido pelo Senhor, disse a ele: "Estão aqui todos os teus filhos?" Respondeu Jessé: "Ainda falta o menor, que está apascentando as ovelhas." Disse, pois, Samuel a Jessé: "Manda chamá-lo, não nos sentaremos à mesa até que ele chegue." Assim o oitavo filho foi trazido diante do homem de Deus. E está registrado no Antigo Testamento que ele era ruivo, de belos olhos e de boa aparência. Então o Senhor falou a Samuel, dizendo: "Levanta-te e unge-o, é este mesmo." Então Samuel tomou o vaso de azeite e ungiu-o no meio de seus irmãos; e daquele dia em diante o Espírito do Senhor se apoderou de Davi.[2]

Sempre cumprindo seu papel como raio da Mãe, Maria, nessa encarnação de sua alma na Terra, ampliou a luz dos sete raios do Cristo nos sete primeiros filhos de Jessé. No mais novo, porém, Davi, ela não apenas glorificou o perfeito complemento das virtudes do prisma do Senhor, mas também a majestade e a mestria do oitavo raio, os quais Davi exemplificou em seu reinado e exaltou em seus salmos.

A reencarnação de Davi como Jesus foi profetizada por um dos maiores profetas de Israel, que escreveu: "Do tronco de Jessé [do Filho, da chama crística de Jessé] brotará um rebento, [um cetro de autoridade] das suas raízes um renovo e um galho [a Consciência Crística de Davi] frutificará [deverá evoluir a partir da sua comunhão com o Senhor]: Repousará sobre ele o Espírito do Senhor, o Espírito de sabedoria e de inteligência, o Espírito de conselho e de fortaleza, o Espírito de conhecimento e de temor do Senhor."[3]

O próprio Davi sabia que tornaria a nascer para executar uma missão importante para o Senhor. Assim, exclamou: "Está alegre o meu coração e se regozija a minha língua; também minha carne repousará segura. Pois não deixarás minha alma no inferno, nem permitirás que teu Santo veja corrupção. Tu me farás ver a vereda da vida; na tua presença me encherás de alegria."[4] Davi ansiava pelo dia em que poderia fitar Deus face a face, provar suas leis e se reconhecer em sua imagem. Não se satisfaria com menos. Portanto, declarou: "Quanto a mim, em retidão contemplarei tua face, quando acordar, eu me satisfarei com tua semelhança."[5]

O Livro dos Salmos é o tributo de Davi ao seu Criador. Ele proclama o amor, a sabedoria e o poder da alma determinada a se transformar no Cristo. Ele mostra como a fé, a esperança e a caridade, sendo sementes de luz plantadas dentro do corpo, mente e alma, compelem a totalidade do Eu Crístico a empregar suas energias na luta diária para ser aceita diante de Deus. O clamor de Davi, o rei-pastor, foi respondido na vida do carpinteiro de Nazaré: "Sejam agradáveis as palavras da minha boca e a meditação do meu coração perante tua face, ó Senhor, Rocha minha e Redentor meu!"[6]

Portanto, nos Salmos, os israelitas recorrem aos ensinamentos de quem alcançara a mestria crística, e os gentios também refletem sobre as meditações do Salvador, todos em busca do mesmo objetivo apresentado por ele, que é conhecido tanto como rei de Israel quanto da Nova Jerusalém. Assim, não é surpresa que hoje em dia, no cenáculo de onde se descortina a cidade de Jerusalém, os cristãos rezem na Sala Superior, no mesmo local onde Jesus e os discípulos celebraram a Última Ceia, onde Cristo apareceu após sua ressurreição, e também onde a descida do Espírito Santo aconteceu. E no andar de baixo da mesma construção há um templo que os judeus veneram como o Túmulo de Davi — "Ouve, ó Israel: o

Senhor nosso Deus é o único Senhor."[7] Nem é surpresa para aqueles que oferecem louvores ao nome de Maria que ela seja a Mãe tanto da dispensação cristã quanto da judaica.

Em sua encarnação final, "a abençoada e sempre Gloriosa Virgem Maria, nascida da casa real e da família de Davi, nasceu na cidade de Nazaré e foi educada em Jerusalém, no templo do Senhor. O nome do seu pai era Joaquim, e o da sua mãe, Ana. A família do seu pai era da Galiléia e da cidade de Nazaré. A família de sua mãe era de Belém. Suas vidas eram simples, justas diante de Deus, piedosas e sem pecados perante os homens".[8] Assim está escrito no Evangelho do Nascimento de Maria, atribuído a São Mateus, um trabalho reconhecido como autêntico pelos primeiros cristãos e incluído na biblioteca de Jerônimo.

Ana e Joaquim eram iniciados da Fraternidade e seguiam muitos dos ensinamentos da comunidade dos essênios. Entre outras disciplinas espirituais, seguiam uma dieta restrita e praticavam certos rituais no templo que correspondem aos ensinamentos místicos de Cristo, dados nos retiros dos mestres. Para eles, jejum e oração eram uma forma de vida.

O avô e a avó do Nosso Senhor eram humildes e piedosos diante de Deus. Viviam em obediência ao código de conduta ensinado nos retiros da Hierarquia e apresentados por Jesus, para suprir as necessidades dos discípulos de todas as eras que desejam aprender a lei da conservação das energias crísticas para a glorificação da Lei: "Seja, porém, o vosso: 'Sim', sim; 'Não', não; o que passar disso vem do maligno."[9]

Jesus nos ensinou que, quando o discípulo está no caminho de volta para casa, encontra de vez em quando, a cada hora e por alguns momentos, os ciclos dos usos e dos maus usos da sua energia realizados no passado. Se os efeitos das causas colocadas em movimento forem bons, ele deve reafirmar essa bondade e expandi-la para Deus e o homem. Se os efeitos das ações passadas for danoso ou desarmônico com a Lei Cósmica, ele deverá rapidamente negar e denunciar essas espirais de energia, e abstraí-las de toda a sua influência negativa, através da chama transmutadora do Espírito Santo.

João, o amado, falou sobre isso em um ditado recente, dizendo que Jesus havia, dessa forma, aconselhado os discípulos, enquanto eles passavam pelo seu noviciado com ele. João explicou que Jesus os ensinou a dizer: "Sim!" para a luz, afirmando todas as coisas boas, e "Não!" para a escuridão, negando todo o mal, e então "Paz, aquieta-te!". "Pois então", explicou, "todas as energias fluem de Deus para o homem, do homem para Deus, e o discípulo pode começar o seu processo de ascensão agora mesmo."[10]

Este ensinamento da Fraternidade foi especificamente seguido por Ana e Joaquim, enquanto se preparavam para serem os veículos da consciência virgem de Maria. Por 20 anos eles viveram "de forma casta, em função de Deus e no amor dos homens, sem ter filhos. Fizeram votos, porém, de que se Deus os favorecesse em alguma questão, eles devotariam tal questão ao serviço do Senhor; por conta disso, foram a todas as festividades do ano, no templo do Senhor".[11] Com esta promessa no coração e este propósito na mente, diligentemente empregaram a Ciência da Palavra Falada, oferecendo orações e invocações aos Elohim, aos arcanjos e à Presença mestra da vida, revelada a Moisés como o EU SOU O QUE EU SOU.[12]

Maria nasceu de Ana e Joaquim porque eles ofereceram suas vidas para a realização do plano de Deus. Foram escolhidos para servir porque escolheram servir, e seu compromisso atravessou os séculos, em sua existência prévia, tanto na Terra quanto no Céu. Portanto, seguindo o protocolo celestial, o anjo do Senhor apareceu-lhes, anunciou o nascimento da Virgem e lhes contou que sua filha, ainda virgem, geraria o Filho de Deus, que iria provar diante das multidões na Judéia as leis da divina alquimia e a capacidade do homem e da mulher crísticos de se transformarem em mestres, dominando o pecado, a doença e a morte.

Em seus textos sobre o nascimento da Virgem Maria, São João Damasceno oferece um adequado tributo àqueles que focalizaram as espirais de Alfa e Ômega, do Deus Pai-Mãe, em prol da alma de Maria:

"Ó casal abençoado, Joaquim e Ana! Diante de vós todas as criaturas estão em débito. Pois através de vós todas as criaturas ofereceram ao Criador o seu presente, o mais nobre dos presentes, ou seja, a mãe casta que, sozinha, era digna do Criador. Rejubilai-vos, Joaquim, pois através da vossa filha o Filho nasceu para nós; e ele é conhecido como o anjo do grande conselho, isto é, da salvação de todo o mundo. (...)

"Ó casal abençoado, Joaquim e Ana! Sereis verdadeiramente conhecidos como puros pelo fruto de vossos corpos, como disse Cristo certa vez: 'Pelos seus frutos ireis conhecê-los.' Vivestes vossas vidas dentro das regras, fostes agradáveis a Deus e vos tornastes dignos daquela que surgiu através de vós. Através do sagrado e casto exercício de vossa missão, vós trouxestes ao mundo o tesouro da virgindade."[13]

No Evangelho de Mateus sobre o nascimento de Maria, lemos a respeito de Issacar, sumo sacerdote do templo de Jerusalém, que repreendeu Joaquim na festa da dedicação porque "suas oferendas jamais poderiam ser aceitas por Deus, que o julgara indigno de gerar filhos". Segundo as escrituras, amaldiçoado era todo homem que não gerasse um filho varão para Israel. Mais tarde, disse que Joaquim "deveria, primeiro, libertar-se desta maldição, produzindo alguma coisa para vir, com suas oferendas, diante de Deus". Sob o peso dessas palavras duras do sacerdote que o condenara publicamente e também "confuso pela vergonha de tal repreensão, [Joaquim] se retirou para junto dos pastores, que cuidavam do gado pelos campos".[14]

O relato que Mateus nos faz da visita do anjo a Joaquim e Ana é admirável, pela autenticidade dos ensinamentos da Fraternidade que o texto contém. Da mesma forma, ele nos fornece mais uma descrição vívida da livre associação que homens e mulheres devotos tinham com os anjos do Senhor. "E quando ele já estava nos campos há algum tempo", descreve o apóstolo, "certo dia em que estava sozinho, o anjo do Senhor apareceu ao seu lado, envolto por uma luz prodigiosa. O anjo, vendo que Joaquim se perturbara diante da sua aparência, esforçou-se para tranqüilizá-lo, dizendo: 'Não temas, Joaquim, nem te preocupes com minha presença, pois sou um anjo do Senhor. Ele me enviou a ti para informar-te que tuas preces foram ouvidas e tuas dádivas valorizadas aos seus olhos. Eis que Ele verdadeiramente viu tua vergonha e ouviu a forma com que foste injustamente repreendido por não ter filhos: pois Deus é o vingador do pecado, não da natureza; sendo assim, quando Ele fecha o ventre de uma mulher, o faz por algum motivo, às vezes para tornar a abri-lo de uma forma ainda mais maravilhosa, a fim de que o que dali por fim nasça não pareça um produto da luxúria, e sim um presente de Deus.[15]

"'(...) Portanto, Ana, tua mulher, te dará uma filha, a quem darás o nome de Maria; ela deverá, de acordo com o teu voto, devotar-se ao Senhor desde a infância, e será plena do Espírito Santo ainda no ventre de sua mãe; não deverá comer nem beber nada impuro, e suas conversas não deverão ser desperdiçadas entre as pessoas comuns, e sim dirigidas ao templo do Senhor, para que jamais sofra calúnias ou suspeitas de coisas más. Desse modo, no decorrer dos anos, tendo ela nascido, de forma miraculosa, de uma mulher estéril, e ela própria ainda virgem, trará para o mundo, de uma forma jamais vista, o Filho do Mais Alto Deus, que deverá receber o nome de Jesus e, de acordo com o significado de seu nome, será o Salvador de todas as nações.'[16]

"Depois, o anjo também apareceu à esposa de Joaquim, dizendo: 'Não temas, nem imagines que o que vês é um espírito, pois eu sou o anjo que levou tuas preces e oferendas diante de Deus, e fui agora enviado para informar-te de que darás à luz uma filha, que deverás chamar de Maria. Ela será bendita entre todas as mulheres.

Ela, desde o instante de seu nascimento, estará cheia da graça do Senhor e deverá continuar morando, durante seus três primeiros anos, na casa de seu pai. Depois disso, uma vez que foi oferecida ao serviço do Senhor, deverá ir para o templo, onde deverá ficar até atingir a idade do discernimento.

"Em suma, deverá servir ao Senhor noite e dia, jejuando e orando. Deverá se abster de todas as coisas impuras e jamais conhecerá homem algum; mesmo assim, apesar de estar distante de qualquer impureza ou profanação e mesmo sendo uma virgem que jamais teve contato com homem, dará à luz um filho. Será a donzela que trará o Senhor, que, devido à sua graça, seu nome e sua obra, será conhecido como o Salvador do mundo (...) E então Ana concebeu e deu à luz uma filha e, seguindo as instruções do anjo, seus pais a chamaram de Maria."[17]

A história da infância de Maria é uma das mais delicadas e ternas, dentre as que descrevem o envolvimento de Deus com a Rainha dos Anjos encarnada. Aquela que deveria se tornar noiva do Espírito Santo foi apresentada no Templo com a idade de três anos. Conta-se que seus pais a colocaram no primeiro dos 15 degraus da escada que simbolizava as iniciações do Cântico dos Degraus (Salmos 120 a 134). A criança subiu os degraus um após outro "sem ajuda de ninguém para orientá-la ou levantá-la", provando que já havia passado por essas iniciações em outras vidas e estava preparada espiritualmente para cumprir sua missão. "Assim", comenta Mateus, "o Senhor operou, na infância de sua Virgem, essa extraordinária obra e evidenciou por este milagre quão grande ela seria dali por diante".[18]

Assim, Maria foi deixada, em companhia de outras virgens, nos aposentos do Templo, para ser criada lá. E seus pais, tendo oferecido seu sacrifício de acordo com o costume da lei e concluído o seu voto, retornaram para casa.

Para aqueles que conhecem a beleza da alma de Maria, o relato de Mateus sobre sua comunhão diária com a hierarquia celestial é precioso. "A Virgem do Senhor, com o passar do tempo, aumentou suas perfeições e, de acordo com o Salmista, seu pai e sua mãe renunciaram a ela, mas o Senhor a tomou sob seus cuidados. A cada dia ela conversava com os anjos e a cada dia recebia visitantes de Deus que a preservavam de todas as tentações do mal e faziam com que nela abundassem todas as coisas boas; de modo que, quando chegou o seu 14º aniversário, o mal não poderia descobrir em sua vida qualquer coisa que fosse passível de reprovação, e todas as pessoas boas que com ela conviviam admiravam-se com sua vida, suas conversas e seu modo de ser."[19]

De acordo com Mateus, quando Maria estava com 14 anos de idade, o sumo sacerdote fez uma anunciação pública de que todas as virgens do Templo "já estavam na maturidade apropriada, de acordo com o costume do país, para se casarem. Ao seu comando, embora todas as virgens restantes rendessem pronta obediência, Maria, a Virgem do Senhor, respondeu que não poderia atendê-lo. Atribuiu a isso as razões de que seus pais, bem como ela própria, tinham-na devotado ao serviço do Senhor, e que ela havia feito votos de virgindade, os quais estava resolvida a jamais quebrar".[20]

O sacerdote ficou perplexo, e ordenou "que na festa que se aproximava todas as pessoas importantes de Jerusalém e dos lugares vizinhos deveriam se encontrar em conselho, para decidir o que fazer acerca de tão difícil questão. Quando todos se reuniram, concordaram por unanimidade em procurar o Senhor e pedir seu conselho a respeito do assunto. Assim, quando todos estavam em oração, o sumo sacerdote, de acordo com o ritual estabelecido, foi consultar Deus.

"Imediatamente, uma voz da arca, que foi ouvida por toda a assembléia, disse que deveria ser procurada, segundo uma profecia de Isaías, a pessoa a quem a virgem deveria ser oferecida em casamento. Conforme as palavras de Isaías, 'do tronco de Jessé brotará um rebento, e das suas raízes uma flor nova nascerá e o Espírito do Senhor repousará sobre ele; o Espírito da Sabedoria e da

Compreensão, o Espírito do Conselho e Poder; o Espírito do Conhecimento e Devoção e o Espírito do temor do Senhor irão preenchê-lo."

"De acordo com esta profecia, ele determinou que todos os homens da casa e da família de Davi que fossem solteiros e ainda não comprometidos deveriam trazer seus cajados até o altar. Do cajado de um deles uma flor brotaria, nessa flor o Espírito Santo deveria pousar, sob a forma de uma pomba, e esse seria o homem a quem a virgem deveria ser oferecida como esposa."[21]

Porém, segundo conta Mateus, José, sendo muito idoso, "retirou seu cajado, quando os outros apresentaram os seus. Assim, quando nada surgiu que se parecesse com o que havia sido profetizado pela voz celestial, o sumo sacerdote julgou apropriado consultar Deus novamente. Este respondeu que aquele a quem a virgem deveria ser oferecida em bodas era a única pessoa daqueles que foram chamados que não tinha deixado seu cajado. José, conseqüentemente, foi reconhecido como aquele que faltava. Quando trouxe o seu cajado e uma pomba vinda do céu pousou sobre ele, todos souberam claramente que a virgem deveria ser dada a ele, em bodas".[22]

Assim, Maria desposou José. A versão de Mateus é de que José retornou a Belém para se preparar para as bodas, e Maria, acompanhada por sete virgens, voltou para a casa de seus pais na Galiléia; enquanto Tiago relata que José levou Maria à sua casa e foi então se ocupar de construir uma moradia para o casal, deixando-a sozinha. Tiago, no seu Proto-Evangelho, relata que, enquanto estava ainda prometida em casamento, Maria era uma das diversas virgens escolhidas para tecer o novo véu para o Templo e que, enquanto tecia o verdadeiro manto púrpura, "pegou um pote e saiu para pegar água, quando ouviu uma voz que lhe disse: 'Salve, cheia de graça, o Senhor está contigo; bendita és tu entre as mulheres'".[23] Este era o mensageiro, o Arcanjo Gabriel que anunciava a Maria sua concepção do Cristo pelo poder do Espírito Santo.

"Ela olhou ao redor, à direita e à esquerda, para ver de onde vinha a voz e então, tremendo, entrou em casa. Guardando o pote de água, pegou o manto púrpura e se acomodou em seu assento para trabalhar nele. Eis que o anjo do Senhor tornou a aparecer ao seu lado e disse: 'Não temas, Maria, pois encontraste graça aos olhos de Deus.' Ao ouvir isso, ela meditou sobre o que tal saudação poderia significar.

"E o anjo disse a ela: 'O Senhor está contigo, e conceberás uma criança.' Diante disso, ela replicou: 'Como? Devo conceber pelo Deus vivo e dar à luz como todas as mulheres?' E o anjo respondeu: 'Não dessa forma, Maria... O Espírito Santo descerá sobre ti e o poder do Altíssimo te protegerá sob sua sombra; aquele que de ti nascerá será sagrado, e será chamado de Filho do Deus Vivo, e seu nome será Jesus, pois livrará seu povo dos pecados. Fica atenta também à tua prima Isabel. Ela também concebeu um filho, mesmo estando em idade avançada. Já está no sexto mês aquela que um dia foi considerada estéril, pois nada é impossível para Deus.' E Maria disse: 'Eis aqui a serva do Senhor; seja feito em mim de acordo com a tua palavra.'"[24]

Quando Maria terminou de tecer o manto púrpura, levou-o ao sumo sacerdote, que a abençoou dizendo: "Maria, o Senhor Deus engrandeceu o teu nome, e serás abençoada para todo o sempre."[25] Conforme descrito no Evangelho de Lucas, a descrição de Tiago da visita de Maria à casa de sua prima Isabel é caracterizada pela reação da criança e a bênção pelo fogo de João Batista. Isabel, que carregava o mensageiro do Senhor, que viria antes de Jesus, exclamou, quando da chegada da prima: "Como é isso possível? Então a Mãe de meu Senhor deve vir até mim? Pois saiba que assim que a voz de tua saudação chegou a meus ouvidos, aquele que está dentro de mim pulou de alegria e abençoou o fruto do teu ventre."[26]

À medida que Maria foi crescendo com a criança no ventre, José ficou profundamente preocupado com sua condição, e decidiu afastar-se dela, sem contar para ninguém. O anjo do Senhor, porém, apareceu a ele, dizendo-lhe que aquilo não era obra de um homem, mas do Espírito Santo. Tiago nos conta que Anás, o escriba, visitou José e, vendo que Maria esperava um filho, informou ao sumo sacerdote que José se casara com ela em segredo.

"Diante disso, tanto Maria quanto José foram levados ao Templo, e o sacerdote disse a Maria: 'O que fizeste? Por que degradaste tua alma e esqueceste do teu Deus, depois de ter sido criada junto ao Santo dos santos, depois de teres recebido a comida das mãos dos anjos e de teres ouvido suas canções? Por que fizeste isso?' Ao ouvir essas palavras, ela respondeu em meio a uma torrente de lágrimas: 'Pelo próprio Deus vivo, sou inocente diante de seus olhos, já que jamais conheci homem algum.' Então, o sacerdote disse a José: 'Por que fizeste isso?' E José respondeu: 'Pelo próprio Deus vivo, não tive nada com ela.'

"O sacerdote, porém, disse: 'Não mintas, fala a verdade; casaste em segredo com ela e não contaste aos filhos de Israel, humilhando-se diante da poderosa mão de Deus para que tua semente pudesse ser abençoada.' José ficou em silêncio. Então, o sacerdote continuou a falar-lhe: 'Deves devolver ao Templo de Deus a virgem que tomaste.' Ele, porém, chorou amargamente, e o sacerdote acrescentou: 'Vou fazer com que ambos bebam a água do Senhor, que é reservada para testes, e assim tua iniqüidade aparecerá diante de ti.'

"Então, o sacerdote pegou a água, fez com que José a bebesse e o enviou para um lugar montanhoso. Ao vê-lo retornar perfeitamente bem, todas as pessoas se convenceram de que não havia culpa nele. Então, o sacerdote disse: 'Já que o Senhor não fez surgir em ti nenhum sinal de pecado, eu também não te condeno.' E o liberou. José foi ter com Maria e a levou para casa, alegrando-se e dando graças ao Deus de Israel."[27]

A versão aceita dos acontecimentos que cercaram o nascimento de Nosso Senhor é bem conhecida. A seqüência descrita a seguir, que os primeiros patriarcas da Igreja não incluíram no Novo Testamento está, segundo consta, no Evangelho de Tomé:

"No ano 309 da era de Alexandre, o imperador Augusto publicou um decreto determinando que todas as pessoas deveriam se apresentar para serem taxadas em seu país de origem. José, diante disso, pôs-se em viagem e, acompanhado de Maria, sua esposa, foi a Jerusalém e, depois, a Belém, pois ele e sua família deveriam ser taxados na cidade de seus antepassados. Ao passarem junto de uma caverna, Maria confessou a José que seu momento de dar à luz chegara. Sentiu que não conseguiria chegar à cidade a tempo e pediu-lhe para que entrassem na caverna. Nesse momento o sol estava começando a se pôr.

"José, porém, saiu à procura de uma parteira; ao encontrar uma mulher hebréia muito idosa, que era de Jerusalém, disse-lhe: 'Rogo-te que venhas comigo, boa mulher. Ao entrares naquela caverna, encontrarás uma mulher prestes a dar à luz.' O sol já havia se posto quando a velha, acompanhada de José, chegou de volta à caverna, e ambos entraram. E viram que tudo lá dentro estava iluminado com luzes mais fortes do que velas e lamparinas, como se o próprio sol estivesse ali dentro. A criança já estava envolvida em faixas, bem protegida, e mamava no seio da mãe, Santa Maria.

"Ao verem a luz ofuscante, José e a hebréia ficaram muito surpresos; a velha senhora perguntou a Santa Maria: 'És tu a mãe desta criança?' Santa Maria respondeu que sim, ao que a hebréia replicou: 'És muito diferente de todas as outras mulheres.' E Santa Maria explicou-lhe: 'Da mesma forma que não há no mundo criança alguma que seja igual ao meu filho, não há nenhuma mulher como a sua mãe', ao que a velha parteira respondeu: 'Ó, minha Senhora, fui trazida aqui para receber um presente precioso.' E Nossa Senhora, Santa Maria, disse-lhe: 'Coloca a mão sobre a criança.' Ao fazer isso, ela se sentiu completa e, ao partir, exclamou: 'Deste dia em diante, e por todos os dias de minha vida, vou ser uma serva desta criança.'

"Depois disso, quando os pastores chegaram e acenderam uma pequena fogueira para aquecê-los, sentiram-se regozijados. Uma legião de anjos apareceu diante deles, dando graças e adorando o Deus supremo. E quando os pastores se colocaram igualmente em oração e adoração, a caverna assumiu o aspecto de um templo glorioso, pois as línguas dos homens e dos anjos se uniram em um só idioma para adorar e glorificar Deus, pelo nascimento do Senhor Cristo. E quando a velha senhora hebréia viu todos estes milagres, também louvou a Deus, dizendo: 'Agradeço a ti, Deus de Israel, pois meus olhos testemunharam o nascimento do Salvador do Mundo.'"[28]

Louvarei ao Senhor em todo o tempo; o seu louvor estará continuamente na minha boca.

A minha alma se glorificará no Senhor; os aflitos o ouvirão e se alegrarão.

Engrandecei ao Senhor comigo; juntos exaltemos o seu nome.

Busquei ao Senhor, e Ele me respondeu; livrou-me de todos os meus temores.

Salmos 34: 1-4

PARTE UM

O Aspecto da Sabedoria da Chama do Cristo

Quatorze Cartas de uma Mãe a seus Filhos

No sexto mês foi o Anjo Gabriel enviado por Deus a uma cidade da Galiléia, chamada Nazaré, a uma virgem desposada com um homem cujo nome era José, da casa de Davi. O nome da virgem era Maria.

Entrando o anjo onde ela estava, disse: Salve agraciada! O Senhor é contigo. Bendita és tu entre as mulheres.

Porém, ela se perturbou muito com estas palavras, e considerava que saudação seria essa.

Disse-lhe então o anjo: Maria, não temas, achaste graça diante de Deus. Conceberás e darás à luz um filho, ao qual porás o nome de JESUS. Este será grande, e será chamado Filho do Altíssimo. O Senhor Deus lhe dará o trono de Davi, seu pai. E reinará eternamente sobre a casa de Jacó, e o seu reinado não terá fim.

Disse Maria ao anjo: Como se fará isso, visto que não conheço homem algum?

Respondeu-lhe o anjo: Descerá sobre ti o Espírito Santo, e o poder do Altíssimo te cobrirá com a sua sombra. Por isso o ente santo que de ti há de nascer será chamado Filho de Deus. Até Isabel, tua prima, concebeu um filho em sua velhice, sendo este o sexto mês para aquela que era considerada estéril. Pois para Deus nada é impossível.

Disse, então, Maria: Eu sou a serva do Senhor. Cumpra-se em mim segundo a tua palavra.

E o anjo ausentou-se dela.

Lucas 1: 26-38

1

As trevas serão vencidas pela Luz!

*A hipocrisia, o egoísmo e o orgulho espiritual dos cegos
que guiam os cegos são desbaratados
pela Bíblia da natureza*

Aos que nasceram em liberdade e aos que deveriam nascer:

Todos os dias muitas pessoas da humanidade acordam de seu sono perdidos em incertezas. Suas preocupações vão desde a igreja cristã, passando pela nação, filhos e membros da sociedade. Temem o que está para se abater sobre a Terra. A população do mundo esteja aumentando muito depressa ou devagar demais? Perguntam-se por que existe tanta violência sobre o corpo planetário?

Neste mundo maravilhoso que pode ser preenchido pela esperança da Mãe Divina e pela despreocupada atitude dos santos inocentes, que muitos de vós experimentastes na infância, por que a humanidade sofisticada não consegue compreender o significado das experiências da vida? Permiti-me esclarecer-vos que a luta humana é resultado do egoísmo da humanidade, de sua incapacidade de apropriar-se da abundância divina e de compreender o propósito universal. Avaliando a vida em sua menor dimensão, ela não consegue captar a perspectiva do quadro completo, pois já restringiu o potencial da existência dentro de seu próprio senso de limitação.

Muito antes de haver um compêndio da Lei conhecido por vós como a Bíblia Cristã, que combina as escrituras antigas dos profetas de Israel com os escritos dos seguidores de Cristo que estabeleceram o Novo Testamento, já existia no tempo de Enoque,[1] antes do Dilúvio, alguns fragmentos do que poderia ser chamado de Sagrada Escritura. No entanto, a bíblia da natureza, o registro da Lei em engramas de luz, já estava e está sempre presente no interior dos átomos do próprio planeta. Da mesma forma que o homem hoje não constrói nada sem um projeto, igualmente o cosmos foi planejado a partir daquela perfeição universal que era Deus no princípio e é para sempre.

Percebi, na medida em que a perfeição é sempre um atributo divino, como tudo teria sido fácil se a humanidade tivesse escolhido caminhar dentro dos limites da Grande Lei para perpetuar a perfeição em todo o mundo. No entanto, na dispensação do livre-arbítrio que é mantida para a humanidade encarnada hoje, existe uma punição devido à liberdade inerente ao homem de criar de forma imperfeita e viver no erro. Entre os erros que a humanidade perpetua estão os dogmas criados por inúmeros indivíduos que são os cegos guiando cegos, para que toda a humanidade possa cair na cova.[2]

Agora está sendo apresentada aos Senhores do Carma a questão do que deverá ser feito a respeito do homem moderno e de seus padrões de comportamento, suas violações da lei cósmica e o tormento que inflige sobre a natureza e seus irmãos. Toda a vida foi atingida, e de maneira mortal, amados. Enquanto o Conselho Cármico e as hostes celestiais tentaram protelar a resposta cármica que há muito tempo já devia ter sido lançada sobre a humanidade, insistentemente contiveram o ataque violento das energias mal-qualificadas do mundo na doce esperança de que as terríveis iniquidades praticadas contra Deus e o homem pelo povo da Terra cessariam, e a tendência a um mal cada vez maior seria refreada.

Os homens estão propensos a acreditar num salvador pessoal, alguém que possa libertá-los dos seus pecados e de todas as circunstâncias que lhes causam dor e sofrimento. Existe também a tendência para o radicalismo, que produz o ódio humano contra aqueles que, tanto no campo da política quanto no da religião, não se mostram tão radicais quanto os radicais imaginam que deveriam ser. Existe ainda a hipocrisia humana e o orgulho espiritual, que se tornaram um peso terrível a se balançar sobre o fio do sentimento opressivo de presságio da humanidade e sobre o seu desejo de infligir punições uns aos outros. Tudo isso provocou incrível sofrimento nos reinos do espírito e também dificuldades sobre a Terra.

Como uma espada de Dâmocles, as condenáveis acusações que a humanidade faz à fé uns dos outros, à fé em Deus e em Cristo, pendem sobre sua cabeça como acusação de sua própria consciência pecaminosa, enquanto sua contestação da universalidade do propósito divino e da beleza dos puros de coração continua a reforçar muralhas brutais que ela ergueu em torno de si mesma.

Eu, que busquei tanto, e de forma tão sincera, tanto em vidas passadas quanto na minha encarnação como Mãe de Jesus, ser uma pacificadora, tenho muito a oferecer àqueles que despejariam óleo sobre as atribuladas águas da consciência humana. Ao contrário das opiniões de alguns, os primeiros discípulos e apóstolos discutiam entre si, da mesma forma que os discípulos de Cristo o fazem ainda hoje. Não era tarefa fácil mostrar-lhes os próprios erros e tentar colocar em perspectiva as pequenas preocupações que tão freqüentemente expressavam, que não eram tão importantes quanto o estado do altar do ser, o cálice do coração, ou a harmonia da humanidade com os propósitos de Deus.

Os homens, muitas vezes, coam um mosquito e engolem um camelo.[3] E como ainda precisam, apesar de todas as suas conquistas, mesmo nas coisas espirituais, adquirir sabedoria[4] e compaixão. Não é suficiente que os homens sejam corajosos na sua busca pela verdade. Todos precisam daquela generosa humildade que, como um imenso magneto de amor cósmico, atrai o amor de Deus através de toda a rede e fibra da criação, infundindo-a com o brilho resplancescente da intenção cósmica e da verdadeira compaixão espiritual.

Por que, então, de tempos em tempos, em minhas numerosas aparições para os fiéis, como fiz em Fátima e Garabandal, procurei com freqüência alertá-los? Porque no livre-arbítrio da humanidade existe um elemento da graça divina que pode ser colocado em ação; um foco do grande amor e compreensão que pode remover a dureza de coração com a qual a humanidade tão freqüentemente reveste suas atividades. Às vezes nos parece que o homem não compreende realmente o poder que Deus tem. No sentido universal e macrocósmico, o poder total de Deus é "todo poder no Céu e na Terra",[5] concedido àqueles que alcançam a mestria do Cristo e são co-herdeiros com Deus[6] através da realidade do Filho universal.

É pena que a intolerância seja uma barreira tão grande para a realidade divina e os ensinamentos do Espírito Santo. Pois o Espírito Santo vos guiará em toda a verdade.[7] E a verdade, amados, não é simplesmente a letra da Lei ao pé da letra, conforme é interpretada por vários grupos, que bem podem diferir muito quanto à compreensão das Sagradas Escrituras, e mesmo assim ser composto de corações que verdadeiramente buscam a luz. Ter amor sem a iluminação da mente do Cristo e sem o poder de manejar bem a Palavra da verdade[8] muitas vezes não é suficiente para promover a retidão universal da atividade de Deus dentro da consciência do indivíduo, que traz a justiça divina para todos.

Que o perfeito equilíbrio da Santíssima Trindade permeie a consciência dos verdadeiros seguidores de Deus, é essa a nossa prece. Pois verdadeiramente a vontade de Deus que está acima deve ser seguida igualmente embaixo, assim na Terra como no Céu.[9] Mas enquanto os homens se permitirem ficar presos aos vários ganchos de seus conceitos humanos — ou até mesmo aos ganchos dos conceitos divinos da forma pela qual eles os compreendem —, quando tais conceitos não são devidamente manejados pelo Espírito, permanecerão em campos separados. Na verdade, existe apenas um propósito cósmico; e este propósito, que é a fusão total das chamas de Deus e do homem, vai um dia se revelar a todos através da luz de um só Espírito.[10]

Peço que considereis tais assuntos, mesmo que de uma forma elementar. Pois se o pensamento não trouxer alívio para as lutas da humanidade, a oração vai fazê-lo. Convoco-vos a rezar comigo e com os mestres da luz e do amor, para que o mundo cristão seja despido dos elementos de dureza de coração e crueldade para com aqueles que considera sem fé ou hereges, dos clamores dos ataques e contra-ataques e do seu sentimento de conflito que se assemelha aos espasmos de um animal agonizante.

Decerto a escuridão será derrotada, mas deverá ser sempre derrotada pela luz, pois a treva é incapaz de derrotar a si mesma. E quando a luz que existe no homem são trevas,[11] isto é, quando sua luz é desqualificada pelas trevas, seus frutos não podem expressar a vitória de Cristo, nem para a humanidade nem para a pequena mônada do eu. Aguardamos maior compreensão que desce sobre o mundo como uma gigantesca cortina de luz e envolve os corações daqueles que seguem Deus como filhos amados.

Com toda a devoção, permaneço,

Maria

Retiro da Espiral da Ressurreição
Colorado Springs, Colorado
16 de julho de 1972

2

Uma aliança secreta com Deus por meio da submissão total

Os que têm mestria caminham como filhos-servos,
dispersando a sutil pressão da condenação, os padrões de
destrutividade e a ignorância da Lei do Amor

Aos amados filhos do Sol:

Ao saudardes a primeira luz da manhã, que continuamente aparece em algum ponto do corpo planetário, à medida que o grande Relógio Cósmico faz rolar a maré de amor da alvorada em torno da gigantesca bola que é o mundo, tentai compreender que cada centro planetário, como um ser humano ou um indivíduo, é constantemente banhado pela luz do sol físico. Ao mesmo tempo em que a luz física é derramada sobre a Terra, a radiação espiritual, a presença e a onipresença divinas fluem através da luz física do sol. É o Sol por trás do sol. Esta é a realidade de Deus que produz a ressurreição espiritual, que por sua vez vence a consciência temporária da morte e do ato de morrer na humanidade, trazendo a percepção da vida eterna.

Quando homens e mulheres com inclinação espiritual contemplam o verdadeiro significado do Ângelus, conseguem sentir a paz sagrada que surge com a doce oração feita pela alma que não tem vergonha de expandir da catedral do coração a magnífica inspiração do amor nascido da sagrada comunhão com Deus. A luz do sol que se esvanece, quando ele recua do lugar em que o suplicante está, conhece o fruto do dia e conhece as maravilhosas bênçãos da luz que brilhou não apenas sobre aquele, mas também sobre inúmeros outros. Temos esperança de que almas receptivas tenham usado sua energia cósmica em mais um dia de realizações, um dia que não se passou sem render frutos ou sem amor.

Apesar de reconhecermos que existem muitos tipos de amor, o amor do qual estamos falando é sempre o amor de Deus, que é repartido no pão daqueles que servem à humanidade e compreendem que não distribuem apenas o pão físico, para as necessidades físicas, mas também o pão do Espírito que nutre as almas. Considerai, então, a beleza do pão inteiro da consciência crística, cujas qualidades estão focalizadas em cada uma das pequenas migalhas que caem da mesa do Senhor; a Eucaristia que dá a todos a concessão da unidade espiritual na qual todos são envolvidos pelo seu amor.

Os sentimentos da humanidade precisam ser corretamente usados, e jamais abusados. Pois eles são indicadores da consciência do eu, pelos quais o indivíduo vivencia as condições de seu ambiente e seu relacionamento com ele — onde está, o que está fazendo, como vive, respira e funciona através dos seus quatro corpos inferiores. Isso é muito fácil para a alma treinada que consagrou seu coração a Deus a fim de usar estes sentimentos para retirar do profundo poço da consciência humana a abundância da água da vida, que flui da Fonte que está acima para o receptáculo que está embaixo.

Em nenhum momento os homens devem temer a expansão de sua consciência sob o domínio do amor do Pai. Pois seu amor, quando cobre o altar da verdadeira consciência do homem, será como os querubins que estenderão as asas por cima, cobrindo com ela o propiciatório.[12] Na realidade, o homem pode fazer uma aliança secreta com Deus, uma aliança muito acima dos olhos do profano. Ao realizar isso, através da renúncia total, ele percebe, manifestando-se no altar do seu coração, um sentimento de onipresença de Deus e da sua própria unidade com esta Presença.

Quando outros também sentem esta mesma calma interior, no sentimento de abundância que nasceu da dedicação à prática das Leis de Deus, eles percebem que, surgindo dentro de seu próprio ser, está o verdadeiro poder que nasce de todo o universo. E onde quer que vá, ele reconhece que o Senhor habita o espaço, que ele o santifica e abençoa. Com esta percepção da Presença de Deus, é mais difícil para a humanidade se envolver nas sutis pressões de condenação contra as quais tanto Saint Germain quanto El Morya falaram.

E falo tudo isso com a esperança de trazer para a comunidade mundial, tanto a religiosa quanto a leiga, um senso maior do propósito de Deus, da dedicação ao Cristo e da busca interior da unidade com a Grande Lei. Pois enquanto a humanidade continuar se envolvendo nos padrões cármicos de destruição, enquanto refletir destruição em suas ações, a paz do meu Filho se manifestará apenas em parte. Ações errôneas são uma barreira para a manifestação na humanidade desse amor perfeito que lança fora todos os medos.[13]

Atentai, pois, para as esperanças que refulgem através dos poros do espaço, à espera de uma abertura para adentrar o coração de cada homem que possa verdadeiramente honrar as leis do Pai de acordo com sua mais elevada compreensão. Deus muitas vezes finge que não vê a ignorância do homem. E os mestres que caminham como filhos-servos, seguindo as pegadas da gigantesca pulsação da vida, jamais aumentarão o peso da condenação do mundo, e em vez disso servirão para elevar a humanidade, levando-a da escuridão para a luz. Assim como Jesus disse para a mulher adúltera: "Nem eu te condeno; vai e não peques mais",[14] da mesma forma a compaixão deve expandir suas asas de alegria curadora sobre a

Terra, através da misericórdia e do amor clemente, e o Ângelus da paz possa coroar cada dia com um senso de divina realização.

Sou uma pacificadora, além de ser mãe. E, ao nos encontrarmos pela estrada da vida, surgirá de todas as formas o mútuo empenho em alcançar as atividades que libertarão cada filho e levá-lo-ão a aceitar a plenitude do amor de Deus em Jesus Cristo.

Abençoando-os cada vez mais, EU SOU

Maria

Retiro da Espiral da Ressurreição
Colorado Springs, Colorado
23 de julho de 1972

3

Paz, aquieta-te!

*Os misericordiosos elevam os oprimidos e os
conduzem a uma resposta mais elevada*

Aos amados filhos e filhas que conscientemente reconhecem sua
origem divina:

As esperanças de Deus estão sobre o desejo consciente da humanidade de aceitar a harmonia universal, que precisa primeiro
ser estabelecida dentro de cada um.

Não podeis manifestar a harmonia de Deus se continuamente
permitirdes a vós mesmos serdes arrastados a situações mundanas
pelas vossas emoções. Na verdade, toda a criação foi expressa em
sua realidade primordial pela centelha do desejo de Deus, manifestada através do Espírito Santo. Esse desejo do Criador de amplificar as qualidades de perfeição está intimamente relacionado com
a natureza de desejo do homem, que é expresso através do seu
mundo emocional ou dos sentimentos. Dessa forma, quando
permitis que vossos sentimentos fiquem desordenados, a explosão
de energia emocional que atravessa seu mundo de sentimento tem
um efeito prejudicial sobre a harmonia do eu, e se coloca em oposição ao amor, à paz, à sabedoria e à alegria do Espírito Santo.

É extremamente simples, até mesmo para uma criança, perturbar o mundo emocional de qualquer ser humano, salvo os que estabeleceram para si próprios a intenção determinada e proveitosa de resguardar os veículos da mente e dos sentimentos, de forma a deixá-los ligados unicamente nas operações do Espírito Santo. Isto não é fácil, amados. Reconhecemos, sem dúvida, que a mente, acostumada a pensamentos e sentimentos ordinários, é facilmente envolvida pelo conturbar constante da vida material e pela amplificação da consciência de massa. De fato, o homem se transformou em reator, tanto em relação ao seu ambiente como também às atividades perigosas de seus companheiros de jornada, e suas energias estão quase totalmente engajadas nas situações humanas que surgem no seu dia-a-dia. Do mesmo modo que o subir e descer do mar agitado, suas energias emocionais são manobradas por suas reações, indo de uma condição perturbadora para a seguinte.

A imagem do seu Cristo Pessoal comandando as gigantescas ondas emocionais e dizendo "Paz, aquieta-te!" é necessária para a humanidade, a cada passo, pois não existe ninguém no mundo que não esteja sujeito a essas situações difíceis. Quando as pessoas permitem que seus pensamentos e sentimentos reajam, despertados pelas palavras e ações de outros, o fluxo de suas preciosas energias também se torna sujeito ao acaso.

Existe um grande perigo que surge quando os indivíduos que caminham na senda começam, pela primeira vez, a aplicar as leis da harmonia. Gostaria de apontar tal perigo aos estudantes da luz. É o perigo de, ao se isolar dos gestos e atitudes dos outros, a pessoa endurecer o próprio coração, de se tornar fria e infértil, na tentativa de implementar o grande desejo de manter a harmonia em seu mundo. Nestas circunstâncias, o indivíduo não tem nem mesmo disposição para responder de forma favorável aos outros, com a desculpa de manter a própria harmonia.

Os homens deveriam aprender a permanecer com firmeza dentro da cidadela do ser, isolados pelas correntes do Espírito Santo e, apesar disso, serem capazes de estender a mão em nome da misericórdia, oferecendo a resposta ditada por sua própria natureza

divina. Deveriam se colocar, com amor, na escada da disponibili-
dade, subindo ou descendo, de forma que sua percepção possa
sempre coincidir, ainda que momentaneamente, com as subidas e
descidas dos outros, à medida que a consciência da humanidade,
como um elevador, também sobe ou desce. Assim, os que têm compaixão, sem amarem a própria vida,[15] descem ao nível das maiores
necessidades a fim de elevarem os oprimidos, incitando-os a uma
resposta mais elevada. Eles não os abandonam onde os encontram,
no nível das reações de natureza inferior, mas lhes fornecem uma
via de escape através da porta do Cristo Pessoal — EU SOU a porta
aberta que nenhum homem pode fechar.[16]

De que maneira tudo isso se encaixa nos grandes conflitos que
existem nos movimentos religiosos de hoje? A política e a religião,
que foram criadas com a intenção de apontar padrões para governar o mundo e governar o eu sob as leis divinas, foram utilizadas
de forma imprópria, promovendo discórdia e conflito entre as
massas, fornecendo uma cortina de fumaça aos manipuladores. E
onde está o fruto do Espírito?[17] Está longe de ser uma realidade
manifesta.

Ó amados, com que rapidez a humanidade troca seu sorriso
por um franzir de cenhos e medos, ao embarcar na defesa de suas
próprias teorias e dogmas pessoais, ou discutir os aspectos som-
brios de sua vida, tudo em nome do Cristo. Com freqüência, os
homens buscam nas Escrituras apenas uma justificativa para sua
conduta questionável, sem compreender que a misericórdia e a
compreensão residem também na alma, e que a humildade é o grande magneto de expansão da alma, que, de forma precisa, atrai a
energia de Deus para o mundo de cada um, transformando cada
pessoa em verdadeiro filho da luz.

É quase como se os próprios homens tivessem criado os dogmas religiosos que seguem e, gradualmente, sua lealdade às próprias crenças transcende sua lealdade a Deus. No entanto, Deus está
acima da religião dos homens. Ele está acima até mesmo daquelas

doutrinas que eles passaram a aceitar, quando elas divergem dos verdadeiros aspectos do amor.

Será que a humanidade já refletiu sobre o que aconteceria no mundo se todos os homens que dizem trabalhar para Deus estivessem realmente fazendo isso? Suas lealdades, nesse caso, seriam voltadas para Ele, em vez de estarem voltadas para os próprios egos, buscando trazer o reino, em vez de construir uma Torre de Babel; estariam tentando estabelecer as alegrias de Deus nas vidas uns dos outros, em vez de se entregarem aos próprios apetites e paixões. Esta devoção à lei cósmica que aguarda como ave de rapina, pronta a atacar alguma declaração da Lei que sirva para confirmar seus próprios desejos e padrões de desejo, não é religião pura e imaculada.[18]

Não compreendeis, amados, que a harmonia do todo é muito mais importante do que a satisfação temporária de parte, mesmo quando se permite que tal parte possa ser momentaneamente correta em sua aplicação de um dogma da Lei? Ah, a Lei — como ela é linda! E como é maravilhoso quando a humanidade alcança a Lei e a vê como contraponto do amor e da misericórdia que estabelecerá o poder unificador do Espírito Santo sobre a Terra! Então, muitos atos visando disciplinar as crianças de Deus se tornarão desnecessários, pois elas serão uma com a Lei, da mesma forma que nós somos um.[19]

Jamais, em tempo algum, os atos de reprovação dos apóstolos ou do meu Filho tiveram a intenção de ser mal interpretados. No entanto, com freqüência, a Palavra — que é tanto uma espada que divide o bem do mal quanto um escudo que protege a eterna verdade do ataque das formas que induzem à divisão, tão típica dos erros — é mal interpretada na esfera das suas aplicações. Sabemos muito bem que há muitos dogmas da Lei Cósmica registrados em escrituras que deveriam ser reconhecidos como a Palavra viva de Deus. Para falar a verdade, porém, teólogos que fazem parte de movimentos ortodoxos não perceberam muitos conceitos que são puros ensinamentos do Espírito, devido a falsas premissas injetadas no texto impresso nos primeiros séculos da dispensação cristã e em interpretações posteriores.

Sei da grande dificuldade que a humanidade tem para se libertar das tradições que passaram a ser aceitas como decretos divinos. Também sei da facilidade com que os homens distorcem as leis de Deus, para sua própria perdição.[20] É errado, porém, abrir mão de sua fé em Deus nos momentos em que ser fiel a si mesmo significa ir contra a tradição ortodoxa. Pois, a não ser que se permita que o Espírito de Deus guie os homens na direção das leis da verdade, mesmo esta verdade progressiva que desafia a tradição e as distorções da mente carnal, a atual geração pode muito bem permanecer dividida em relação a pontos da Lei que são fundamentais e controversos.

Acima de tudo, os homens deveriam compreender e aplicar a lei da fraternidade, sem se apressar em julgar uns aos outros. Pois, em muitos casos, no instante em que tentamos dar uma ajuda muito especial àqueles cujas preces invocaram tal assistência, seu próprio dogmatismo e lealdade a conceitos tradicionais se transformaram em inimigos de toda a verdade, impedindo-os de receber nossa intercessão.

Tão profundamente manchada está a consciência da humanidade com muitos conceitos errôneos a respeito das intenções de Deus e do Espírito, que os homens deixaram de compreender o verdadeiro significado das leis básicas do universo, tão aparentes no homem e na natureza. A razão pela qual continuamos a discutir os problemas da intolerância religiosa é que o progresso espiritual do mundo ficará efetivamente estagnado até que as pessoas se elevem acima do nível de suas interpretações dogmáticas da vida, da sua lógica egocêntrica e da sua escravidão aos sentidos, como alguns poderiam dizer, que estão acima do mundo, da carne e do demônio. Pois são aqueles que endeusam o mal instalando as forças espirituais da maldade nas regiões celestes[21] os culpados pela perpetuação da escuridão no mundo, mais ainda do que o resultado daquilo que os homens denominam de mal em estado puro. Assim, o mentiroso é muitas vezes mais mortal do que a mentira.

Gostaríamos de ver o efeito do nível divino de entendimento sobre a humanidade, pois sabemos que somente através do entendimento as nações poderão promover a verdadeira fraternidade, em vez de seus frágeis conceitos intelectuais e conquistas humanas. Tantos no mundo ainda se movimentam nas esferas do pensamento e do sentimento mortais, desejando ser bem-sucedidos e respeitados, sem compreender que isto, por si, é um reflexo de sua própria inadequação, um reflexo dos seus próprios sentimentos de inferioridade e insuficiência.

Para Deus tudo é possível![22] E, por Ele, a verdadeira natureza divina será estabelecida no coração de todos. Dessa forma, haverá uma fusão natural da chama que está embaixo, no homem, com o fogo que está acima, em Deus.

Eternamente devotada à vossa divina Filiação.

Vossa Mãe,

Maria

Retiro da Espiral da Ressurreição
Colorado Springs, Colorado
30 de julho de 1972

4

É o sentimento de conflito
que gera o conflito

*A dupla responsabilidade do homem de ser o
guardião de seu irmão e de assumir
o domínio sobre a Terra*

Às crianças eternas do meu coração:

Já pensastes a respeito da graça, que podemos chamar de eterna, a infinita graça que Deus nos ofereceu desde as origens de todas as coisas e que estendeu não apenas até o fim dos ciclos, mas também até o fim de cada ciclo de reencarnação, até o fim de cada *manvantara*,* até o eterno começo de cada novo ciclo da constante regeneração que ascende?

Não é propósito de Deus impedir o progresso das eras, mas sim intensificá-lo. O atual emaranhado confuso que a humanidade criou, com seus conflitos entre mente e espírito, faz com que ela se enrede entre os mecanismos da civilização, criando frustração em cima de frustração. E o espírito do homem, bem como sua mente, tornam-se fatigados devido ao infindável sentimento de conflito, que busca apenas dividir para conquistar sua própria alma.

---

*Manvantara: palavra em sânscrito que designa cada ciclo na história cósmica.

O amado Saint Germain muitas vezes disse que "É o sentimento de conflito que gera o conflito". Compreendei, abençoados, como é fácil abandonar vossos medos e vossa percepção do cativeiro tramado pelos homens — cativeiro que vos liga ao ódio e às criações do ódio, aos fardos emocionais e mentais e que constantemente gritam "Não posso! Não vou!" — e ver que a unidade da vida e de tudo o que vive pode ser resumida em um ato de graça que intervém em algum ponto do tempo ou do espaço e altera estas condições dentro de vós próprios, modificando-vos para que a plenitude da divindade possa habitar em vosso corpo,[23] como aconteceu e acontece em meu Filho, Cristo Jesus.

Vosso Eu Verdadeiro não pode jamais ser afastado das manifestações de despedida das eras, do espírito de realização inerente a Deus e ao Universo. Caos e confusão não são parte de Deus! O processo de peneirar e escolher, dentro da ordem natural, quando é permitido funcionar de acordo com a seleção natural do Espírito Santo — isto é, a elevação natural das qualidades divinas do homem — sem a interferência que a humanidade, através de pensamentos e sentimentos errados, continua a lançar sobre o universo, é pura vitória em movimento. De acordo com o plano universal, a própria natureza é uma maravilhosa seletora da graça em prol do homem, conseguindo adornar seu ser com a mais elevada e nobre das formas da mestria crística.

Certamente, amados, em algum ponto do caminho, mesmo em vosso pensamento e raciocínio humanos, deveis ter reconhecido que a imperfeição que *parece* se manifestar e a perfeição que conheceis em vossos corações e em vossas almas *é* a verdadeira natureza de Deus. Conseguis ver então que, devido à presença da imperfeição no mundo aparente, os princípios da Lei são muito mais sujeitos à manipulação humana do que o espírito, que permanece inviolado no mundo da perfeição?[24] No entanto, são aos princípios da Lei que muitos se atêm, em vez de fazê-lo ao espírito. Deus, porém, em todo o seu poder e sabedoria, olha para o motivo do coração.[25]

Claro que temos plena consciência das mudanças na interpretação tanto dos princípios da Lei quanto do espírito, que ocorrem entre a escuridão e o alvorecer da consciência humana, do mesmo modo que estamos conscientes das transformações da consciência humana que ocorrem na luz solar do amor de Deus e da iluminação do Cristo. Enquanto a humanidade persiste em se engajar nas terríveis atividades diárias da mente, que sobrecarregam a alma em todas as eras, ela pode olhar para o drama da não-realização religiosa sem jamais reconhecer que aquilo que seus líderes cegos passam como religião genuína tem pouco a ver com Deus.

No entanto, os fundadores espirituais de movimentos religiosos, trabalhando lado a lado com aqueles que mantiveram um *momentum* de grande esperança para a salvação do mundo e serviram às necessidades das multidões, não podem continuar a carregar o fardo da humanidade quando esta permite que a compreensão errada dos princípios da Lei interfira com seu alcance espiritual.

Da mesma forma que o homem deve ser o guardião de seu irmão,[26] também está destinado a ser o guardião dos domínios de seu destino, proclamado no *fiat* "Dominai a Terra!".[27] Sua aceitação desta responsabilidade dupla traz renovação para a vida e recria o espírito de justiça em toda a Terra. Ora, o espírito de justiça é parte do amor divino, pois todas as coisas de Deus são uma só. Não é permitido a ninguém, em qualquer estágio da vida ou em qualquer ponto do avanço no serviço espiritual, se entregar a uma ação que vá criar mais escravidão e formas de ódio, ou que resulte na perda da verdadeira expressão do amor divino.

É uma pena que os homens permitam a si mesmos, em nome da retidão e da verdade, crucificar uns aos outros por causa de discórdias surgidas de pontos controversos da Lei, ou permitam que suas interpretações errôneas, misturadas com as concepções daí advindas, sirvam de obstáculo ao seu esforço unificado. Falamos da necessidade que os homens têm de esposar a virtude do controle divino porque sabemos que esta qualidade da mestria crística unirá a raça humana em um só corpo de servidores da luz. Desta forma, enfatizamos o fluxo da realidade crística e da regeneração na unidade do propósito da Paternidade e Maternidade de Deus.

Eu represento a Maternidade de Deus, como toda mulher pode fazê-lo. Busco afirmar e reafirmar estes preceitos de segurança divina dentro da percepção consciente de cada mônada que evolui, de forma que, no momento do julgamento, apenas a luz prevalecerá. Eras passadas de fracassos ou sucessos não são garantia do que pode prevalecer hoje, pois basta cada dia a si próprio.[28] Se o homem, então, deseja fazer a vontade de Deus e manter o que é bom[29] ele deve fazer isso ignorando toda a destruição humana que já se manifestou no mundo. Pois eles não têm poder de se perpetuarem, mas apenas o poder que o homem lhe dá.

Os homens falam da era atual como se ela fosse a única, e o mesmo de cada precioso instante. Mas até que ponto são únicos os pequenos sonhos dos homens? Pois a qualquer tempo, a qualquer momento na história da Terra, o homem pode ter falhado ou pode ter obtido sucesso. Os elementos da realidade divina sempre estiveram lá, como a grande reflexão da mente de Deus produzindo o fruto de sua sagrada vontade na consciência do homem. Como são frágeis os momentos no tempo que servem de oportunidade para o aperfeiçoamento da eternidade! Seu uso, no entanto, depende da sensibilidade das almas humanas, e de até que ponto ela consegue se agarrar com firmeza às grandes realidades de Deus.

Ficai com o sonho de Deus, então, e afastai-vos da clamorosa vivacidade da mente externa, seja em vós mesmos ou nos outros, jamais deixando de perceber os componentes da realidade em todas as partes da vida; e obtereis sucesso além dos vossos sonhos mais distantes, pois

A casa da divina Filiação
Mantém a porta aberta.
A escuridão da mente mortal
Não pode e não mais existirá.

Pois logo além do crepúsculo mortal
Está a luz do imortal alvorecer,
Tremulando na face da manhã
Brilhando promessas daqui para a frente.

Dia da alegria imortal na vida
Ecos de um passado sombrio,
Frescor trêmulo da estrela da manhã,
Diamantes de cristal na grama.

Como uma gota de orvalho cada vez mais clara,
Revelas o novo e brilhante dia;
No fervor cada vez mais próximo,
A própria face de Cristo é vista hoje.

Como um véu diáfano que tremula
Com o trovejar do sol,
O maravilhoso portal do infinito
Abre-se de todo para cada um!

Com toda a devoção, EU SOU

Maria

Retiro da Espiral da Ressurreição
Colorado Springs, Colorado
6 de agosto de 1972

5

Ó, humanidade, como sois maravilhosa em vossa identidade divina!

Através da prova de fogo o eu verdadeiro do homem é visto como o Espírito Universal

Àqueles que buscam o conhecimento, para que o Deus Infinito seja glorificado:

Alguns homens se regozijam com o fato de que o mundo passa.[30] Lembrai-vos, porém, abençoados corações de amor, que é a vossa vitória, obtida através de vossas experiências, que filtra os dejetos do comportamento humano malqualificado e produz a divina alquimia da purificação. É esta a prova de fogo[31] que separa vossas trevas de vossa luz.

O homem deveria compreender que, um dia, toda a qualificação, tanto boa quanto má, deverá receber sua retribuição. Através da grande misericórdia de Deus, o carma do planeta e de seus habitantes tem sido continuamente retido, para que novas oportunidades de experiência possam continuar a vir para todos. É este o aspecto da Lei que permite que criancinhas, amadurecendo através dos ciclos de experiência, encontrem a emancipação que revela a graça de Deus para aqueles cujos olhos estão abertos à sua divina concessão e ao seu desejo de criar a partir da substância da oportunidade as melhores dádivas para a vida em todas as suas múltiplas facetas. A Mãe é o aspecto de Deus que consegue examinar as feridas humanas com o olhar do entendimento e então recuar de volta a Deus com total renúncia.

Ora, ao examinar o tecido do que nesta era foi chamado de civilização cristã, não podemos parar nesta época atual. Devemos voltar às páginas da história onde encontramos as tão freqüentes barbaridades que foram cometidas contra a humanidade em nome de meu Filho, Jesus Cristo. É uma pena que o cristianismo arrogante e presunçoso de hoje em dia muitas vezes falhe em utilizar os olhos honestos do coração e da alma para extrair uma valiosa lição da história da Igreja, tanto do presente quanto do passado.

É a submissão do coração à batida da alegria em todas as situações que purifica o entendimento do homem, de forma que ele possa, um dia, se tornar o depositário da força para aqueles que estão dispostos a submeter a Deus todos os seus desejos humanos e sua necessidade de se sentir importantes. Isto não significa, amados corações de luz, a extinção da vida do homem ou de sua luz. Na verdade, isto provoca uma amplificação do seu brilho, pois o poder intensificado do Cristo desce de Deus para o cálice das vidas individuais

Deveria ser sempre uma alegria contribuir com pensamentos de dignidade e valor para o fluxo de energia que constitui a vida. Quantas vezes os homens se sentam à margem do rio da vida e observam seu constante fluir, tirando dele tudo o que conseguem, sem, no entanto, contribuírem com nada para seu curso ou movimento. Certamente, a justiça e a compaixão seguirão o homem,[32] tanto o homem contemporâneo quanto o homem que ainda vem. Certamente, todos compreenderão um dia que só aquilo que é fornecido a Deus através do amor é capaz de durar. E São Paulo disse, há muito tempo: "Agora permanecem estes três: a fé, a esperança e o amor, mas o maior destes é o amor."[33]

Vós, que ledes as minhas palavras nas *Pérolas de sabedoria*, deveríeis compreender que elas não são escritas para a glorificação do ego humano, e sim para a exaltação da alma na chama e na luz divinas. Um dia, a humanidade conhecerá e compreenderá o quanto a luz é maravilhosa e completa, porque terá adicionado a esta luz as melhores dádivas de sua realização pessoal, intensificando-as nos filamentos incandescentes do seu ser, para que também resplandeça vossa luz.[34] É a energia de Deus que glorifica a alma de cada um. E quando os conceitos energizantes de Sua graça se fizerem conhecer ao mundo, o uso correto de sua masculinidade e de sua feminilidade serão seguidos e o ser andrógino de Deus será visto finalmente em todo o seu esplendor na figura do Cristo.

A humanidade muitas vezes afirma que é uma tragédia que uma compreensão mais elevada das coisas não evite as guerras e os rumores de guerra,[35] bem como as atitudes perversas da raça humana. Mas, afinal, amados, são aos altos postos do pensamento humano, e não aos altos postos do pensamento divino, que a humanidade aspira. Não é surpresa, então, que eles cedam tão facilmente à autoglorificação e à intolerância? Não é surpresa então, que estejam inclinados a errar desde as primeiras manifestações de suas expressões monádicas equivocadas, que, na realidade, não fazem parte da Mônada Divina e sim da personalidade sintética que consideram como seu Eu Verdadeiro.

Quando o Eu Verdadeiro do homem é percebido como o Espírito universal, que flui em tudo e tudo engloba, o poder do amor pode ser compreendido em um grau tão elevado que produz as mudanças mais profundas na natureza humana. E se tais mudanças forem produzidas no indivíduo, elas não deverão, então, permear toda a sua substância e estrutura?

"Não se perturbe o vosso coração", declarou meu filho; "Credes em Deus, crede também em mim".[36] Por que, em nome dos céus, se todos os homens foram realmente criados por Deus, deveriam eles considerar tal fato como sem valor, sem manterem, além da auto-estima, também a estima pelas outras partes da vida? Certamente, não estamos dizendo que a humanidade deveria respeitar o mal ou as coisas que são danosas ao homem. Existe, porém, virtude suficiente na alma do homem, virtude que Deus tão amorosamente colocou lá, para que os que olhem possam percebê-la com segurança no homem e, vendo-a, a amplifique tanto que todos possam partilhar da santa Eucaristia, da pequena hóstia da vida através da qual eles se tornam conscientes de sua unidade em Cristo.

O mundo vive hoje um momento de grande depreciação dos valores, uma época de deterioração do senso do próprio valor e, por conseguinte, do valor dos outros. Por causa disso e porque a humanidade não compreende a verdadeira religião, nem o fato de que o mundo produziu tantos santos no passado quanto no presente, eles parecem olhar de forma desconfiada para todos os que retêm o bem.[37] Existe uma tendência, hoje em dia, a expor todas as ações que têm uma verdadeira natureza divina como se fossem fraudulentas, como se fossem feitas para enganar. Estou certa de que muito mais poderia ser dito a respeito desse assunto, mas deixemos a humanidade perceber como é raro os homens realmente acreditarem nos motivos elevados dos outros.

Não avaliam o que está no coração, mas nós percebemos a virtude de Deus nos corações de muitos. Da mesma forma, porém, também observamos nos temporários filamentos da petulância e da cobiça humanas a tendência voraz por parte de muitos de condenar os outros pelas mesmas coisas que eles próprios desejam fazer e que, em alguns casos, não fazem, mas, em outros, sim. É perigoso para os homens acusar os outros quando, muitas vezes, eles mesmos não estão conscientes dos seus padrões de imperfeição trazidos de eras passadas. Não conseguem prever o que eles mesmos farão, um dia, como resultado das tendências que estão agora criando.

Ó, humanidade, como sois maravilhosa na vossa identidade divina! Esta é a nossa prece pela redenção de tudo o que é lindo e verdadeiro em vós, que nessa hora de crescente aflição e agonia humanas os corações de muitos se voltarão para o meu Filho, vendo-o como parte do seu Eu Verdadeiro, como parte de sua identidade divina. A missão da vida dele não foi voltada para a autoglorificação, mas para a eterna glória de Deus. Se os homens forem capazes de perceber essa glória em tudo, então todos se encontrarão identificados com tal perfeição, como jamais foi visto na Terra antes. E o gênio divino inato ao homem fará com que voe para fora da janela da vida, para nunca mais voltar, aqueles elementos da aflição humana que agora escondem a face de Deus para um mundo exausto e faminto.

Cristo disse, há muito tempo: "Bem-aventurados os que têm fome e sede de justiça, porque eles serão fartos."[38] O momento dessa fartura será tão emocionante que nem acreditareis! A alma, na humanidade individualizada, arquejará procurando receber um sopro desta realidade, para que possa perceber a infinita mão de Deus permeando toda a experiência humana e chamando a todos para seguirem em frente rumo à luz universal, sem medo e com toda a confiança.

Sou para sempre vossa Mãe, a serviço do Cristo universal,

Maria

Retiro da Espiral da Ressurreição
Colorado Springs, Colorado
13 de agosto de 1972

6

Meu Deus proverá todas as vossas necessidades

O amor ao dinheiro e às coisas materiais priva a humanidade do Cristo e do Seu Reino

Aos homens de boa vontade em toda parte:

A estrutura física do mundo, composta de uma plataforma planetária de montanhas e planos, de uma camada de rocha e do verde da natureza, incluindo as tórridas regiões da Terra e as alturas eternamente cobertas de neve, no alto das montanhas, reflete uma dignidade coesa, um plano para os esforços humanos, um palco sobre o qual os eventos se desenrolam.

O homem, de posse do direito à mobilidade que lhe foi dado por Deus, se movimenta de um lado para o outro sobre a Terra, conforme sua consciência passa por múltiplas experiências. Aonde quer que vá, ele se utiliza da consciência única, do fluxo ímpar da generosidade de Deus que dá à humanidade encarnada o dom de ter acesso à mente de Deus, à mente do Cristo. É através da mente de Deus e do Cristo que ele se torna capaz de alcançar finalmente a perspectiva que lhe dá o poder de reger o reino da natureza, bem como as esferas de sua individualidade e do seu Eu Crístico.

Não compreendeis, ó, humanidade abençoada, que o tecido e o alcance da mente são uma dádiva específica de Deus oferecida à humanidade a fim de que ela possa integrar sua consciência com o Espírito Santo, tanto na natureza quanto no próprio homem? Que tolice é essa, então, que faz a humanidade se empavonar e caminhar de forma pomposa, como se suas dádivas pessoais fossem maiores do que a do seu vizinho? Todos deveriam ter a humilde compreensão de que a graça de Deus está refulgindo na face da natureza e por trás das cortinas da mônada humana, com todo o seu egoísmo e engano. Pois, tanto no passado quanto nos dias atuais, o maior pesar é trazido para a humanidade, bem como o derramar das taças[39] do seu próprio carma, estritamente devido à sua infindável tolerância com a ganância humana nos corações e mentes.

Já não foi dito que o *amor* ao dinheiro é a raiz de todos os males?[40] O somatório desta propensão a amar o dinheiro pode ser percebido no comércio mundial e no pensamento do mundo. Não é necessário que a humanidade despreze esse meio de troca que denomina dinheiro, mas é importante que aprenda a usá-lo corretamente, como meu Filho ensinou, 2 mil anos atrás.[41] Pois através do uso correto do dinheiro a humanidade irá compreender que ele é apenas uma partícula da abundância de Deus. É apenas um meio de troca entre as nações e as pessoas, jamais com a intenção de ser manipulado, mas de se expandir, como na multiplicação dos pães[42] da substância divina pela ação da chama da maturidade de Deus entre os homens, pois as migalhas que caem da mesa do Mestre[43] devem ser distribuídas a todos, como parte da totalidade da abundância universal.

Quando indivíduos se permitem apegar-se às coisas mortais, quando permitem que sua mente e consciência se envolvam com os elementos da ganância humana até que todas as outras considerações sobre a vida sejam excluídas, certamente perderão de vista a vida abundante. Todos os ganhos recentes devem ser vistos sob a luz da afirmação: "Nu saí do ventre de minha mãe, nu tornarei para lá. O Senhor o deu, o Senhor o tomou."[44] Pois, a não ser que o homem compreenda que a única coisa que pode ser adicionada ao seu ser, à sua alma e à sua individualidade é a graça, não compreenderá o uso apropriado nem do dinheiro nem das energias da vida.

A razão pela qual a Fraternidade considera aconselhável trazer estas questões à atenção dos estudantes neste instante é para evitar que eles se tornem parte da luta do mundo pelo controle do dinheiro e das economias das nações. O dinheiro, por si só, seria de pouco valor se os homens estivessem com fome e não pudessem encontrar pão, se precisassem de abrigo e não pudessem encontrar casa. O que é necessário a todos é a compreensão correta da vida e de sua abundância.

Algumas pessoas podem se perguntar por que resolvi falar sobre o amor ao dinheiro e seus efeitos nas trocas monetárias. Não vedes, amados, o quanto é importante para a evolução da humanidade que os homens compreendam, não apenas em palavras, mas também em espírito, a necessidade de se estabelecerem em Deus e em sua bondade? Os valores mudam conforme os tempos, e o processo de decadência começa assim que os homens nascem. Assim que nascem, adquirem do mundo ao qual se ligaram uma imensa quantidade de sabedoria mundana, nomenclatura e conhecimento superficial a respeito de todas as coisas.

A liberdade desse amor pelo dinheiro, que é a raiz de todos os males, libertará os homens desse apego que trouxe tanta discórdia e trevas para o mundo. Além disso, ela dará, a todos que consigam se livrar desse amor ao dinheiro — dessa ligação, dessa influência grosseira —, refinamento e nobreza de espírito. O motivo de ser tão errado para o homem que ele se apegue ao amor pelo dinheiro é que a possessividade material afasta a humanidade da promessa do Cristo: "Não temas, ó pequeno rebanho, pois a vosso Pai agradou dar-vos o reino."[45] De fato, é o grande prazer de Deus dar à humanidade todo o domínio, o poder e a glória, quando o homem tiver demonstrado sua determinação de usar tais dádivas como um sábio administrador da graça de Deus.

Ao observarmos o registro dos atos da humanidade através das eras, de quando em quando o amor ao dinheiro mostrou sua horrenda face como a força serpentina que cria no labirinto da vida humana esses tortuosos movimentos que escravizam a humanidade ao mundo que a rodeia. Assim, o amor ao dinheiro impede a humanidade de entrar no reino, simplesmente porque as coisas que Deus gostaria de dar com alegria a todos são negadas a muitos porque este ou aquele deseja guardar, apegado por estima às coisas do mundo mais do que às coisas do Reino de Deus.

Nesta série de mensagens, senti que era necessário tocar o coração dos céus a fim de aprender que qualidade específica de entendimento ou assistência poderia ser transmitida à humanidade, de forma a propiciar-lhe a capacidade de evoluir com os que estão à frente, sempre avançando em direção à era do Reino de Deus.

Dizer que as Igrejas do mundo jamais, ao longo dos séculos, se envolveram nem permitiram a si mesmas serem envolvidas em atividades relacionadas com a ganância e as injustiças humanas seria pura falsidade. Em nome de meu Filho, em meu nome e em nome dos céus foram cometidos, repetidas vezes, atos que são uma perversão do Espírito, que negavam pão aos famintos ao mesmo tempo em que erguiam altares de ouro e prata. Embora, aos olhos dos céus, exista alguma justificativa para se enfeitar os templos de Deus e para honrar as hostes dos céus com a abundância de Deus, para que a matriz da sua abundância possa se expandir para todos sobre o altar do Senhor.

Portanto, ao demarcar a palavra de retidão, os homens devem compreender que a condenação de qualquer ato humano deve ser temperada não apenas pela justiça e pela misericórdia, mas também pela mais alta consideração do Logos divino. Os homens devem amar a Deus sobre todas as coisas. Pois ao amar antes a Deus virão a amar todas as coisas, todos os homens, todas as belezas da natureza e as graças da vida, tanto as coisas visíveis quanto as invisíveis, como manifestações de Deus. E se livrarão do desejo da cobiça. Portanto, sábio é o homem que não julga o vizinho, mas compreende a natureza do serviço ao seu Deus, ao seu lar, à sua Igreja e aos seus semelhantes.

Ao espalhar por todos os países o conceito da abundância de Deus como algo que todos podem alcançar — "e o meu Deus suprirá todas as vossas necessidades"[46] —, cada homem é imbuído pelo fogo da confiança sagrada, através do qual vê o mundo como uma morada útil, onde reside o Espírito de Deus, o espírito da utilidade e da harmonia dos artesãos que podem então trabalhar juntos e espalhar o bálsamo do reino verdadeiro por toda parte.

Livrai vossa mente dos pensamentos de treva de ganância e de condenação à ambição humana. Pois, através do senso de iluminação que dá a cada um o verdadeiro conhecimento das atitudes corretas dos pensamentos espirituais, que são os pensamentos de Cristo, o homem poderá finalmente ascender em consciência ao lugar onde a verdadeira cristicidade se manifesta.

Devotadamente, EU SOU

Maria

Retiro da Espiral da Ressurreição
Colorado Springs, Colorado
20 de agosto de 1972

7

Ele foi feito homem para que nós possamos ser feitos deuses!

*Através da luz invencível da vitória cósmica,
espíritos valorosos tecem uma nova cultura
de entendimento no cálice do coração*

Aos homens e mulheres desta hora:

As réstias de luz que penetram a escuridão e o maia do mundo devem ser colhidas a cada hora pela humanidade encarnada. Os homens não podem se dar ao luxo de continuar a se aliar a instituições pelas quais têm carinho mas que já deixaram de servir aos propósitos para os quais foram criadas. Já não podem negar a realidade da perspectiva transmitida à alma, quando esta alcança a perfeição da harmonia que revela a realidade de Deus.

Não é nosso desejo destruir esses instrumentos humanos e organizações tradicionais que de alguma forma serviram ao plano divino. Todavia, elas já se autodestruíram. E os remanescentes dos seus seguidores, qual confusas ovelhas que não conseguem encontrar o pasto, ainda não compreenderam que, através do poder maior da Grande Fraternidade Branca e da dedicação maior dos Mestres Ascensos da sabedoria, foram preservados nos céus, por decreto e intervenção divinas, padrões de graça sublime suficientes para prover todas as necessidades da humanidade.

Enquanto os antigos valores mostraram suas falhas repetidamente e os que professam representar a Divindade provaram amar mais ao ouro do que a Deus, as tentativas de dividir feitas pelos irmãos das sombras removeram de vossas vistas as verdadeiras imagens da divindade nos verdadeiros líderes espirituais da raça e a substituíram por aqueles desvios e distorções humanas que, na verdade, refletem a abominação da desolação situada no lugar onde não deve estar.[47]

Já dissemos antes e tornamos a repetir que o mundo está em grande perigo. Mas citamos como evidência da eterna presença da esperança as manifestações da natureza — as árvores, as rochas e os assim chamados aspectos inanimados relacionados — que duram muito mais do que o corpo físico do homem. Digo-vos que eles permanecem a fim de, mais uma vez, se tornarem parte de uma plataforma planetária que representa a esperança da vida regenerada.

As afirmações feitas pelo meu Filho acrescentam-se e, em muitos casos, foram melhoradas pelas experiências espirituais dos homens que, nos séculos que se seguiram à sua missão, entraram em divina conexão com as hostes celestes. Como disse o grande patriarca Atanásio: "Pois ele foi feito homem para que possamos nos tornar Deus."[48] Porém, a crescente turbulência das emoções humanas geraram guerras e rumores de guerras,[49] e todas essas formas de conflitos e hostilidades não parecem indicar que esse processo de reaproximação do homem com a divindade esteja sendo acelerado.

Os mais perceptivos, que enxergam não apenas a partícula do momento, mas a grandeza das acumulações da centelha de Deus no coração e na alma da humanidade se sentem aliviados com a esperança de que, apesar das aparências humanas, estão se reunindo, vindos de mundos distantes, espíritos corajosos que neste momento se aproximam do corpo planetário para aumentar a percepção que a humanidade tem da graça. Eles estão determinados, pela invencível luz da vitória cósmica, a arrematar as pontas soltas de uma nova cultura e a tecer o entendimento no cálice do coração e no altar da mente da percepção crística da raça humana.

São barulhentas as conversas fúteis desses corvos mortais que levam, de ninho em ninho, o fardo dos comentários carnais, apoiados por aqueles que chamamos destruidores do culto à Mãe. Um dia, porém, sua oportunidade terminará e eles colherão a retribuição por terem se separado entrando em níveis da sensualidade que, ao mesmo tempo em que extinguem a chama de Deus na alma de suas vítimas, também bloqueiam suas melhores possibilidades de evolução.

Agora é o momento de os eleitos determinarem que isso aconteça! Não posso afirmar em honra cósmica que muitas instituições ortodoxas estejam servindo algo além do que às causas de Satã. Elas têm certa aparência de bondade mas negaram o poder que dela advém, não tendo portanto uma desculpa válida aos olhos do Deus vivente.

Como é imenso o pesar do nosso coração ao ver, nesta era, o repúdio à integridade crística que uniria o corpo de Deus na Terra, formando um organismo espiritual sólido, que poderia muito bem assegurar à humanidade que a hora da Segunda Vinda seria, na realidade, agora. Diariamente os conceitos do anticristo são lançados sobre a cena religiosa do mundo. E também diariamente os líderes religiosos, bem como nossos estudantes, não conseguem distinguir o Cristo das aparências do anticristo, que proclama ser o que na verdade não é. Aqueles que afirmam ser a totalidade de Deus devem compreender que a centelha só se transforma no todo quando se funde com a chama.

Eles não compreenderam que, apesar do fato de que a centelha pode e deve aumentar em tamanho e magnificência, alcançando em sua própria estrutura de identidade uma medida maior de Deus, é só através do movimento progressivo de ação planejada em harmonia com o universo que a grande rotação das esferas cósmicas é servida. Portanto, aqueles que se proclamam manifestações de luz, mas estão cheios de trevas, deveriam olhar para a esperança crística da dimensão universal pela qual podem finalmente se libertar de tudo o que está abaixo da perfeição dentro deles mesmos.

O homem é, de fato, um ser em que se misturam a luz e as trevas. Sua luz é a luz do Cristo; suas trevas são aquilo a que ele tem se submetido e aceitado, que torna a luz opaca. Que todos compreendam, amados, que a purgação de si próprio, que pode levar a muitos testes, dificuldades e penitência, ainda é a forma mais valiosa pela qual os indivíduos podem alcançar, por fim, um estado de purificação e maior expansão da luz de Deus através do painel transparente de sua própria percepção cristalina.

EU SOU devotada à expansão do Reino dos Céus sobre a Terra.

Maria

Retiro da Espiral da Ressurreição
Colorado Springs, Colorado
27 de agosto de 1972

O Filho também se sujeitará àquele que todas as coisas lhe sujeitou

Através da gnose da vida e do amor de Cristo por todos os homens, as interpretações humanas do dogma são conquistadas

Aos filhos do cálice sagrado:

Ao caminhardes pelas movimentadas ruas da vida, já parastes por tempo bastante a fim de refletir sobre a realidade de que o vosso ser está unido ao cálice do vosso coração? Vossa consciência é uma conexão sagrada. Quando corretamente utilizada, ela pode, como um raio gigantesco de luz, perfurar a obscura noite humana e sua nebulosidade para envolver a si mesma no infalível contato com a Presença de Deus ou na ligação com os divinos emissários aos quais ele designou funções específicas no universo.

Já refletistes, amados, a respeito das numerosas manifestações da vida, ou sobre como aqui, no mundo físico, há tantas manifestações diversas que quase chegam a ofuscar os olhos da mente? Em um sentido espiritual, existem ainda mais manifestações e, no entanto, todas elas são manifestações do Um.

É vital que o homem deixe de permitir a si mesmo ser confundido pelas interpretações humanas do dogma que tenta separar as criações dos céus ou da Terra do Senhor que fez o mundo e tudo o que existe nele.[50] Os homens escolhem com muita freqüência honrá-lo com seus lábios e, supostamente, dirigir sua consciência na direção apenas de Deus. Porém, ao mesmo tempo em que buscam honrá-lo, excluem todas as outras manifestações funcionais e maravilhosas que ele também criou e incumbiu com usos específicos que visam a glória da luz no homem.

Quantas pessoas existem no mundo, hoje, que sempre buscam alcançar o Cristo no trono sem compreender que o menor grão de areia ou talo de grama, bem como a menor forma individual, sob o ponto de vista da estima humana, é também, por determinação de Deus, uma manifestação do mesmo Cristo Universal? Tentai compreender que é apenas uma atividade das trevas o ato de separar a humanidade em segmentos, permitindo que os indivíduos pensem que essa manifestação menor é a totalidade de Deus, enquanto existem manifestações muito maiores que todos podem encontrar através do alcance da consciência crística. Através dos esquemas de falsa estima e através da colocação imprópria de valores, a humanidade rejeita Deus no templo do cálice do coração, ou rejeita Deus em todas as fases secundárias de sua expressão, com exceção do Sol Central ou do que eles consideram ser a principal realidade da criação.

Isso não agrada a Deus. Trata-se de uma desobediência direta aos princípios do "Amai-vos uns aos outros".[51] Pois é amando a vida livremente que as mudanças nos atos da humanidade terão lugar e trarão a Era de Ouro. É extremamente vital que as grandes forças do amor e do próprio Deus sejam transmitidas para o cálice do coração, o ponto focal da consciência do indivíduo, e a partir daí sejam enviadas para o exterior, a fim de amarem a cada manifestação de Deus que esteja ligada e ofuscada pelos dogmas humanos e pela ambição humana, para liberá-los a todos, tornando-os livres, por fim.

Não vedes que a vida não foi planejada para ser uma orgia que desmoraliza, degrada e destrói o tema central do propósito do amor, que está sempre sob as vistas da harmonia das esferas sagradas e são o trabalho ao qual Jesus se referiu há muito tempo quando disse: "Meu Pai trabalha até agora, e eu trabalho também"?[52] Um dia, à medida que todos avançarem em sua consciência espiritual através do cálice do próprio coração, eles alcançarão a similitude de Deus, chegando a um lugar onde compreenderão em sua totalidade a obra de Deus, os trabalhos executados pelo seu amor, trabalhos que todos estão destinados a compartilhar.

Desde a primeira alvorada da criação foi esperança de Deus que o homem, feito à sua própria imagem,[53] pudesse aprender a ser um só com Ele[54] e escolher que assim fosse. Dessa forma, o Pai soube de antemão que muitas almas abençoadas poderiam deleitar o espírito da totalidade, embebendo-se da gnose espiritual da vida. Através deste processo eles poderiam ser capazes de manter sua consciência em completa harmonia com a consciência de Deus, através do ministério do Espírito Santo e através da completa aceitação da realidade de Deus.

Está regisitrado nas Escrituras que "em nome de Jesus se dobrem todos os joelhos"[55] e está igualmente escrito que "o mesmo Filho se sujeitará àquele que todas as coisas lhe sujeitou para que Deus seja tudo em todos".[56] Entendei, então, a natureza da missão do mediador, a missão abraçada pelo Cristo de todo homem, não como uma posição de importância mundana perante o mundo, mas sim de humildade perante Deus e de autoridade perante o próprio homem.

Meu Filho, cuja identidade se fundiu por completo com o Cristo, há muito tempo rejeitou a coroação temporal representada pela celebração do Domingo de Ramos. Ele desejava apenas a coroação do serviço no Reino de Deus, e também trazer muitos filhos à ligação total com a vontade de Deus. Não vedes, então, que não é a adoração da sua pessoa que ele deseja, mas a identificação de cada filho e filha com a radiância crística interior que Deus colocou no ser transformado em cálice que existe em cada pessoa?

Através da devoção absoluta, o homem, um dia, compreenderá que a verdadeira adoração é a adoração de Deus como Espírito,[57] tanto em seu aspecto universal quanto em sua individualização específica nos corações onde residem as dimensões da Matéria. Dessa forma, o diadema de existências vividas nele e para ele pode, realmente, formar a coroa gloriosa da Mãe do Mundo, a qual ela pode tomar em suas mãos e oferecer a Deus. Pois o Espírito é um. E embora, como já foi dito, possa haver muitos que denominem a si próprios de deuses e senhores, "há um só Deus, o Pai, de quem é tudo, e para quem nós vivemos".[58]

A ele seja dado "o louvor, a honra, a glória e o poder".[59] Que os templos das vidas individuais, os templos do mundo e as várias religiões do mundo aprendam a compreender esta verdade básica, a fim de que todos possam deixar de fazer guerras e comecem a expressar a compaixão universal.

Devotadamente, EU SOU

Maria

Retiro da Espiral da Ressurreição
Colorado Springs, Colorado
3 de setembro de 1972

9

Tudo que o homem semear, isso também ceifará

A magnificência de Deus, de Seu Espírito e do Cristo transmuta todas as crueldades da vida humana e todos os sofrimentos do ser humano

A todos os que amam a Deus — e a todos os que declaram o seu amor a Deus:

Venho agora vos fazer um apelo, a fim de tentar evitar a crueldade na vida humana. Quanto sofrimento existe na ordem do mundo por causa do egoísmo humano e da falta de entendimento entre as pessoas! E, vede, humanidade terrena, quanto sofrimento ocorre a cada dia nos vários países do mundo simplesmente devido à falta de cuidados e à crueldade humana.

Se ao menos as pessoas conhecessem a Lei! Pois é impossível fazer mal a alguém sem no fim receber a última letra e vírgula de retribuição,[60] seja neste mundo ou no mundo que virá. É tolice achar que os homens vão escapar do resultado dos próprios atos. De acordo com a consistência da Lei Cósmica, é a pura verdade que tudo o que o homem semear, isso também ceifará.[61] O fato de que a misericórdia dos céus concedeu o perdão aos homens repetidas vezes não é sinal de que, em matéria de relações humanas, quando os homens deixarem de expressar um nível razoável de gentileza uns com os outros, eles não estarão colocando uma carga de trabalhos pesados sobre os próprios ombros.

No entanto, acho que a verdade é que este não é o objetivo nem a vontade de Deus. Penso também nos seus grandes atos de benignidade, que duram para sempre,[62] porque os mesmos que recebem mais misericórdia são também os que ganham a vida eterna. A humanidade olha para o passar dos próprios anos como se tivesse direito à eternidade, no estágio em que se encontra. Certamente, devia ser óbvio aos observadores atentos que Deus jamais limitaria sua criação nem avaliaria seu progresso através dos confusos aspectos da vida que existem no mundo de hoje. Não é intenção de Deus negligenciar sua criação nem sua maravilhosa oportunidade para progredir.

Que cada coração faça uma pausa para refletir a respeito da bondade de Deus, a fim de compreender seu cuidado e sua consideração não apenas no ano que passa, mas em todos os anos e eras passadas, e apreciem a mão de sua graça estendendo-se sobre o domínio do futuro para todos. Mundos que estão sendo criados e mundos que estão morrendo são simplesmente a realização da Lei infinita, que governa os ciclos da vida em todas as partes do cosmos. Do mesmo modo, o processo de metamorfose e todo o espectro de mudanças na vida humana tem a intenção de seguir o ritmo calculado dos cuidados de Deus.

É ao receber o conforto do Espírito Santo que a humanidade torna-se imbuída de um senso de completa paz e repouso. No entanto, como é maravilhoso o equilíbrio que os capacita a ver de uma vez por todas que a paz não é um cessar de atividades, e sim a abençoada expansão de Deus em repouso, trabalhando suavemente, como que para parecer Deus em ação! Pois as duas manifestações são as necessárias polaridades de sua graça.

Se os homens e as mulheres reconhecessem os criativos movimentos do universo como seus próprios, como parte da sua herança espiritual, poderiam ver claramente que o atual regime de conflitos contra a confusão e contra a falsa condução das vidas de cada um por diversas formas de tirania é apenas uma nuvem escura, uma névoa cinzenta que cobre a atmosfera da consciência do homem. A infame história dos tiranos e das pessoas sem Deus envolve uma infinidade de pessoas, se considerarmos a grande quantidade de seres humanos que imitaram a crueldade de seus senhores e companheiros.

Os poucos que compreenderam que a vida não é uma batalha contínua, mas um amealhar constante de uma glória mais elevada do que a do ego humano, estenderam a mão da fé para os propósitos da Divindade.

Os homens que servem de testemunho para a magnificência de Deus e do seu Espírito, em nome da razão pura, jamais o julgaram incapaz de dominar toda a humanidade. O fato é que ele não mostra que colocou um contrato de vida nas mãos da humanidade encarnada. Depende de cada um perseverar na busca do mais elevado objetivo do universo que é a união com Deus, encontrar as faculdades regenerativas da luz e da esperança para eles mesmos, para que seus corações possam então se curvar em gratidão reverente a Deus, por ter dado a si próprio como presente. Embora a carne e o sangue não possam herdar o Reino de Deus,[63] o triunfo da alma engalanada em suas vestes divinas é uma das mestrias sobre toda a escuridão humana, pela expansão e pelo conhecimento de sua luz.

Já pensastes, amados, no quão próximo Cristo está desse transbordar magnífico ao qual eu chamo de luz? Cristo é luz, e o Cristo dentro de vós, dentro de cada um, é luz. Faço um apelo apaixonado para a humanidade, antes que seja tarde demais e as taças cármicas sejam despejadas sobre a Terra, para que tentem aliviar suas perversidades, que tentem repudiá-las sob todas as formas pela ação dos pensamentos focados, com determinação, em Deus. Pois a falta de humanidade do homem e seu fracasso em lidar com as necessidades humanas usando o amor divino, quando e onde quer que tal oportunidade surja, são muitas vezes o resultado do endurecimento dos corações,[64] que pode ser atenuado através de súplicas sinceras e da cuidadosa execução da vontade de Deus.

Só através da graça de Deus o mundo poderá seguir em frente, através do domínio da gentileza divina, e todas as pessoas encontrarão por fim as imensas possibilidades de alcançar o reino, apresentadas há tanto tempo pelo meu Filho, Jesus Cristo, por outros antes dele[65] e pelo Pai Eterno, desde o primeiro instante do ciclo atual e até os dias de hoje.

Que a unção de Deus seja buscada, que seu Espírito seja incentivado a executar seu trabalho poderoso entre os homens, a fim de alterar a estrutura da fraqueza e curar as feridas da humanidade. Esta é a minha prece.

Devotadamente,

Maria

Retiro da Espiral da Ressurreição
Colorado Springs, Colorado
10 de setembro de 1972

10

Não nos cansemos de fazer o bem

*Ao ser fiel a si mesmo e ao se elevar à essencial
grandeza da alma, o homem vence*

Aos meus amados:

Os tempos mudam, mas o reino de Deus não muda nunca. Pensai nisso! Aquilo que está dentro de vós, este foco maravilhoso que chamais de alma, feita à imagem de Deus,[66] foi criada com a finalidade de dotar vossa consciência com suas fragrâncias, sua paixão pelo deleite, seu alcance da realidade.

O que devo dizer, então, sobre o revestimento sintético criado pelo constante gotejar dos pesares humanos? Há muito tempo, Paulo disse: "Não nos cansemos de fazer o bem."[67] Existe uma tendência humana semelhante àquilo que os cientistas consideram inerente no caso de vários metais, que é o fato de os próprios átomos da substância se rebelarem contra a mesmice da ordem estabelecida. Assim, a partir dessa rebelião, se estabelece o que é conhecido pela ciência como fadiga do metal, o enfraquecimento das partículas da substância devido à contínua manifestação da mesma matriz em um objeto específico ou atividade.

Quando os homens compreenderem melhor a vida, verão que, a não ser que os elétrons dos quais a substância é composta não sejam capazes de, espontaneamente, através de sua alegre dança, expressar as belezas e a perfeição da continuidade de Deus, eles não poderão, através dos milênios, suportar o fardo de tais formas indesejáveis e de intromissões da consciência humana que são uma imensa abominação ao progresso da vida.

Ó, corações de luz, as sombras do mundo não são Deus! O fato de se permitir que elas existam é uma manifestação da Lei e do movimento evolutivo. A eterna esperança de Deus é que os homens se saiam cada vez melhor, que aceitem o imenso legado da vida que tão generosamente receberam, e que se impeçam de mergulhar nos caldeirões das borbulhantes emoções humanas, que regurgitam sobre a tela da vida em terríveis manifestações de dor e sofrimento, que não são parte da realidade de Deus.

Ao incentivarmos os homens para que reconheçam a perfeição de Deus, há momentos em que notamos infelizes seqüências astrais e cenários de uma semi-existência que oferecem um manto de sombras, em uma tentativa de seduzir a mônada humana. Rogamos que os homens aprendam rapidamente a discernir as sutis diferenças entre o *glamour* da existência astral e o brilho da verdadeira vida, que liberta o homem e o faz se elevar até os braços de Deus, sob o bálsamo da doce submissão que oferece serenidade às almas que evoluem.

Se parardes um instante para pensar nisso, vereis que ninguém consegue manter tesouros ou fama ou o nome da família por gerações, com segurança e certeza. Um belo dia, os aspectos inferiores do homem podem entrar em cena e alegremente renegar os poucos degraus que ele subiu para entrar na magnética atração da sua Presença Divina. Ao subir, entretanto, rumo à grandeza essencial, a alma reivindica tudo o que Deus designou para ela. Os céus conspiram para oferecer à mônada individual todas as vantagens, e não se recorda seus pecados e iniqüidades,[68] deixando-os de lado como se jamais tivessem existido.

Como é verdadeiro o fato de que o homem esteja sempre disposto a honrar tudo o que é tradicional e olha com desconfiança sobre a realidade mais elevada quando ela não lhe surge através dos canais tradicionais... Não seria, então, sensato se a humanidade encarnada começasse a considerar a precisão de seus argumentos e a integridade das próprias almas e buscasse a sintonia com o foco abençoado do eterno fogo sobre o altar do ser?

Ao serem fiéis a si mesmos, os homens são capazes de ver o que é real, em vez de confiar simplesmente nas palavras deles mesmos. Não vedes, amados, que estamos simplesmente tentando vos oferecer uma perspectiva mais ampla? Tende cuidado para não usar esta perspectiva com o intuito de rejeitar o que é real, e sim para aprender a discernir e fazê-lo bem. O fato de que muitos homens aceitam uma idéia como sendo correta não significa que ela seja, nem o contrário. Portanto, em seu cadinho de experiências, tentativas e erros, a fé contínua e a determinação em conhecer Deus vai fazer o homem atingir, por fim, o lugar em que verá a si mesmo *como* Deus.

Ser um deus em seu próprio universo não contradiz em nada o plano do Pai Eterno. Seu maior desejo é ver reconhecida pelo homem a perfeição que colocou em toda a vida. Como seus descendentes, espera-se de todos os homens que eles sigam o curso da Lei, que está relacionada com a vida perfeita. Não se trata de os homens não poderem atingir isso; é que com freqüência eles simplesmente não o fazem. E com que propósito os homens desprezam a lei mais elevada do ser, mesmo sabendo que, ao aderirem a ela, eles podem, uma vez superado cada *momentum* negativo da vida, caminhar com menos esforço no domínio de seu tesouro espiritual, no prêmio da consciência crística que domina o mundo e atingir a vida perfeita que é Deus?

Oh, bem sei o quanto o inimigo semeou o joio,[69] que despreza até mesmo a menção do nome de Deus ou a possibilidade de ele ser real. O inimigo mal consegue suportar o conceito da sua existência. Pois então, não achais, amados, que é uma tolice eles concentrarem sua oposição para atingir um Deus cuja existência negam?

Um dia a humanidade vai perceber em massa o objetivo da vida, depois que conseguir emergir do cadinho de seus testes autogerados, e alcançará a grande medida de entendimento que unirá o Cristo universal na consciência de todos os homens. O que alguns de vós não compreendeis é que os dias de labuta do homem podem ser abreviados, e que é a vontade de Deus abreviá-los, sempre que possível.[70] Os eleitos são normalmente os que escolhem seguir a Senda da elevação. Isso quer dizer que escolheram ao mesmo tempo em que foram escolhidos, e a resposta que geraram os precede na Senda que conduz à regeneração.

A Mãe Universal reunirá homens e mulheres dos quatro cantos do mundo na corte do Templo do Entendimento, que é um templo espiritual construído a partir das gigantescas esperanças de Deus. Nenhum de vossos pequenos mundos é senão um mundo de experiência na beleza, nas artes divinas, nas ciências divinas e no reconhecimento da oportunidade do homem de criar e apreciar sua criação. As mazelas da vida devem desaparecer, soterradas por vossos triunfos. Só que, enquanto os homens continuarem a se aliar às trevas e fracassar ao manifestar acima da vida as pressões do próprio entendimento, continuarão a manifestar no espelho da consciência estas distorções e ondas de imperfeição nas quais residem.

Veremos então homens elevados da vala da densidade mortal ao aceitar a plenitude de sua dádiva divina e decidir, aqui e agora, que a qualidade da vida sobre a Terra deve ser equivalente àquela que existe no Céu. Não sabeis, amados, quantos poderes de natureza espiritual são vossos, bastando apenas pedir? Não sabeis que quanto mais corretamente esses poderes forem usados, maior será o vosso talento? "Escolhei hoje a quem servireis",[71] pois dele é a luz do começo.

Qual pálida e suave manhã,
O alvorecer da vida surge
Expressando advertência.
A sombra do tempo que urge,
Clara e brilhante em sua essência,
Contém os imortais cordéis
Que são a substância da manhã
Que alcança a eterna transcendência.

Com plena devoção ao fogo místico da essência criativa que existe em vossos corações, EU SOU

Maria

Retiro da Espiral da Ressurreição
Colorado Springs, Colorado
17 de setembro de 1972

11

A letra mata, mas o espírito vivifica

*A fonte única de poder, sabedoria e amor é vitoriosa
sobre as vibrações da derrota e do derrotismo*

Aos filhos do Deus vivente:

Compreender a partir do nível divino é totalmente diferente de compreender através do nível da consciência humana. A primeira visão é de total perfeição. A segunda varia imensamente em sua compreensão da vida. No entanto, certamente todos podem compreender, se desejarem, que os propósitos da vida foram entrelaçados no tecido universal da oportunidade criativa e que, em princípio, todas as almas receberam a mesma oportunidade, o mesmo objetivo radiante.

É muitas vezes difícil convencer homens e mulheres do poder temporal que eles exercem. Parecem não compreender o porquê de não conseguirem entrar em contato com Deus. Todos os obstáculos, considerando que não emanam da força de Deus nem de seu plano divino, devem necessariamente advir de outra fonte. Como existe apenas uma fonte de poder, sabedoria e amor no universo — apenas uma força divina e uma radiante emanação dessa força divina que se estende por todo o domínio do tempo e do espaço —, tais obstáculos só podem ter origem do lado externo do Ser, além do círculo da realidade.

Se parardes para pensar nisso, é uma mudança na freqüência de vossos pensamentos e sentimentos, e na sintonia da mente e do coração que interrompe os grandes controles divinos, os quais, se não fosse assim, tornariam fácil a mestria de vosso mundo e a capacidade de assumirdes o comando da própria vida. Em vez de oferecer-vos a vitória de vossa Presença Divina, esta queda na vibração faz com que vos torneis sintonizados com as vibrações inferiores de derrota e derrotismo, que já existem no mundo. Isto não pode ter vindo do nada, portanto, veio de algum lugar. De onde poderá ter vindo, então, a não ser através da má qualificação da luz e da consciência, por ato de alguém? Quando as pessoas se ligam à desqualificação da energia, automaticamente se colocam dentro dos limites da irrealidade.

Será possível que os homens e mulheres sejam tão simplórios que não consigam compreender que as más interpretações se formam muitas vezes porque uma pessoa pega a bola da interpretação errônea de alguém e a passa para outro, depois de adicionar sua própria carga de má interpretação? À medida que as imperfeições vão se acumulando em camadas nas mentes das pessoas, elas retêm um impulso elétrico que pode ser transmitido a outras mentes que estejam na mesma freqüência. Aqueles que mantêm a mente fixa em Deus e seus propósitos de amor não são afetados pelas influências sutis que se multiplicam na consciência de massa. Aqueles, porém, que ajustam a freqüência dos pensamentos a manifestações negativas, em vez de focá-las na perfeição da sua Presença Divina, facilmente se transformam em vítimas de todos os tipos de pensamentos e sentimentos humanos.

É com a finalidade de mostrar à humanidade o caminho da libertação que eu vos falo. A não ser que as pessoas sejam capazes de escapar dos pensamentos e sentimentos que não sejam do seu agrado, serão afetadas, em um grau maior ou menor, pelos pensamentos e sentimentos de outros. Como é fácil, através da empolgação, atrair a atenção dos homens e então levá-los para onde se quer! Não que vos recomende que abrigueis suspeitas a todo momento. Simplesmente afirmo-vos que uma certa porção de vigilância é necessária para a alma, a fim de que os homens atinjam o objetivo do discernimento espiritual, para que não sejam varridos do caminho por uma enxurrada de opiniões humanas.

As maiores tragédias da vida surgiram a partir desses dogmas, os quais, através dos anos, abortaram o verdadeiro senso de realidade da humanidade — idéias, por exemplo, que criaram sentimentos de falta de confiança, dúvida e medo. Em questões de reencarnação é bem freqüente, nos círculos ortodoxos, que os fundadores e ancestrais, seguidores do que chamam de tradições cristãs, sintam que qualquer instrução a respeito desse assunto represente uma divisão do caminho. Assinalam o fato de que a devoção deles ao meu Filho e ao seu grande exemplo é secundário à sua devoção a um falso ensinamento baseado em doutrinas dos que provaram ser amantes mais do homem do que de Deus.

Isso é uma imensa tragédia, pois quando as pessoas acreditam piamente em certas coisas, por muitos anos, seus sentimentos gradualmente intensificam o absolutismo de suas crenças. Isto muitas vezes impede uma visão clara das estruturas da vida.

Alguns baseiam sua rejeição a um ensinamento em um simples dogma ou uma idéia adquirida fora do contexto, sem compreender a necessidade de "provar se os espíritos vêm de Deus",[72] pois "na vossa perseverança ganhareis as vossas almas".[73] Quando avalio o número de guerras que têm sido travadas e os conflitos que vêm sendo criados por homens mortais em defesa de seus ideais políticos ou religiosos, rezo para que mais homens e mulheres desenvolvam a força de caráter que lhes permita um grau maior de tolerância às visões uns dos outros e aos seus direitos de manter suas convicções, a fim de trazer um estado de paz na Terra com boa vontade para todos.[74]

O conceito de reencarnação é uma das mais antigas verdades pregadas pelos homens de Deus, muito antes da era cristã. O modo de vida da maioria da população do mundo foi, em certa época, totalmente orientado em função desta idéia. Eles compreendiam a continuidade da existência, sabiam que Deus não planejou que as almas viessem a este mundo com apenas uma chance de salvação, para então serem aceitas ou rejeitadas na hora do Juízo.

Não vedes como o plano divino é condizente com a misericórdia de Deus, sendo que a oportunidade renovada para aquisição de automestria é oferecida à alma vida após vida? Pois cada encarnação é como um dia, em si. É uma época durante a qual se espera que o indivíduo obtenha mestria em certos aspectos da vida, que compreenda o quanto pode ganhar em estatura espiritual, ao mesmo tempo em que transmite paz e harmonia aos seus semelhantes.

Devido aos enfrentamentos mundiais e à geração de um sentido de conflito na consciência humana, eu ressalto, acima de tudo, que a mente do homem não precisa se mostrar tão vulnerável a ponto de os que buscaram a Deus durante anos permitam a si mesmos serem descartados e destruídos por um súbito vento doutrinário ou alguma nova filosofia religiosa. Pois os homens podem submeter o coração a Deus sem necessariamente submeter suas mentes ao dogma. O dogma é como uma letra morta. Não contém em si ou por si mesmo o potencial espiritual, que o próprio homem precisa invocar para trazer conforto e entendimento à humanidade. O Espírito Santo faz isso! A Presença de Deus faz isso! Portanto, deixemos o homem aprender a estar em contato com a essência viva do espírito da verdade e não com a manifestação da letra que mata.[75]

É uma pena que no decorrer dos anos tantos conflitos tenham surgido, relacionados com tantas coisas. Se ao menos os homens compreendessem que uma consideração justa e uma análise objetiva do que alguns denominaram de lado oculto da vida não estão erradas. Mas existem aqueles que acham que, se um homem simplesmente contempla uma idéia estranha às suas crenças estabelecidas ou à tradição aceita, ele está automaticamente associado ao mal. Ora, quantas outras coisas muito mais maléficas do que esta encontramos pelo mundo! Existe um potencial muito maior para o mal agir através da associação dos homens uns com os outros; na forma com que eles vivem, no seu comportamento e consideração pelos semelhantes. As ações de um homem continuam a ser o teste supremo de sua filosofia. E estas questões são muito mais importantes do que sua comida ou sua bebida, ou do que ele aceita ou não em sua mente.

> Pois tudo está bem
> Se todos manifestarem
> A perfeição da alma dentro de si mesmos
> Para expressar, para expandir
> Para liberar e contemplar
> Um novo Céu e uma nova Terra,[76]
> Uma nova mente e um novo coração,
> Purificado pela progressão do espírito
> Que lidera e guia os homens
> A toda verdade.[77]

Entretanto, é extremamente necessário, para disciplinar a mente e para unir a devoção do seu coração à Lei, que os homens se liguem a alguma forma de ritual e a certos dogmas de fé. É quase inconcebível que o homem desta época não tenha nenhum ensinamento religioso. Porém, suas considerações a respeito das suaves atividades da lei cósmica, à medida que elas se abrem à sua compreensão, devem ajudá-lo; mais através da porta aberta que leva à realidade do que da porta cerrada que representa um entendimento fechado e uma busca que acabou antes mesmo de começar.

Pensareis a respeito do fio da lâmina, esta linha fina que vos capacita a contemplar a natureza da verdade, a compreender os preceitos da Lei, e a pedir a Deus que vos guie nas veredas da justiça por amor do seu nome?[78]

Como seria fabuloso, nessa investida rumo à luz, se os homens se colocassem em harmonia com o universo e uns com os outros! Ao verem cada contato como um confronto entre filosofias opostas, ou um teste para os egos, onde transferem pensamentos de medo e fracasso uns para os outros, eles perdem o equilíbrio do Caminho do Meio e com muita freqüência não se recuperam da perda no decorrer de uma vida. Não seria muito melhor se, em vez de combater o mundo, os homens buscassem agradar a Deus e compreendê-lo, não simplesmente conhecendo-o pelos olhos de mentores e amigos, mas sabendo-o por si próprios, para que se justifique a ação do Espírito Santo que está, nesse instante, liderando a raça humana em direção a toda a verdade?

Pela glória da paz no mundo religioso, permaneço

Vossa Mãe,

Maria

Retiro da Espiral da Ressurreição
Colorado Springs, Colorado
24 de setembro de 1972

12

Pai, nas Tuas mãos entrego
o meu espírito

Podar a árvore da vida abre a porta à divina
intercessão e ao cordão do contato

A todos que podem compreender:

Como é estranho que os homens tão freqüentemente se vejam cativados pelo *glamour* do poder econômico ou da posição social. Parecem não compreender que a grandeza que Deus colocou no coração da semente divina também colocou dentro deles próprios. Parecem não compreender a grande marca da eqüidade cósmica, que não favorece mais a um filho de Deus e menos ao outro, pois coloca o mesmo potencial ao alcance de todos.

A imagem de Deus é o último degrau da escada. É o degrau da perfeição. Apesar de os indivíduos poderem diferir em suas compreensões da vida e na velocidade com a qual apreendem os princípios divinos ou mesmo os princípios humanos, todos os homens deveriam compreender, como na fábula da tartaruga e da lebre,[79] que o que importa é que eles cheguem ao lugar onde o conhecimento de Deus os espera e onde sua fé está ancorada, na magnífica realização da perfeição divina, a qual, um dia, vai se manifestar sob a forma de fruto em sua Árvore da Vida.

As pessoas tendem a se desvalorizar ou supervalorizar. Pensam que o equilíbrio não está ao seu alcance simplesmente devido às aberrações da consciência humana que se balançam, ora à esquerda, ora à direita da mente crística. Na verdade, até mesmo uma posição de centro não é um objetivo desejado quando a busca ocorre em nível do ego humano. Pois a perfeição de Deus é mais que um padrão humano: é uma realidade tangível que engloba todo o espectro da divindade humana. Esta realidade jamais poderá estar sujeita à opinião humana, que se move da direita para o centro ou para a esquerda de qualquer posição. O alcance de Deus tem relação apenas com a plenitude dele mesmo, que inclui a manifestação total do homem crístico.

Existem muitos problemas no mundo de hoje que deveriam ser preocupações diretas de toda a humanidade. O próprio Deus já meditou muito sobre os problemas dos seres humanos, e colocou ao alcance de todos a capacidade de suportar as atuais condições, mesmo que isso não pareça possível.

A melhor postura para qualquer homem, então, é a de confiança, segundo a qual ele reconhece a sagrada preocupação do Confortador,[80] que não se envolve necessariamente com os problemas humanos nem com as soluções humanas, mas sim imprime na consciência da humanidade encarnada um senso interior da realidade de Deus, que se adapta livremente a fim de servir a qualquer situação. Dessa forma, se o homem permitir, Deus, que está no Céu, vai fazer surgir, por fim, na própria consciência do homem, a ação correta no mundo da forma material.

Como é difícil para as pessoas manterem a calma, a coragem e a perspectiva por tempo suficiente para manter as mãos longe da arca de Deus.[81] Mesmo que elas tivessem a solução perfeita para todos os problemas, deveriam estar dispostas a esperar pela salvação do nosso Deus e pelo movimento de seu Espírito sobre as águas turbulentas. Surpreendentemente, os homens parecem ter a tendência de achar que estão mais aptos a lidar com os problemas da esfera física do que Deus. É quase como se eles achassem que a perfeição de Deus não possui a habilidade de invadir o mundo da imperfeição dos homens!

A confiança do homem em Deus cria um laço entre Pai e Filho que produz perfeição onde quer que seja compreendida e afirmada. Os homens raramente estão dispostos a admitir que a culpa de seus fracassos reside em seu próprio domínio. E quando mexem com o que deveria ser deixado aos poderes dos céus, criam vários padrões de interferência, redes astrais e campos de força que bloqueiam o raio da solução perfeita do ciclo em manifestação dos níveis mais elevados da consciência para os níveis mais baixos do ser.

Deveis ter ouvido falar no ditado que diz que o homem põe mas Deus dispõe,[82] e isto é verdadeiro, de acordo com os princípios da lei cósmica. Quando, porém, o indivíduo se submete à guarda de Deus, como Jesus quando disse "Pai, nas tuas mãos entrego o meu espírito",[83] Deus dá a seus anjos a autoridade para remover de imediato e assumir o comando sobre as condições no mundo do indivíduo que não estão de acordo com a verdadeira natureza do ser. Porque os que estão sob Deus e, de bom grado, abriram mão temporariamente de seus próprios assuntos em uma atitude de completa confiança, sabendo que a plenitude de Deus possui os meios e o fim para produzir perfeição, se transformam em imediatos beneficiários da intercessão divina.

A linha entre os direitos do homem e os direitos de Deus é tênue. Quando o homem age com a autoridade de Deus, pode dizer "*Dieu est mon droit*".[84] Mas apenas quando se transforma no Cristo encarnado tem o direito de afirmar "*L'état c'est moi!*".[85] Os que caminham na Senda espiritual tanto quanto na Senda física retêm em seu Corpo Causal e na consciência etérica as lembranças das experiências terrenas de vidas passadas e da continuidade da vida que ocorre entre as encarnações. Ao examinar a lembrança do estado não ascenso a partir da nossa perspectiva atual, temos uma compreensão da vida na Terra mais apurada do que a que tínhamos quando estávamos em nosso corpo físico.

Sei que é difícil, pelo vosso lado do véu, compreender a precisão e a naturalidade do desdobramento divino que origina os planos interiores. Como sabeis, agora "vedes como por espelho, em enigma", e no dia em que entrardes em seu reino vereis "face a face"[86] com a clareza da realidade divina. Até isso acontecer, sugiro que abandoneis com alegria os elementos da vida que pertencem à realidade externa e parecem direitos ao homem e, no entanto, levam à morte e à destruição.[87]

Essa é a atividade de podar a Árvore da Vida, uma atividade que *vós* e *apenas vós* podereis realizar, através da auto-submissão e da auto-aniquilação do ego. Isto pode vos parecer difícil, a princípio, mas quando invocardes Deus em ação para cada problema humano, sua resposta poderá resultar em uma perfeita manifestação dos ideais divinos para vós. Esta atitude de permitir a entrada de Deus e deixar o humano do lado de fora é o melhor modo de alcançar maior paz de espírito e maior desenvolvimento em vossos assuntos, entregando-os à divindade e aos poderosos que ele designou para serem vossos guardiães e protetores.

Nós, que estamos do outro lado do véu, queremos que compreendais os usos e os significados da perfeição. Queremos que compreendais como podereis suportar cada problema da vida e receber o conforto do Espírito Santo, que vos tornará parte verdadeira da intenção da divindade para a Terra, bem como para vós mesmos. Não importa que a humanidade não perceba o cuidado de Deus e a consideração que Ele manifestou através de vós e de inúmeros outros que Lhe são igualmente dedicados. De uma forma muito verdadeira, vós, que possuís esse entendimento, estais guardando acesa a chama da vossa divindade e mantendo uma proximidade maior com o vosso Eu Divino em vossa vida diária. E para os milhões de outros que não conhecem os mecanismos da lei cósmica, estais também mantendo o foco na chama.

Em dias longínquos, Sanat Kumara e seus seguidores mantiveram a chama em Shamballa, em nome da humanidade encarnada que perdera o cordão que a contactava com a divindade. A humanidade nem sequer desconfiava o quanto o destino do planeta estava por um fio — o fio da consciência de um Mestre sintonizado com Deus. E, no entanto, este foi um gigantesco liame de compaixão palpitante! Pois o infinito amor de Deus que esses avatares mantiveram em seus corações foi o amor que se estendeu a toda a humanidade.

Hoje, com muitos mais a carregar a chama, com muitos mais que seguiram o caminho do grande sacrifício, com muitos mais cujos exemplos estão fazendo surgir sentimentos divinos nos corações de tantos, despertando a fé e garantindo o propósito divino para a família das nações, a humanidade encarnada já está em posição de obter um crédito maior — uma confiança na chama de Deus se expandindo de dentro, uma confiança no Espírito de Deus se expandindo de fora —, enquanto a hierarquia está em posição de ter maior confiança na humanidade pelo fato de alguns, entre eles, estarem de forma decidida e firme mantendo a chama acesa.

Embora muitos seres humanos não conheçam nem compreendam a lei cósmica como ela vem sendo ensinada aos devotos que a conhecem, a seguem e a ententem, eles receberam uma garantia no interior de suas almas, que é reforçada e intensificada por cada esforço dos devotos em manter a chama. Portanto, essa confiança é Deus trabalhando dentro de vós e dentro de vossos corações. Essa confiança é o cálice da Mãe Divina e do Pai Divino. Essa confiança é a atividade benéfica dos Cristos Pessoais de todos os homens.

Confiança é uma bênção universal para o planeta, produzindo a abundância da manifestação de conforto do Espírito Santo, que é oferecida a todos. O Espírito os ensina que os Senhores do Carma e os que governam os assuntos do mundo, tanto em nível humano quanto divino, são capazes de reunir os eleitos nos quatro cantos do mundo e conceder-lhes a compaixão e o conhecimento correto do uso da energia, a qual, dia após dia, faz a raça humana avançar rumo ao conhecimento correto.

Como é triste que homens e mulheres joguem a culpa dos próprios fracassos sobre organizações e indivíduos! Muitas vezes, bem na hora da vitória, eles se mostram dispostos a se separar de uma atividade que o próprio Deus determinou que é uma grande porta para seu coração. Se ao menos conseguissem compreender que é a Deus que eles estão de fato servindo em todos os aspectos da vida! Se pudessem entender que é através da graça que lhes foi concedida que eles servem a toda a vida à sua volta, não precisariam sentir a pressão sobre eles mesmos, pressão que os faz ficar com o coração inquieto e ansiar por outros tempos e outros climas.

Bem no meio de um serviço qualquer que requer a maior constância, eles subitamente se tornam pouco propensos a submeter o seu ser e sua consciência à grande luz cósmica que exige que todo homem, mulher e criança deste planeta equilibre cada erg de energia que tenha sido mal utilizada. Paulo[88] afirmou o seguinte: "Tudo o que o homem semear, isso também ceifará."[89] E Jesus disse: "Em verdade vos digo que até que o Céu e a Terra passem, de modo algum passará da Lei um só i ou um só til, até que tudo seja cumprido."[90]

É uma pena que os homens não entendam a profundidade da sabedoria espiritual que está dentro deles mesmos. É uma pena que sintam necessidade de estabelecer dogmas para depois espalhar tais dogmas sem compreender o magnetismo do amor cósmico que atrai as pessoas para a verdadeira sabedoria do coração. O magnetismo do amor cósmico, por si mesmo, traz mais coragem à mente, fortalece o laço com a realidade espiritual e revela, por fim, os mistérios escondidos que a alma jamais compreendeu.

Os homens nem sempre entendem a forma com que esses mistérios são transportados do Espírito de Deus para a alma deles. Isso ocorre porque eles introduzem uma barreira de pensamentos humanos e padrões de sentimento que se posicionam entre a revelação divina e a expressão monádica humana. Assim, destroem o propósito cósmico pelas limitações que sobrepuseram às variáveis de sua própria consciência evolutiva. Quando, porém, essa barreira é finalmente removida, a matriz da perfeição que é ordenada por Deus remove os últimos vestígios de opacidade nas mentes do homem e reestabelece a clara compreensão das realidades da vida que a mente de Cristo, sempre una com a mente de Deus, é capaz de concretizar.

Amados corações,

Sede lentos para condenar e rápidos para amar,
Firmes em vossos esforços, sempre para o alto a olhar!
O caminho da esperança torna plano
A regra de Cristo, para sempre reinar.
Pois sua mão remove toda dor do ser humano
E eleva os homens para o coração de amor
Até onde a vida revela o Divindade do amor
Que sentimentos de culpa destrói, ídolos deforma,
E o homem em uma chama viva transforma.

Devotada à expansão da luz, EU SOU

Mãe Maria

Retiro da Espiral da Ressurreição
Colorado Springs, Colorado
1º de outubro de 1972

13

Eu e meu Pai somos um

A destruição da velha cidade de Jerusalém, profetizando
a demolição dos falsos conceitos
que o homem tem de si próprio, deve preceder
a construção da nova Jerusalém

Aos amados filhos da precipitação da vontade de Deus sobre a terra:

Como o coração de Deus é generoso! No entanto, quantos fracassaram em admitir este fato porque o viram apenas com os próprios olhos e através da abertura limitada da mente. Por conseguinte, viram apenas as limitações expressas por esses olhos e por essa mente que exibe um foco limitado, jamais abrindo mão dele sequer por um momento. Ó, humanidade encarnada, por que não permitis a penetração da misericordiosa chama de Deus no domínio de seus pensamentos e sentimentos, a chama de sua compaixão universal por todos os filhos, cada criança do seu coração?

Sei o quanto é fácil para os indivíduos se acomodarem no molde de um corpo cheio de limitações, conceitos, opiniões; sei como é fácil olhar para os semelhantes e fazer julgamentos sem, de forma alguma, ficar em sintonia com suas almas ou tentar compreender o peso dos problemas humanos que os atacam. A partir desta posição de limitação, de aparente separação entre Deus e o homem, ainda que consciente do peso de seus próprios problemas humanos, as pessoas deixam de praticar o ritual de misericórdia devido às outras partes da vida. Se ao menos permitissem que as barreiras entre os corações fossem incendiadas pelo Espírito Santo, com que rapidez veriam os problemas humanos se dissolverem em um vendaval de amor divino!

Pois, afinal, não é o amor divino também uma expressão muito importante de sua vontade? E não é sua vontade, em razão de sua própria natureza, o mais elevado objetivo para o universo como um todo, bem como para todos os indivíduos? Por mais que eu tenha refletido, durante a minha encarnação como Mãe de Jesus, jamais pude conceber nada mais precioso do que a vontade dos céus. Foi com este pensamento em mente que ponderei horas a fio, repetidas vezes, a respeito da justiça da divina intenção, sobre a supremacia do propósito universal e os meios para exercitar tal intenção dentro das limitações da minha própria vida.

As tarefas triviais de cada dia pareciam, às vezes, muito distantes de mim. A princípio me sentia confusa, pois os afazeres necessários pareciam consumir a preciosa substância da qual o dia era feito, muito embora as coisas materiais me parecessem um vácuo de escuridão, um abismo tedioso que devorava as horas. Luz e perfeição eram a totalidade do que era real para mim; devido a isso, para os que estavam à minha volta, eu, muitas vezes, parecia imersa em um estado de contemplação do outro lado da vida, do lado divino.

Devo admitir que, no início, esta preocupação também me parecia pouco prática. Pouco a pouco, porém, através do ritual da contemplação, as obscuridades começaram a se dissolver e fui capaz de enxergar elementos da graça divina que nem sempre parecem reais para a maioria das pessoas, sendo pouco percebidas, se tanto. Bem mais tarde comecei a compreender que eu poderia abrigar tanto a consciência de Deus quanto a consciência do homem, que necessariamente precisa estar envolvida nos aspectos práticos de se viver no mundo e em comunidade.

Uma das questões mais complicadas para quem busca a graça espiritual é a capacidade de resolver os problemas de natureza emocional que surgem entre as pessoas como resultado de mal entendidos. Para ser franca, muitas das dificuldades humanas têm relação com o ciúme humano e padrões de ressentimento contra as vitórias alcançadas pelos outros. É de grande auxílio para os que desejam superar este tipo de situação o reconhecimento de que todas as vitórias pertencem a Deus.

Quando os homens perceberem que todas as conquistas humanas são marcas das maravilhas impressas nas páginas das eras; quando começarem a compreender que suas próprias vitórias podem ser alcançadas com mais facilidade através de chamados a Deus, em busca de assistência; quando compreenderem que a verdadeira grandeza é a grandeza de Deus manifestada no homem, eles não vão mais se ressentir tanto assim pelo sucesso dos outros. Vão olhar por trás da tela da mônada humana e vislumbrar a mão da graça divina ajudando a moldar um mundo novo e melhor, um mundo de paz e entendimento, em preparação à chegada do reino.

A destruição da velha cidade de Jerusalém não representou apenas a realização de uma profecia, mas também o aniquilamento das falsas idéias que o homem tem de si mesmo, o fim dos conceitos limitadores, que o antigo homem tinha tendência a seguir sem percebê-los, porque cada homem buscava exaltar apenas a si próprio. No momento em que a destruição do ego humano com seu falso conjunto de valores acontece, a Nova Jerusalém,[91] que simboliza o reconhecimento de que todas as realizações e conquistas são de Deus, surge diante de cada ser humano. Quando a energia do homem não for desperdiçada em manifestações da mente carnal, quando ele for capaz de sentir a perspectiva da humanidade trabalhando junta para alcançar valores universais, visando a partilha desses valores por todos, ele será capaz de romper a conexão com os nefastos atos do próprio carma, que o retiveram por tanto tempo.

Mesmo na ordem humana, a dissipação sem propósito das energias, que ocorre quando um segmento da vida batalha com outro, invariavelmente utiliza os recursos que deveriam ser direcionados para a superação de todos os problemas humanos. Que mundo maravilhoso poderíamos construir através da amplificação dos valores crísticos que são a luz da Cidade Quadrangular,[92] despertando a imaginação de muitos! A história já demonstrou claramente que a humanidade sempre foi inspirada por poucos, enquanto a maioria das pessoas, como ovelhas perdidas, vagavam daqui para acolá, sujeitas a todos os ventos da discórdia humana que se espalhavam por sobre a Terra, como uma rede de destruição.

Agora que buscamos um tempo de harmonia, de mais diálogo e de melhor avaliação da posição do homem no mundo da forma; agora que olhamos não mais pelo ponto de vista do homem, apenas, mas através da compreensão, da exaltação da compaixão divina e de sua graça, temos certeza de que grandes mudanças poderão ser processadas sobre a Terra, e que essas mudanças ocorrerão tanto embaixo como no Alto.

Pois o homem, em si, no domínio de sua consciência expandida, é a Cidade de Deus. A mônada humana foi feita com a finalidade de refletir a completa graça de Deus, a Mônada Divina. Pois nascida da unidade de Deus está a unidade da junção do homem com Deus. "Eu e meu Pai somos um."[93] De que forma maravilhosa o meu Filho expressou este conceito! Como é completo o trabalho da Cidade Quadrangular, a Nova Jerusalém, que desce sobre a consciência de todo homem à medida que ele se torna um com os fundamentos da perfeição. O Céu está pronto para transmitir a cada expressão monádica, conforme ela estiver disposta a receber e manter, a eterna unidade com a luz de Deus que nunca falha.

EU SOU e permaneço a serviço da Mãe Cósmica de todos,

Maria

Retiro da Espiral da Ressurreição
Colorado Springs, Colorado
8 de outubro de 1972

14

A compreensão correta do propósito universal

*O reconhecimento da inexorável lei do cosmos governa o
retorno da energia desqualificada e da
fé na bondade e paciência fundamentais*

Aos que assistem ao renascimento do Cristo nos corações humanos:

É uma grande verdade o fato de que, se os homens tivessem a compreensão correta do propósito universal, jamais poderiam cometer atos ou se alinhar com atividades que massacram a retidão e o desabrochar do amor universal. O veneno da ignorância que encobre os raios de seus corações, juntamente com a mente carnal, tem, repetidamente, tornado opaca a luz da sabedoria divina e do amor.

As pequenas jóias que vos trago são para aqueles cujos pensamentos se ocupam em implementar uma melhoria na situação do mundo e para a evolução deles mesmos. E também para cooperar com a mão de Deus, que se move até mesmo nos mais comuns assuntos humanos.

Já foi sabiamente dito que nada acontece por acaso, e assim esta frase, no contexto atual, transformou-se em outro nome para a obra do carma e do cumprimento da lei da aspiração universal.

A conclusão é que os indivíduos podem e realmente influenciam a manifestação da Lei Cósmica nos assuntos humanos. A justiça dos tribunais humanos é mais cega do que em qualquer outro lugar. Se o livre-arbítrio dos homens não fosse um fator chave para se alcançar o reino, o triunfo do amor universal já teria conseguido isso há muitas eras. Quem, porém, poderá negar que a virtude fez um trabalho perfeito em todas as épocas, especialmente nas vidas daqueles que mantiveram a fé na bondade de Deus e na sua própria capacidade de servi-lo até mesmo nas tarefas mais humildes a eles incumbidas?

Certas características da Lei Cósmica continuam não percebidas pela humanidade. Uma delas, freqüentemente esquecida, é a resposta divina aos apelos da humanidade, que sempre vem de Deus. Na verdade, ele chegou a dizer que, "Antes que clamem, responderei".[94] Pelo fato de sua ignorância da Lei ou de que a ignorância da lei não é desculpa, o homem de fé não pode insistir em permitir que elementos de dúvida no mundo do Criador venham colorir sua mente e suas emoções, sem ter de pagar a pena de ser cortado das respostas a seus apelos. Pois a dúvida é o muro que o homem ergue entre ele mesmo e Deus, e esta é uma penalidade auto-imposta que apenas ele pode remover, através de medidas corretivas.

Jamais será o desejo do Deus pessoal colocar o peso da responsabilidade pelas ações erradas sobre toda uma geração de recalcitrantes. Em vez disso, é a inexorável Lei do Cosmos, que governa o retorno da energia desqualificada por pensamentos errôneos e sentimentos que a enviam, que determina o fardo a ser suportado pelo homem por seus erros passados.

Gostaria de transmitir o imenso e, no entanto, simples conhecimento de que toda dádiva oferecida por Deus ao homem em resposta a suas preces deve ser mantida, usada ou dissipada. Sempre se tem a esperança, entre os que estão no Céu e concedem tal dádiva, de que se ela for mantida e então utilizada será para o bem construtivo do indivíduo ou de outra parte da vida.

Infelizmente, aqueles que dissipam as dádivas divinas de misericórdia e graça, tanto pela desqualificação da intenção determinada por Deus como pelo uso indevido da luz em desejos humanos sem valor, vão, um dia, se encontrar sem resposta para suas preces. Na verdade, um dia o martelo cármico baixará sobre eles, que terão dissipado as energias de Deus pela última vez. E para aqueles que receberam dádivas do alto através de sua fé — em reconhecimento da centelha divina e como oportunidade de renovar os votos através das muitas avenidas de serviço à vida —, esses serão poupados. Como disse Thiago: "Pedis e não recebereis porque pedis mal, para o gastardes em vossos prazeres."[95]

É uma grande pena que os indivíduos pensem que estamos mortos! Pois vivemos, nos movemos e existimos em Deus;[96] estamos conscientes a cada momento, de cada pensamento e sentimento humanos. Portanto, estamos totalmente conscientes da necessidade universal que a humanidade tem de agarrar a vida triunfante e imortal, a vida que pulsa como a chama trina interior que tem a solução para todos os problemas. Aqueles, por sua vez, que acreditam que "Deus está morto", simplesmente porque os conceitos que têm dele não possuem vida, não encontram dificuldade em aplicar os mesmos conceitos às hostes ascensas de luz, relegando dessa forma todos à esfera dos mortos. Os que negam nossa existência fariam bem em reexaminar seus conceitos de Deus, cuja vida necessariamente inclui a nossa própria.

De modo oposto, aqueles que compreendem e reconhecem a imortalidade das dádivas cósmicas que Deus oferece de seu coração aos que direcionam a ele todos os seus pensamentos, não têm dificuldade em aceitar nem a sua realidade nem a presença viva de seus servos, filhos e filhas, tanto no Céu quanto na Terra. A fé abençoada deles dá início a um circuito de luz que se move dos corações flamejantes de gratidão ao coração de Deus, trazendo ainda mais energia dele na corrente de retorno. E enchem-se de alegria ao sentirem as mutações cósmicas acontecendo dentro deles — a metamorfose da alma gerada pelo ritual do amor divino.

Aqueles que nos buscam vão compreender, desde o princípio de sua procura, e então mais uma vez quando o momento do verdadeiro saber chegar, que nossos corações estão cheios de amor pela humanidade encarnada e que nosso único desejo é criar, através da educação adequada, um enlevo espiritual na consciência humana que capacitará a humanidade a evitar tanto o verter de lágrimas pelos fracassos humanos quanto o sofrimento pelas determinações divinas. O fato de que os indivíduos transformaram o caminho da abnegação no caminho do egoísmo deve-se não só à sua falta de conhecimento, mas à sua grande falta de fé na bondade fundamental de Deus.

Nascidos dos desejos do seu coração, que quer a salvação da era atual, os contínuos movimentos do amor divino passeiam através do universo, gerando nova esperança para as eras. Assim, a maravilha de seu amor é medida pelos próprios passos de seu coração. E há um foco, um lugar preparado dentro do coração de cada um, onde ele pode vir a morar para sempre, se o homem assim o desejar.

Tudo o que o homem é e faz acontece pela graça de Deus. Assim, nos esforços da graça divina dentro do homem, essas obras espirituais, das quais sua fé é somente um símbolo, realmente aparecem. Essa substância das coisas que se esperam e aprova das coisas que não se vêem[97] também pode ser mantida pelo homem como uma dádiva divina. Os que desejam aumentar a fé podem pedir por uma intensificação da medida da graça dada a eles e testemunhar o milagre da vida imortal à medida que se apresenta diante deles a magnífica fé do cosmos em seu próprio destino fulgurante.

Esperança é uma virtude muito necessária, abençoados corações de amor, e não estou falando da esperança de realizações pessoais através de outros, mas da boa esperança de aguardar em silêncio, dia e noite, a salvação do Senhor.[98] E quando o triunfo da fé de um indivíduo o trouxer, finalmente, por entre a névoa da dúvida e da auto-ilusão, ao fogo do propósito cósmico, quão verdadeiramente maravilhoso será o conselho de Deus para cada um a respeito de sua vida, que é tão preciosa.

Cada vida, como um medalhão em torno do pescoço do Deus vivente, é a realização de um desejo que Ele teve ao criar a alma, um desejo de expressão criativa e dos melhores presentes para adornar o Cristo que nasce em cada um de seus filhos. Ó, humanidade, então não ireis vós, para sempre, abrir mão das terríveis lutas em que tendes gasto vossas energias? Pois em vosso atual estado de limitação da autoconsciência, em vez de alcançardes o plano divino, alcançais apenas a recompensa cármica da lei do retorno. E, devido aos vossos próprios pensamentos maléficos a respeito uns dos outros — muitas vezes baseados em meras conjecturas —, permaneceis no rumo da roda cármica que continua girando até trazer à vossa porta o mal que, se não for controlado hoje, poderá amanhã destruir o próprio tecido de vossas almas.

Ireis, então, por pura afinidade do vosso coração com o coração de Deus, aprender a ser pacientes com indivíduos em vários níveis de desenvolvimento? Não deveis esperar muito daqueles que, ainda nos primeiros degraus da escada da vida, pulam como crianças diante do que, para vós, parece apenas uma bijuteria ou quinquilharia sem valor. Um dia, eles também compreenderão os valores infinitos como vós os compreendeis e, nesse momento, os sinos da alegria dobrarão e os anjos do Céu se regozijarão pela superação das condições indesejáveis, seja por um indivíduo ou por um segmento da humanidade.

É uma pena que os homens não compreendam a necessidade de expressar paciência diante das várias porções da vida! Quando estão como os receptores desta e de outras dádivas de Deus, estendem mãos esperançosas. Como é importante que o homem aprendesse não apenas a receber a misericórdia de Deus, mas também a estendê-la graciosamente aos outros.

Vamos, então, construir uma torre de luz e esperança no mundo. Uma torre que mova os interesses dos homens e suas intenções do mundano para o celestial, resgatando-o das trevas lodosas dos fracassos e tolices, e polarize sua consciência para o objetivo do renascimento do Cristo. Assim, nos moveremos na direção da suave realização crística que ressoará como um repique dos sinos do propósito universal, tornada disponível a todos por ter sido alcançada por um.

Com estes pensamentos em meu coração, permaneço, de forma devota

Vossa Mãe espiritual,

Maria

Retiro da Espiral da Ressurreição
Colorado Springs, Colorado
24 de outubro de 1971

PARTE DOIS

O Aspecto do Amor da Chama do Cristo

Oito Mistérios do Rosário Oferecidos
pela Mãe a Seus Filhos

Naqueles dias levantou-se Maria, foi apressadamente às montanhas, a uma cidade de Judá, entrou na casa de Zacarias e saudou Isabel.

Ao ouvir Isabel a saudação de Maria, a criancinha saltou no seu ventre, e Isabel foi cheia do Espírito Santo.

Exclamou ela em alta voz: "Bendita és tu entre as mulheres, e bendito é o fruto do teu ventre!

"De onde me provém que me venha visitar a mãe do meu Senhor? Ao chegar-me aos ouvidos a voz da tua saudação, a criancinha saltou de alegria no meu ventre."

Bem-aventurada aquela que creu que se cumprirão as coisas que da parte do Senhor lhe foram ditas.

Lucas 1: 39-45

1

Formas de oração cristã e o desenvolvimento do rosário

Jesus ensinou aos seus discípulos como rezar o Pai-nosso, dizendo: "Mas Tu, quando orares, entra no teu aposento e, fechando a tua porta, ora a teu Pai que está em secreto. E teu Pai, que vê secretamente, te recompensará."[1] Por estas palavras, seus seguidores souberam que para rezar de forma efetiva deviam entrar no Santo dos santos, no núcleo de fogo branco do ser, focalizar na chama da vida flamejante que está sobre o altar do coração.

Esta chama trina do amor, sabedoria e poder ancorada no templo do corpo é a morada da consciência crística em cada homem, mulher e criança. Para entrar nesse claustro de unidade a fim de selar a consciência na indizível luz da Trindade, deveis assegurar que vossas energias estejam dedicadas ao sagrado serviço de Deus e do homem. A Presença do Pai, chamada de Presença do EU SOU, que mora no lugar secreto do Altíssimo e que é o núcleo flamejante do Corpo Causal, atende a todas as orações expressadas na câmara secreta do coração. A recompensa para as súplicas reverentes é sempre agraciada pela liberação das energias do Ser em manifestação tangível através do Mediador abençoado, o Santo Cristo Pessoal.

A repetição das orações, meditações e mantras, acompanhados pelo poder da Palavra falada, não precisa ser em vão, se for oferecida de forma sincera e científica. Pelo contrário, pela ação da luz, a verbalização das afirmações feitas em nome da amada Presença do EU SOU e do Santo Cristo Pessoal é a realização da Lei Cósmica. Esta lei foi dada a conhecer ao homem através dos profetas do Antigo e do Novo Testamento.

Por exemplo, Isaías escreveu, referindo-se ao trabalho das mãos do Senhor (a manifestação do seu Espírito nos planos da Terra), que o Santo de Israel disse: "Comandai-me."[2] Em outras palavras, Deus instruiu seus filhos e filhas que o comandassem a descer do Céu para realizar suas obras na Terra. A lógica desta afirmação, "Comandai-me", pode ser compreendida apenas à luz de certos princípios e preceitos das Leis de Deus, os quais Ele definiu. É nossa esperança que a partir desta passagem a humanidade consiga obter maior apreciação não apenas do rosário, mas também de todas as formas de oração.

Quando Deus criou o homem e a mulher, deu-lhes livre-arbítrio para serem co-criadores, junto com Ele, no plano da Matéria, dizendo: "Dominai sobre a Terra",[3] e entregou-lhes um mundo inteiro que pulsava com luz, vida e energia, a fim de que homem e mulher, criados à sua imagem e semelhança, pudessem exercer o livre-arbítrio, aprendendo o controle consciente das forças cósmicas através da iniciativa e da perspicácia, através da descoberta e da invenção. Assim, o casal foi enviado com um desafio e um *fiat* do Senhor: "*Vão!*" Para experimentar as forças da criação e para conquistar tempo e espaço — seja por seu gênio nato ou pelo método de tentativa e erro —, filhos e filhas de Deus espiralaram-se na forma.

Os lares planetários fornecidos pelos Elohim serviram de plataformas para a evolução da alma e da mestria sobre os quatro corpos inferiores. Cada planeta possui uma esfera de influência — um campo de força para experimentos, mas um campo que não é ilimitado. Por decreto solar, limites foram estabelecidos em torno de cada mundo e de cada sistema de mundos. Essas plataformas finitas, suspensas no infinito, foram planejadas e construídas para cada nova onda de vida, que consistia de milhões de almas criadas pelo Deus Pai-Mãe com uma origem e destino comum.

Pelo fato de seus usos da energia criativa ainda estarem em estágio experimental, e devido ao fato de que a correta aplicação do livre-arbítrio ainda não havia sido testada e reconhecida, pares de almas como Adão e Eva tiveram a permissão de se auto-expressarem dentro dos limites prescritos como fronteiras de sua habitação. Essas fronteiras, na verdade fronteiras de amor, não poderiam nem deveriam ser quebradas até que o homem e a mulher pudessem provar por si mesmos que eram dignos de penetrar no infinito com perfeição, escolhendo conscientemente a vontade de Deus para reforçar a absoluta bondade de sua criação manifesta.

Tendo transferido para o homem a administração do seu mundo, tendo dado a ele o direito de governar sobre o reino que chamou de estrado de seus pés,[4] o Senhor se retirou, a fim de que seus filhos e filhas pudessem demonstrar sua determinação e seu desejo de usar a liberdade adquirida para glorificar Deus no homem e para usar as energias de Deus para moldar seu destino divino no plano da Matéria. Se o homem quisesse que Deus tomasse parte de sua vida, se quisesse que ele fosse parte de seu domínio sobre a Terra, teria de lhe pedir isso. Por sua própria Lei, definida em função da necessidade de deixar que o homem e a mulher passassem pela prova, Deus, a não ser que fosse convidado, não só não iria como não poderia interferir nas vidas de seus filhos e filhas.

Assim que o homem submetesse a Deus o livre-arbítrio que a Divindade lhe oferecera e dissesse: "Não se faça a minha vontade, mas a tua",[5] Deus, então, poderia e iria interceder em nome do homem que criara, ajudando-o em cada passo do caminho. A submissão total por parte do homem — da sua vontade, vida, energias e propósitos — permitiria que Deus manifestasse a completa unidade da qual Jesus falou, ao dizer "Eu e meu Pai somos um" — que equivale a dizer: "Eu e meu Pai somos um na vontade, na vida, no fluxo de energia e no propósito cósmico." À luz deste conhecimento, somos capazes de compreender mais claramente o porquê de o Senhor ter instruído seus filhos e filhas a comandá-lo no mundo da Matéria. Sem esse comando, nem Ele nem ninguém nas hostes celestes é livre para atuar no domínio do homem.

Deus não atuará — nem pode, de acordo com Sua própria Lei — em nossas vidas diárias nem em nosso mundo, a não ser que nós, através da prece correta e da ação conscientemente acertada, O invoquemos de livre e espontânea vontade para que Ele surja em meio a nós. Pois o próprio Senhor disse: "*Porque* ele me ama, eu o livrarei; pô-lo-ei num alto retiro, *pois* conhece o meu nome (*porque* o homem conheceu e afirmou o nome de Deus como o EU SOU o que EU SOU). Ele me invocará, e eu lhe responderei; estarei com ele na angústia, livrá-lo-ei e o glorificarei. Dar-lhe-ei abundância de dias, e lhe mostrarei minha salvação."[6] Esta é uma aliança feita entre Deus e o homem, que o Senhor só pode manter quando o homem prova que o ama através de devoções diárias, quando afirma o nome de Deus como o *fiat* do Ser, e quando clama diretamente a Deus em busca de auxílio.

A afirmação "O chamado compele a resposta" é muito conhecida do iniciado da Senda. Quando o Senhor diz "Comandai-me", Ele nos está dizendo que o chamado do homem vai obrigar uma resposta de Deus. Sem o chamado, não haverá resposta. Assim, compreendemos que existe necessidade de o homem invocar as energias de Deus com a autoridade do Cristo — para efetivamente comandar a vida a manifestar a perfeição do "Venha o teu reino" e "Assim na Terra como no Céu".[7] A respeito desse ritual de comandar a Lei do Senhor, está igualmente registrado no livro de Jó: "Determinando Tu algum negócio ser-te-á firme, e a luz brilhará em teus caminhos."[8]

A autoridade para rezar e decretar, que o Senhor deu a seus filhos e filhas, foi claramente reforçada por Jesus quando ele disse: "Se dois de vós concordarem na Terra acerca de qualquer coisa que pedirem, ser-lhe-á concedida por meu Pai, que está nos céus."[9]

Jesus também ensinou a seus discípulos a rezarem ao Pai em seu nome, dizendo: "Tudo o que pedirdes a meu Pai, em meu nome, ele vos dará."[10] Assim, os primeiros cristãos rezavam ao Pai sem cessar invocando o nome de Jesus, o Cristo, ou o faziam simplesmente em nome do Cristo.

O próprio Jesus tinha o hábito de rezar fervorosamente a seu Pai. Ele rezava nas montanhas, nos desertos, no mar e sempre que intercedia pelos doentes e pelos pecadores. Às vezes, rezava sob a forma de súplica, como no Jardim de Getsêmane, quando disse: "Meu Pai, se queres, passa de mim este cálice, todavia, não se faça a minha vontade, mas a tua." Havia momentos em que a sua oração era um *fiat*: "Levanta-te, toma tua esteira e anda!... A tua fé te salvou!... Os teus pecados estão perdoados!" Em outras ocasiões, ele rezava através de um apelo direto e fervoroso, gritando "em alta voz", como no caso da ressurreição daquele que já estava morto há quatro dias: "Lázaro, vem para fora!" Ele também comandava os elementos com o seu "Paz, aquieta-te!", e não hesitou em repreender o adversário diretamente com as palavras: "Afasta-te de mim, Satanás!"[11]

Em suas últimas horas, Jesus ergueu os olhos para o Céu e falou com o Pai diretamente, mostrando a necessidade que cada filho e filha de Deus tem de rezar fervorosamente pelas almas e pela evolução da humanidade. Naquele momento, ele disse: "Eu rogo por eles. Não rogo pelo mundo, mas por aqueles que me deste, pois são teus. Tudo o que tenho é teu, e tudo o que tens é meu. E neles sou glorificado (...) Eu não rogo somente por estes, mas também por aqueles que pela sua palavra hão de crer em mim. Para que todos sejam um, como tu, ó Pai, o és em mim, e eu em ti. Que eles também sejam um em nós, para que o mundo creia que tu me enviaste."[12]

O apelo apaixonado a Pedro, "Apascenta as minhas ovelhas",[13] dito três vezes, provou o forte desejo que permaneceu em seu coração nesses 2 mil anos, para que seus seguidores conseguissem suprir as necessidades de toda a humanidade através das orações de intercessão e da ministração do amor. E não seria esta uma oração à verdadeira chama crística de Pedro, sobre a qual ele construiu sua Igreja,[14] um pedido para que a igreja chefiada pelo Vigário de Cristo o servisse através do serviço à luz em todos os membros que formam o corpo de Deus sobre a Terra?

A mais eloqüente bênção do Pai através do Filho, uma bênção de todas as facetas da consciência crística expressas na humanidade, foi dada por Jesus em seu Sermão da Montanha. Esta também é uma forma de oração que ele classificaria como afirmação da verdade, que libera as bênçãos do Corpo Causal uns dos outros: "Bem-aventurados os mansos, porque eles herdarão a Terra (...) Bem-aventurados os puros de coração, porque eles verão a Deus. Bem-aventurados os pacificadores, porque eles serão chamados filhos de Deus. Bem-aventurados os que sofrem perseguição por causa da justiça, porque deles é o Reino dos Céus."[15]

Os ensinamentos de Jesus foram enriquecidos pelos mantras que recebeu de seu professor, o Senhor Maitreya, durante o período em que percorreu os Himalaias, entre os 12 e os 30 anos. Estes e outros mantras ensinados nos retiros dos mestres do Himalaia se transformaram nas meditações do "EU SOU", ensinadas ao seu pequeno círculo de devotos e, nos dias de hoje, são recitadas por místicos cristãos em todo o mundo: "Eu sou a ressurreição e a vida (...) Eu sou a luz do mundo (...) Eu vim para que tenham vida, e a tenham em abundância (...) Eu sou o caminho, a verdade e a vida (...) Eu estou no Pai e o Pai está em mim."[16]

Desse modo, na história de 2 mil anos de preces cristãs, Jesus deu o exemplo de comunhão com o Pai através da oração e intercessão, não apenas como uma vida de amor em ação, mas também nas conversas do amado Filho com o amado Pai. Todas essas formas têm o seu lugar nos rituais cristãos. Na tradição do próprio Mestre, que ensinava os cristãos a rezarem para o Pai em seu nome, e através dos anos, muitas formas legítimas de prece evoluíram, ao mesmo tempo em que a percepção da consciência humana do Cristo também evoluiu.

Do início dos séculos desde o nascimento de Enos, o filho de Seth, que foi o filho de Adão,[17] os homens invocaram o nome do Senhor. E, como dizia Paulo, este som percorreu toda a Terra e suas palavras alcançaram os confins do mundo.[18] A utilização de pedrinhas ou contas enfileiradas em um cordão e guardadas no bolso tem sido, há muito tempo, uma forma de contar as orações, tanto nas tradições do Oriente quanto nas do Ocidente, sob a forma de cânticos de louvor ao Senhor, em súplicas e em canções. A promessa de salvação através do chamado ao nome do Senhor[19] levou os devotos do Espírito Santo a afirmarem não apenas o sagrado nome de Maria e de Jesus, mas também o "EU SOU o que EU SOU" (no Ocidente) e o sagrado Aum (no Oriente).

A forma do rosário pode ser investigada no passado, no século IX, na Irlanda, onde os monges recitavam os 150 Salmos de Davi diariamente. Os camponeses, pouco letrados, queriam se juntar às devoções, e lhes foi então permitido substituir cada salmo pela Oração do Senhor (o Pai-Nosso). Enquanto no Oriente as invocações eram para Brahma, Vishnu e Shiva, além de Durga, que servia de intermediário entre o triunvirato celestial, na Europa, muitos devotos de Maria recitavam a saudação Angélica de Gabriel: "Ave, Maria, cheia de graça, o Senhor é contigo."[20] A isto foi acrescentada a saudação de Isabel a Maria: "Bendita és tu entre as mulheres e bendito é o fruto do teu ventre."[21] A partir dessa época, aqueles que buscavam a Virgem como Mãe de Cristo e como Mediadora do Pai começaram a oferecer-lhe suas preces sob a forma de um buquê de rosas. Nessa ocasião, tais preces se transformaram em um importante ritual cristão, que recebeu o nome de rosário (do latim *rosarium*, que significa jardim de rosas).

Por ocasião da aparição de Nossa Senhora a Santa Matilde, a Mãe Abençoada explicou a saudação:

"Minha filha, quero que saibas que ninguém pode me deixar mais satisfeita do que ao dizer a saudação que a mais adorável Trindade me enviou através do anjo, e pela qual fui elevada à suprema dignidade da Mãe de Deus. Através da palavra Ave (que representa o nome Eve ou Eva), aprendi que Deus, em seu infinito poder, preservou-me de todos os pecados e da tristeza que os acompanha e aos quais a primeira mulher se sujeitou. O nome *Maria*, que significa 'senhora de luz', mostra que Deus me preencheu com sabedoria e luz, como uma estrela brilhante, para iluminar o Céu e a Terra. As palavras *cheia de graça* me recordam que o Espírito Santo me cobriu de tantas graças que me tornei capaz de distribuí-las em abundância aos que me pedem, utilizando-me como Mediadora.

"Quando as pessoas dizem o *Senhor é convosco*, renovam a indescritível alegria que senti quando o Verbo tornou-se carne em meu ventre. Quando dizeis a mim, *bendita sois vós entre as mulheres*, louvo a divina misericórdia de Deus Todo-Poderoso que me elevou a esse plano exaltado de felicidade. E ao ouvir as palavras *bendito é o fruto do vosso ventre, Jesus,* todo o céu se regozija comigo ao ver meu Filho Jesus Cristo adorado e glorificado por ter salvo a humanidade."

A terceira parte da Ave-Maria foi inspirada pelo Concílio de Éfeso, em 470 d.C. O trecho "Santa Maria, Mãe de Deus, rogai por nós, pecadores, agora e na hora da nossa morte" configurou a heresia nestoriana, estabelecida por Anastácio,* que dizia: "Não devemos chamar Maria de Mãe de Deus, pois Maria foi um ser humano, e é impossível que Deus pudesse nascer de um ser huma no."[22] Através desta afirmação adicional, porém, o Concílio de Éfeso afirmou a Maternidade de Deus para toda a cristandade.

Nossa Senhora explicou o seu título de Mãe de Deus aos Guardiães da Chama: "EU SOU uma Mãe Cósmica, e sou tanto vossa Mãe como sou a mãe do amado Jesus. Alguns dos que seguem a

---

*Capelão de Nestório, patriarca de Constantinopla. (*N. do T.*)

fé cristã chamam-me de Mãe de Deus. Para os que pertencem ao ramo protestante do cristianismo ortodoxo, isso soa como sacrilégio, pois os homens podem se perguntar: 'Quem é digna de ser a Mãe de Deus?' Este conceito, porém, quando entendido como a mãe da encarnação do Espírito Divino, revela a gloriosa verdade de que todas as mães que compreendem aquilo que foi dito — 'O Verbo se fez carne, e habitou entre nós'[23] — podem ser também a Mãe de Deus."[24]

Ser mãe significa dar à luz, criar, cuidar e proteger. Portanto, ser a Mãe de Deus significa dar à luz, criar, cuidar e proteger sua chama na Terra. Ser mãe da chama do Espírito no plano da Matéria é a vocação do raio feminino, tanto no homem quanto na mulher. Aquele homem e aquela mulher que Deus criou à sua imagem e semelhança não podem encontrar a realização plena na Terra se não servirem de mãe e nutrirem a chama da vida neles mesmos e nesses pequeninos. Como somos vazios e solitários, nós, pobres mortais, e como é vão o significado de nossa frágil existência quando deixamos de abraçar nossa mais elevada vocação — ser fértil e multiplicar a chama do Altíssimo neste mundo, que é nosso campo de provações para a maravilha eterna que há de vir.

Maria é a linda donzela do amor nos nossos corações. Ela nos mostra não apenas como amar e adorar o Pai, mas também como atrair sua luz, a fim de ancorá-la no plano da Matéria ao dar nascimento à Divina Criança, o Divino Filho Varão. Ela nos ensina que, através da exaltação do raio feminino, toda mulher pode se transformar na Mulher vestida do Sol,[25] da justiça e que, pelo seu cuidado na aplicação da Lei, toda mulher pode usar a coroa de 12 estrelas, como sinal de obtenção das 12 virtudes divinas. Ela nos mostra como Eva pode retornar ao estado de graça no jardim do paraíso, colocando a lua, que simboliza a miragem do maia, sob seus pés.

Maria realmente estabeleceu o padrão para a liberação da mulher nesta e em todas as eras. Se queremos realmente ser liberados, devemos segui-la até o fim do caminho — e esse caminho é a consagração de nosso corpo, alma e mente — para a nutrição da semente de Alfa em todo o cosmos, que é o corpo de Ômega.

Contemplem não apenas uma, mas as muitas mães de Deus! Deixem que o dragão nos desafie a todas, pois permaneceremos unidas como uma só, sob a autoridade do Cristo e o escudo de Miguel, o arcanjo, a fim de realizarmos nosso destino cósmico! Este é o brado das mulheres da Nova Era em toda parte. Ser a mãe de Deus é nossa razão de ser, e podemos, por graça Dele, proclamar a vitória da luz por todas as eras que ainda hão de vir. Obrigado, Maria, por nos mostrar o caminho!

Pois Nossa Senhora assim falou: "O Cristo deve nascer em todo homem e mulher. A semente crística deve ser nutrida e expandida como a chama trina de amor, sabedoria e poder, exercendo domínio sobre todos os conceitos ideológicos do homem, sobre todos os assuntos teleológicos* prescritos pela Lei Cósmica e governando de forma suprema como função principal da vida. Então, EU (a chama divina em mim) automaticamente me torno (já que a chama divina em mim é assim consagrada) a Mãe Cósmica de cada filho e filha do Céu. Então vós, automaticamente, vos tornais aquilo a que haveis consagrado as energias de vossa Presença do EU SOU. Aquilo que EU SOU podeis também vos tornar, se assim o desejardes, pelo poder e autoridade do EU SOU."[26]

As Ave-Marias rezadas mais tarde pelos cristãos europeus fortaleceram a devoção à Mãe, encorajando a maior expansão do rosário no século XIII. Novas formas de rosário foram surgindo. Cento e cinqüenta Louvores a Jesus, devoções que relacionavam os Salmos à vida de Jesus, foram compostos. E, logo depois desta forma de rosário entrar em uso, os 150 Louvores a Maria surgiram.

---

*Teleologia — Teoria segundo a qual o processo histórico da humanidade é explicável como um trajeto em direção a uma finalidade, a qual, em última instância, é a realização plena e viável do espírito humano. (*N. do T.*)

Quando apenas 50 desses Louvores a Maria são rezados, ele é denominado rosário.

Durante todo esse período, havia quatro formas distintas do rosário em uso:

1) 150 Pai-Nossos
2) 150 Ave-Marias
3) 150 Louvores a Jesus, e
4) 150 ou 50 Louvores a Maria.

A primeira combinação dessas quatro formas ocorreu no século XIV, quando Henry de Kalker, um monge cartusiano, sintetizou os Pai-Nossos e as 150 Ave-Marias, agrupando as Ave-Marias em grupos de dez, com um Pai-Nosso entre as dezenas.

Uma síntese posterior ocorreu em 1409, quando outro monge cartusiano, Dominic, o prussiano, anexou um pensamento retirado das vidas de Maria e de Jesus a cada uma das contas da Ave-Maria. As Ave-Marias foram novamente agrupadas em dezenas com um Pai-Nosso entre elas. Em 1470, o dominicano Alan de Rupe divulgou esse rosário específico em toda a Europa, popularizando de tal forma o uso desse formato que ele serviu de base para o rosário escritural dos dias de hoje.

As imagens do rosário se tornaram muito populares por volta de 1500, quando os entalhes em madeira começaram, pela primeira vez, a ser reproduzidos a um baixo custo. Devido à complexidade da impressão das 150 figuras para cada uma das contas da Ave-Maria, um novo rosário, com apenas 15 figuras (uma para cada Pai-Nosso) foi introduzido. Durante a Renascença, as 150 meditações para cada uma das Ave-Marias começaram a ser cada vez menos usadas, até que apenas os 15 pensamentos para os Pai-Nossos permaneceram, sobrevivendo como os 15 mistérios usados na Igreja Católica de hoje. Orações complementares ou meditações eram normalmente lidas antes de cada dezena, para aumentar os curtos mistérios. Um retorno à forma medieval do rosário teve início no século XX, com o surgimento de várias séries de meditações para a Ave-Maria na Alemanha, na Suíça e no Canadá.

Em uma manhã de outono de 1972, Nossa Senhora apareceu à Mãe da Chama durante sua meditação matinal, na torre do Retiro da Espiral da Ressurreição, dizendo: "Quero vos dar o ritual do rosário para Guardiães da Chama. Deverá ser um rosário escritural para aqueles que seguem os verdadeiros ensinamentos de Cristo, como nos foram ensinados pelos Mestres Ascensos, e para a chegada da Era de Ouro. Deverá ser usado como uma adoração universal à chama da Mãe, por pessoas de todas as fés. Pois, como sabeis, a saudação 'Ave Maria' simplesmente significa 'Ave, raio da Mãe'* e é uma afirmação de louvor à chama da Mãe presente em todas as partes da vida. A cada vez que é pronunciada, evoca a ação da luz da Mãe nos corações de toda a humanidade.

"Portanto, o rosário é um ritual sagrado, pelo qual todas as crianças de Deus podem encontrar seu caminho de volta à sua imaculada concepção no coração da Virgem Cósmica. O rosário para a Nova Era é o instrumento para a libertação da humanidade do sentimento de pecado e da doutrina errônea do pecado original. Pois todas as almas são imaculadamente concebidas por Deus Todo-Poderoso, e Deus, o Pai, é a origem de todos os ciclos de ser do homem. Aquilo que é concebido em pecado não vem de Deus e não tem o poder nem a permanência da realidade. Tudo o que é real, é de Deus; tudo o que é irreal, vai se dissolver, à medida que a humanidade se tornar una com a chama da Mãe. O oferecimento diário do rosário é uma forma certa de alcançar essa unidade."

Como mencionamos no prólogo deste livro, Nossa Senhora divulgou um rosário para cada um dos sete raios da luz crística, para ser usado a cada manhã da semana, e também um rosário para o oitavo raio, para ser usado no domingo à noite. Um rosário para

---

*No original em inglês *Ma-ray* = Raio da Mãe. (*N. do T.*)

cada um dos cinco raios secretos do Espírito Santo foi dado com o propósito de se obter a comunhão com o Paracleto nas cinco noites da semana. Estes mistérios descrevem os testes que a alma tem de enfrentar, as demonstrações da Lei que tem de apresentar e as tentações que tem de superar, antes que o devoto da Mãe e do Filho se integre completamente na consciência do Cristo. Maria prometeu ainda divulgar um 14º rosário, explicando que esse seria diferente dos outros, e que seria revelado quando as pessoas tivessem acumulado um *momentum* de devoção ao oferecer os 13 rosários. Sem dúvida, todos esses rosários preparam o discípulo para as iniciações na Senda, que são narradas nos respectivos mistérios.

A evolução do sempre transcendente formato do rosário manifestou-se na mensagem de Maria a respeito da recitação adequada da Ave-Maria. A terceira parte da Ave-Maria não é bíblica, e foi adicionada pelo Concílio de Éfeso, "Santa Maria, Mãe de Deus, rogai por nós, pecadores, agora e na hora de nossa morte", afirmando com sucesso a Maternidade de Maria em relação a Deus. Entretanto, também designou para o homem o papel de pecador, enfatizando a morte como o fim da vida do pecador. Maria disse que os Guardiães da Chama não devem afirmar sua natureza pecadora, e sim sua merecida herança como filhos e filhas de Deus. Da mesma forma, não deveriam evocar a hora da morte, e sim a hora da vitória.

A Mãe de Jesus, portanto, pediu à Mãe da Chama para que ela ensinasse aos Guardiães da Chama a rezar por sua intercessão "agora e na hora da nossa vitória sobre o pecado, a doença e a morte", atraindo dessa forma a atenção do suplicante para a hora da vitória, a despeito de todas as condições de tempo e espaço, conforme seu Filho abençoado provou em sua vida, bem como na hora de sua vitoriosa ascensão. Ela afirmou que a "hora da vitória" é a 11ª hora, quando toda vigilância é necessária para cancelar a reação da cauda do dragão descrita por São João, no livro do Apocalipse, o dragão que se irou contra a mulher e foi fazer guerra aos demais filhos dela.[27] Nossa Senhora prometeu dar assistência aos Guardiães da Chama, aos discípulos de Cristo e aos devotos da chama Mãe a obterem a vitória, bem como a toda a humanidade, se eles rezassem dessa forma para ela:

> Ave Maria, cheia de graça,
> O Senhor é convosco.
> Bendita sois vós entre as mulheres
> E bendito é o fruto do vosso ventre, Jesus.
> Santa Maria, Mãe de Deus,
> Rogai por nós, filhos e filhas de Deus,
> Agora e na hora de nossa vitória
> Sobre o pecado, a doença e a morte.

O conteúdo do Rosário Escritural para a Nova Era, que a Mãe Abençoada ditou em seguida, reflete o fluxo do Deus Pai-Mãe — de Deus como Pai e Deus como Mãe, revelado a João nas palavras "Eu sou Alfa e Ômega, o princípio e o fim".[28] A primeira adoração do rosário marca os quatro aspectos do ser de Deus como Pai, Mãe, Filho e Espírito Santo. Ao fazermos o sinal-da-cruz, estamos reforçando a consciência desses aspectos do corpo e da alma, mente e coração. A cruz latina (normalmente inserida na ponta do rosário) é o emblema das linhas convergentes do Espírito (Alfa) e da Matéria (Ômega), significando o lugar onde Cristo nasceu e onde as energias do Logos são liberadas para o planeta.

Tocando a testa, fazendo dela a ponta norte da cruz, dizemos "Em nome do Pai". Tocando o coração na ponta sul da cruz, dizemos "e da Mãe". Tocando o ombro esquerdo como a ponta leste da cruz, dizemos "e do Filho". Tocando o ombro direito como a ponta oeste da cruz, dizemos "e do Espírito Santo, Amém". Ao incluir o nome da Mãe em nossa saudação à Trindade, invocamos a consciência da Virgem Cósmica, que faz com que cada aspecto da Santíssima Trindade adquira um significado maior em nossa consciência evolutiva. De fato, Maria é a filha de Deus, a Mãe do Cristo e a noiva do Espírito Santo. Desempenhando o papel velado da contrapartida feminina de cada um dos aspectos do princípio masculino de Deus, ela é a mais habilitada para retratar para nós a natureza do Pai, do Filho e do Espírito Santo.

A segunda adoração do rosário, a Oração Diária do Guardião, é um credo universal, que deve ser afirmado por homens de todas as religiões. Enquanto o Credo dos Apóstolos abordava o tema da dispensação cristã, esta oração é uma declaração de fé que pode ser feita na Nova Era pelos filhos e filhas de Deus, onde quer que estejam — seja neste mundo ou em algum ponto além da Via Láctea —, pois ela focaliza a consciência na chama de Deus e não aprisiona a alma a doutrinas inventadas pelo homem nem a dogmas ultrapassados.

O Pai-Nosso do EU SOU de Jesus Cristo — o mesmo que ele ensinou ao seu círculo interno de discípulos há 2 mil anos — foi divulgado para o mundo inteiro no alvorecer da Era de Ouro em um ditado de Páscoa dado pelo amado mestre da Galiléia através do mensageiro Mark L. Prophet, em 14 de abril de 1963. Esta oração revela o nome de Deus como "EU SOU", a mesma revelação que foi dada a Moisés, quando Deus falou com ele em meio à sarça que ardia no fogo mas não se consumia, denominando-se EU SOU O QUE EU SOU.[29]

Com esta chave para o seu padrão de identidade, Deus revelou para as multidões ainda em evolução no tempo e no espaço o conhecimento da sua divindade potencial. Esta Presença flamejante — a Presença do EU SOU — foi vista tanto por Moisés quanto por Jesus como a sublime oportunidade de o homem se tornar um Ser Crístico. Ao usar o nome de Deus, EU SOU, como uma afirmação desse Ser, em cada uma das linhas do Pai-Nosso, o discípulo em sua terceira adoração do rosário, depois de exaltar o nome de Deus, EU SOU, está na realidade afirmando:

Deus em mim é (*a ação do*) vosso reino manifestado

Deus em mim é (*a ação da*) vossa vontade, que está sendo cumprida

Deus em mim é (*a ação do Ser*) na Terra assim como Deus em mim é (*a ação do Ser*) no céu

Deus em mim é (*a ação que*) dá a todos hoje o pão de cada dia

Deus em mim é (*a ação que*) perdoa neste dia a toda vida

Deus em mim é (*a ação que*) também é o perdão que ela me estende

Deus em mim é (*a ação que*) afasta todo homem das tentações

Deus em mim é (*a ação que*) liberta todo homem de qualquer situação nefasta

Deus em mim é (*a ação do*) reino

Deus em mim é (*a ação do*) poder e

Deus em mim é (*a ação da*) glória de Deus em manifestação eterna e imortal

Tudo isso Deus *é* em mim.

Afirmar dessa forma a ação do Criador na criação não é blasfêmia. Ao contrário, é a realização do julgamento do Senhor registrado no Livro dos Salmos: "Deus preside a grande congregação; julga no meio dos deuses (anuncia seus julgamentos através dos Mestres Ascensos): até quando defendereis os injustos e tomareis partido ao lado dos ímpios? (...) Eu disse: *Vós sois deuses*, vós sois todos filhos do Altíssimo."[30] Esta declaração do Senhor foi feita com a intenção de refutar as inverdades espalhadas pelo Grande Mentiroso e as acusações levantadas contra os filhos do Altíssimo pelo acusador dos irmãos,[31] especialmente as que afirmam que todos os homens são pecadores, concebidos em pecado e, por conseguinte, sem o potencial da bondade divina de se elevarem à perfeição da estatura do Cristo.

Por este erro fundamental na compreensão dos ensinamentos de Jesus predominar na teologia cristã, novamente apresentamos a Lei nestas páginas, para que aqueles que vão entrar na plenitude do espírito através do rosário possam ter o anteparo da Lei para reforçar sua fé e sua esperança na Segunda Vinda de Cristo, enquanto mantêm a chama da caridade com a Mãe Divina. Pois também ela reza sem cessar em prol dos filhos e das filhas de Deus, os quais, na chama da unidade, transformou em seus próprios.

Quando Jesus declarou sua Filiação divina e sua unidade com Deus ao dizer: "*Eu e meu Pai somos um*",[32] também declarou, não apenas para si mesmo, mas para todos os filhos e filhas de Deus, a grande Lei que permite ao Criador agir através de sua criação e, portanto, se tornar uno com ela. Pois a *ação* da unidade — o ato de ser um — é a única unidade que Deus e o homem podem compartilhar. Como testemunha dessa unidade ativa, Jesus afirmou: "Meu Pai trabalha até agora, e eu trabalho também."[33] Na verdadeira unidade de Deus e do homem, sempre que o homem afirma "Eu e meu Pai somos um" ou "EU SOU o que EU SOU", ele está reconhecendo a unidade indivisível de Deus em sua manifestação — o homem.

Depois de Jesus ter feito esta profunda declaração da Lei — a de que Deus e o homem são um só ser, e não entidades separadas —, está registrado que os judeus pegaram pedras, a fim de apedrejá-lo: "Disse-lhes Jesus: Tenho-vos mostrado muitos grandes milagres procedentes de meu Pai. Por qual destas obras pretendeis apedrejar-me? Responderam os judeus: Não te apedrejaremos por nenhum milagre, mas pela blasfêmia, porque tu, mero homem, te fazes Deus a ti mesmo. Respondeu-lhes Jesus: Não está escrito na vossa lei: 'Eu disse que sois deuses'? Se ele chamou deuses àqueles a quem a palavra de Deus foi dirigida e a Escritura não pode ser anulada, que dizer daquele a quem o Pai santificou e enviou ao mundo? Então, por que me acusais de blasfêmia porque eu disse 'Sou Filho de Deus'? Se não faço as obras de meu Pai, não me acrediteis. Mas se as faço, e não credes em mim, crede nas obras, para que possais saber e compreender que *o Pai está em mim e eu, nele.*"[34]

Como Jesus recebeu a ordem de Deus para dar "a todos os que o receberam e creram no seu nome" o poder de serem feitos filhos de Deus,[35] devemos reconhecer que receber o Cristo e acreditar no nome de Deus, EU SOU — o EU SOU o que EU SOU —, é começar a usar o mesmo potencial da nossa divindade que Moisés recebeu em primeira mão, por declaração do próprio Senhor, potencial que Jesus o Filho provou ao fazer as obras de seu Pai. A interpretação dos judeus estava essencialmente correta: quando alguém se declara filho de Deus através de uma afirmação de unidade, está se apresentando efetivamente como igual a Deus. Eles não conseguiam aceitar esta igualdade em Jesus porque não conseguiam aceitá-la neles mesmos. Não conseguiam ver a luz crística como a extensão do próprio Ser de Deus neles mesmos; por isso também não conseguiam vê-la como a extensão do ser Divino em Jesus.

Estamos dispostos a aceitar, como o apóstolo João, que "agora somos filhos de Deus"[36] e que nos tornamos dignos de ser chamados de filhos de Deus por acreditar na luz de Cristo que Deus colocou, não só em Jesus, mas também em todos os seus filhos e filhas. Pois esta é a luz, diz João, que ilumina *todo* homem que vem ao mundo. Estamos dispostos a aceitar o fato de que fomos feitos filhos de Deus ao acreditar no nome EU SOU. Portanto, se é verdade que, como Jesus disse, o filho de Deus está no Pai e o Pai está nele, temos então que acreditar também na afirmação do Todo-Poderoso de que somos deuses. Entendemos que isso significa que temos o *potencial* para manifestar Deus, de ser a *ação* de Deus no plano da Matéria, pelo próprio fato de nossa indissolúvel unidade com Ele.

A fim de usarmos corretamente o nome de Deus, EU SOU, como afirmação do Ser e como afirmação da ação do Ser, precisamos antes estar convencidos da nossa unidade com Deus através da correta interpretação das Suas Leis. Pela graça de Deus, a afirmação dessas Leis não foi inteiramente removida das Sagradas Escrituras. Os que se propõem a examinar a Bíblia à luz da verdade histórica, bem como sob a luz dos ensinamentos dos Mestres

Ascensos, começarão a compreender que a doutrina do pecado original e a crença de que o homem é pecador por natureza não foi originada nem nas Leis de Deus nem nos ensinamentos de Jesus.

Depois de aliviados do pesado fardo do pecado e do próprio senso de pecado, a humanidade poderá verdadeiramente afirmar sua unidade com Deus, a qual poderá ser alcançada apenas através do Cristo, o Mediador — o único Filho unigênito de Deus. Assim como existe apenas um Deus, um Senhor, também existe apenas um Cristo. Da mesma forma que Deus individualizou-se na Presença do EU SOU para cada um, ele também individualizou o Cristo para cada um de nós, no Cristo Pessoal e na Chama Crística que arde no altar dos nossos corações, sustentando a vida como uma oportunidade para a unidade.

Continuando com nossa análise das adorações do rosário, vemos que as três Ave-Marias que compõem a quarta adoração determinam o padrão para todo o rosário, na chama trina da fé, esperança e caridade, na vontade de Deus, na sua sabedoria e no seu amor. Através desta trindade unificada, e também nela — na união do Pai, do Filho e do Espírito Santo —, a ação das adorações que se seguem é multiplicada pelo poder do três vezes três para a salvação da humanidade.

O "Chamado ao Sopro de Fogo", como a quinta adoração do rosário, é o chamado ao Espírito Santo, que soprou nas narinas do homem o fôlego da vida, tornando-o alma vivente.[37] Novamente afirmamos, usando as energias espirituais liberadas pelo nome de Deus, EU SOU, que *Deus em mim é a ação do* sopro de fogo que vem do coração de Alfa e Ômega, chamas gêmeas que representam o Deus Pai-Mãe no próprio centro do cosmos. Deus em mim é a ação do conceito imaculado — o padrão puro, a matriz divina — da sua integridade, pureza e amor originais manifestados onde quer que o homem esteja. Este chamado é um ritual sagrado que comemora a origem do homem em Deus e o dom da vida que o Espírito Santo nos concedeu.

As "Afirmações Transfiguradoras", que são feitas como a sexta adoração do rosário, foram igualmente ditadas por Jesus o Cristo, através do mensageiro Mark L. Prophet, da mesma forma que o mestre as ensinou ao seu círculo interno de discípulos. Como no Pai-Nosso, elas afirmam, pelo poder do EU SOU o que EU SOU, que

Deus no homem é (*a ação da*) porta aberta que nenhum homem pode fechar

Deus no homem é (*a ação da*) luz que ilumina todo homem que vem ao mundo

Deus no homem é (*a ação do*) Caminho

Deus no homem é (*a ação da*) Verdade

Deus no homem é (*a ação da*) Vida

Deus no homem é (*a ação da*) Ressurreição

Deus no homem é (*a ação da*) Ascensão na Luz

Deus no homem é (*a ação da*) satisfação de todas as minhas necessidades e carências

Deus no homem é (*a ação da*) abundância derramada sobre toda a vida

Deus no homem é (*a ação da*) visão e audição perfeitas

Deus no homem é (*a ação da*) manifesta perfeição do Ser

Deus no homem é (*a ação da*) ilimitável Luz de Deus manifestada por toda parte

Deus no homem é (*a ação da*) Luz do Santo dos Santos

Deus no homem é (*a ação de*) um Filho de Deus

Deus no homem é (*a ação da*) Luz na sagrada montanha de Deus

Em cada uma das cinco dezenas que formam o corpo do rosário, o Pai-Nosso do EU SOU de Jesus, as dez Ave-Marias e o Glória ao Pai ancoram um dos raios secretos de Cristo no coração do devoto para sua mestria pessoal e sua entrada no Santo dos santos, conhecido como o núcleo de fogo branco do Ser. Essas 12 partes de cada uma das cinco dezenas são um tributo à unidade do Deus Pai-Mãe.

DIAGRAMA DO ROSÁRIO

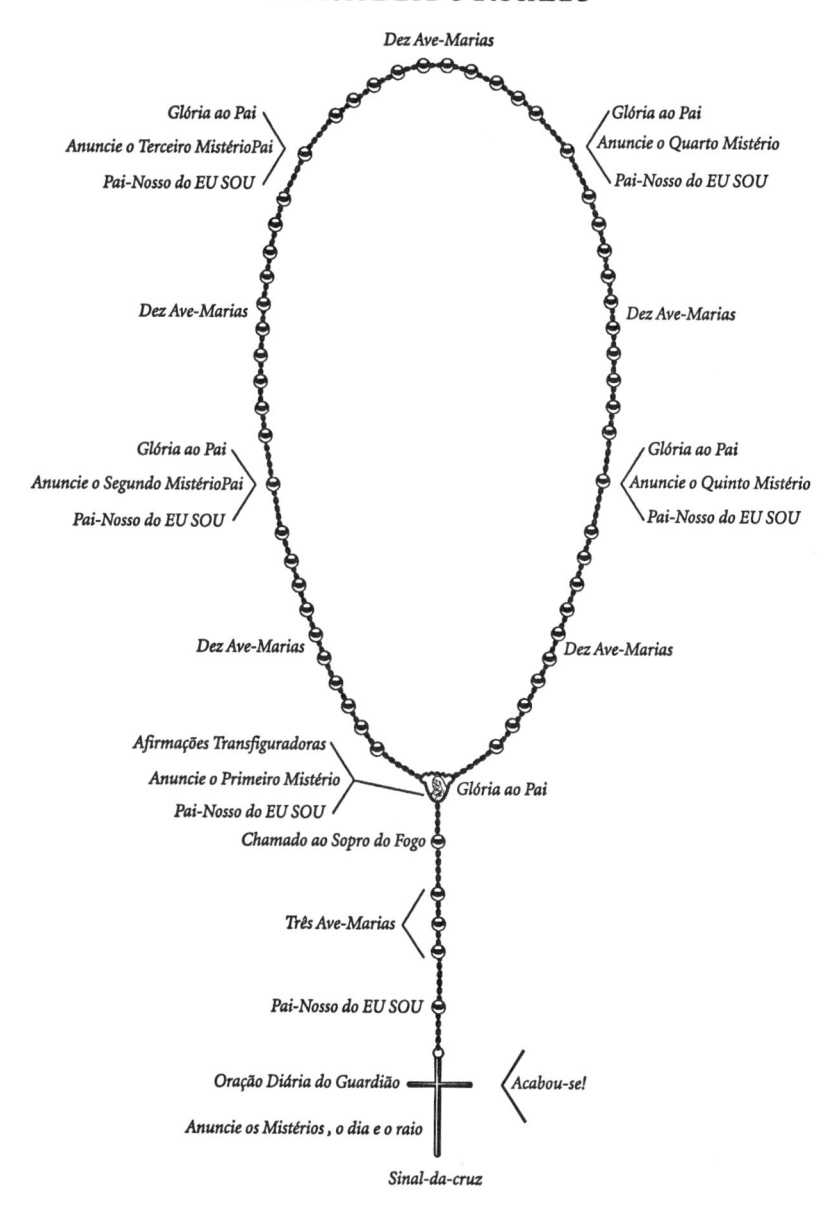

Dez Ave-Marias

Glória ao Pai
Anuncie o Terceiro MistérioPai
Pai-Nosso do EU SOU

Glória ao Pai
Anuncie o Quarto Mistério
Pai-Nosso do EU SOU

Dez Ave-Marias

Dez Ave-Marias

Glória ao Pai
Anuncie o Segundo MistérioPai
Pai-Nosso do EU SOU

Glória ao Pai
Anuncie o Quinto Mistério
Pai-Nosso do EU SOU

Dez Ave-Marias

Dez Ave-Marias

Afirmações Transfiguradoras
Anuncie o Primeiro Mistério
Pai-Nosso do EU SOU

Glória ao Pai

Chamado ao Sopro do Fogo

Três Ave-Marias

Pai-Nosso do EU SOU

Oração Diária do Guardião

Acabou-se!

Anuncie os Mistérios, o dia e o raio

Sinal-da-cruz

Siga da esquerda para a direita, no sentido horário, começando com o
Sinal-da-cruz e terminando com *Acabou-se!*

O Pai-Nosso, a sétima oração na ordem das adorações, estabelece o fluxo das energias desde o altar do nosso coração retornando à fonte da vida de onde nós viemos. As dez Ave-Marias, oitava oração na ordem das adorações, são a dádiva da nossa devoção à Mãe Estrelar. Ela nos gerou no seu ventre cósmico e manteve para nós o conceito imaculado da nossa divindade dentro do seu coração de diamante. Pela ação do ritual do dez, a Mãe nos ajuda a superar todo o narcisismo e nos coroa com uma visão do reino dos céus, enquanto a coroamos com a grinalda do nosso amor. O Glória ao Pai, nona na ordem das adorações, é a nossa oferta de louvor cheio de alegria ao Deus Todo-Poderoso, pela vitória da Mulher vestida de Sol, que por sua vez nos concede o domínio do Divino Filho Varão.

O rosário termina com a afirmação que Jesus o Cristo fez na hora de sua entrega final e triunfo total, que se chama: "Acabou-se!" Esta décima adoração do rosário, nossa oferta ao Filho de Maria, dada em nome do Cristo vivo, sela as orações que oferecemos a Maria de forma abnegada, bem como as energias que ela nos dá através da corrente de retorno do seu amor. Estas foram as últimas palavras que Jesus pronunciou na cruz — ouvidas não pelos homens, mas por Deus, como a devoção final de seu Filho, "em quem", Ele declarou, "me comprazo".[38]

Quando apareceu para as crianças em Fátima, em 13 de julho de 1917, Nossa Senhora pediu que o Vigário de Cristo consagrasse a Rússia ao seu imaculado coração para prevenir uma grande destruição que, de outra forma, iria ocorrer lá: "Venho pedir a consagração da Rússia ao meu Imaculado Coração e a Comunhão de reparação nos primeiros sábados do mês. Se eles ouvirem meu pedido, a Rússia se converterá e haverá paz. Se não, ela vai espalhar seus erros por todo o mundo, provocando guerras e perseguições à Igreja. Os bons serão martirizados, o Santo Padre sofrerá muito e várias nações serão aniquiladas."[39]

Como o Vigário de Cristo é o representante do Cristo, tanto quanto o Cristo Pessoal individualizado em cada um, o Cristo em nós nos dá a autoridade para implorar à Presença do EU SOU para consagrar a Rússia, e todas as energias de seu povo, ao Imaculado Coração de Maria. Depois do Rosário Escritural para a Nova Era, pedimos à Mãe Abençoada que amplie esta consagração não apenas para o povo da Rússia, mas também para seus filhos na China, na América e em todo o mundo.

O Mestre ascenso El Morya (mais conhecido como São Thomas Moore), que fundou as atividades da Summit Lighthouse em 1958, endossou com entusiasmo o rosário divulgado por Nossa Senhora, quando disse, através de Mark: "Observei também a manifestação de vossas intenções durante o rosário espiritual que vos foi trazido pelas mãos da Mãe universal. Compreendeis que tudo o que fortalece em vós os elementos de devoção tende a curar as feridas do mundo? Pois não estais servindo apenas a vós, mas estais também realizando o propósito eterno da Fraternidade."[40]

Quando Nossa Senhora terminou de ditar o rosário, disse: "Esta é a chave. Se o corpo de estudantes dos ensinamentos a usar, a prática deste rosário diariamente vai fazer com que a chama da Mãe seja ancorada no mundo e evitará enorme destruição de vida humana nos dias que estão diante de nós."

Como retribuição pela nossa devoção e também pela grinalda de rosas entrelaçadas criada nas dez afirmações do rosário, Nossa Senhora nos fez a seguinte promessa: "Quando chegardes a um determinado ponto no vosso *momentum* de mestria de oferecimento do rosário, eu virei para junto de vós e colocarei ao redor do vosso pescoço um rosário de rosas feitas de estrelas de fogo — cada conta uma estrela de luz. E, nessa hora, sabereis que eu vim, pois sentireis a grinalda de luz à volta do pescoço. E será como uma recompensa pelo serviço fiel ao Imaculado Coração e à rosa que simboliza o desdobramento da chama da Mãe na consciência da humanidade."[41]

As hostes celestes aguardam as energias que liberamos ao oferecer o rosário para que possam, como retribuição, liberar sua energia em ação planejada em prol de todas as crianças de Deus na

Terra. Maria nos incentiva a oferecer o rosário enquanto o Céu se une a nós em devoção à Mãe amada e juntos rezamos pela salvação de toda a humanidade:

"Alguns dentre vós precisais manter o amor da Mãe para manter o equilíbrio. Assim, pedi que os rosários vos fossem transmitidos para que possais unir-vos ao *momentum* das vozes dos santos no Céu (...) Eles também se reúnem para fazer o rosário e unir suas vozes às vossas."[42]

Portanto, o Rosário da Nova Era consiste em dez passos rumo à nossa vitória no teste do dez, que é o teste da abnegação, do sacrifício e da renúncia. Afortunados são os que têm a oportunidade de seguir os passos de Jesus e de Maria até nossa submissão final, até nosso triunfo definitivo.

Ao fazermos o rosário, nos tornamos participantes dos 13 mistérios. E, através desta sagrada comunhão, nos tornamos parte do corpo (a substância) e do sangue (a essência espiritual) de Cristo. Ele, por sua vez, nos torna um com ele e com o Pai, conforme orou: "Para que sejam um, como nós somos um."[43] Além disso, compartilhamos da união mística que existe entre o Cristo e sua Igreja, a santa Jerusalém que de Deus desce do céu ataviada como uma noiva para o seu noivo.[44] Pelo oferecimento diário do rosário entramos na sagrada percepção da vida e na sagrada união com cada parte da vida, até na verdade nos tornarmos o próprio rosário, uma rosa de luz na grinalda da Mãe; e nos regozijamos por sermos uma estrela na sua coroa de infinita alegria.

Não apenas nos vemos como a rosa estrelar, mas nos movemos por toda a corrente de estrelas. Confinados a nenhuma e encarnando todas, nos tornamos verdadeiramente *um* nesta corrente flamejante do Ser, que é uma infindável sucessão de energia que flui: hierarquia-devoto, hierarquia-devoto, hierarquia-devoto — cada percepção consciente do Pai, da Mãe, do Filho e do Espírito Santo como um ponto focal de mundos que se desdobram, e de Deus que se torna mais de si mesmo no homem e do homem que transcende a si mesmo em Deus.

Dai ao Senhor, ó filhos dos poderosos, dai ao Senhor glória e força.

Dai ao Senhor a glória devida ao seu nome; adorai o Senhor na beleza da sua santidade.

A voz do Senhor ouve-se sobre as águas; o Deus da glória troveja; o Senhor está sobre as muitas águas.

A voz do Senhor é poderosa; a voz do Senhor é cheia de majestade. (...)

A voz do Senhor separa as labaredas de fogo.

Salmos 29: 1-7

2

Adorações do rosário

O Sinal-da-cruz

Em nome do Pai
e da Mãe
e do Filho
e do Espírito Santo,
Amém.

A Oração Diária do Guardião

Uma chama é Ativa —
Uma chama é Vital —
Uma chama é Eterna.

EU SOU uma Chama Divina de Amor radiante
Que emana do Coração de Deus
No Grande Sol Central,
E desce do Mestre da Vida!
O meu ser transborda agora
Com a suma Consciência Divina
E a Percepção Solar
Dos bem-amados Hélios e Vesta.

Peregrino na Terra,
Avanço cada dia pelo caminho
Da Vitória dos Mestres Ascensos
Que me conduz à Liberdade eterna
Pelo poder do fogo sagrado
Hoje e sempre,
Manifestando-se continuamente
Nos meus pensamentos, sentimentos e percepções,
Transcendendo e transmutando
Todos os elementos terrenos
Nos meus quatro corpos inferiores
E libertando-me, pelo poder do fogo sagrado,
Desses focos de energia corrompida presentes no meu ser.

EU SOU libertado neste instante de tudo o que escraviza
Pelas correntes da Chama Divina
Do próprio fogo sagrado,
Cujo efeito ascendente faz de mim
Deus em manifestação,
Deus em ação,
Por Ele guiado
E um só com Sua consciência!

EU SOU uma Chama ativa!
EU SOU uma Chama vital!
EU SOU uma Chama eterna!
EU SOU uma centelha de fogo em expansão
Originada no Grande Sol Central,
Atraindo a mim agora todos os raios
De divina energia de que necessito
E que nunca pode ser qualificada pela criação humana
E que me inunda de Luz
E da Divina iluminação de mil sóis

Para que exerça o domínio
E seja eternamente a suprema autoridade
Onde quer que EU esteja!

Onde EU estou, está Deus também.
Para sempre EU SOU um com Ele,
Intensificando minha luz
Com o sorriso do Seu esplendor,
A plenitude do Seu Amor,
A onisciência da Sua Sabedoria,
E o poder da Sua Vida eterna,
Que automaticamente me eleva
Nas asas vitoriosas da ascensão,
Que me farão regressar ao Coração de Deus
Do qual eu desci, na verdade,
Para cumprir Sua Vontade
E a todos manifestar a Vida abundante!

O Pai-Nosso do EU SOU
por Jesus, o Cristo

Pai-Nosso que estais no Céu,
Santificado seja o vosso nome, EU SOU.
EU SOU o Vosso Reino manifestado
EU SOU a Vossa Vontade que está sendo cumprida
EU SOU na Terra assim como EU SOU no Céu
A todos EU dou hoje o pão de cada dia
EU perdôo neste dia a toda a Vida
E EU SOU também o perdão que ela me estende
EU afasto todo homem das tentações
EU liberto todo homem de qualquer situação nefasta
EU SOU o Reino
EU SOU o Poder e
EU SOU a Glória de Deus em manifestação eterna e imortal —
Tudo isto EU SOU.

Ave-Maria

Ave, Maria, cheia de graça.
O Senhor é convosco.
Bendita sois vós entre as mulheres
E bendito é o fruto do vosso ventre, Jesus.

Santa Maria, Mãe de Deus,
Rogai por nós, Filhos e Filhas de Deus,
Agora e na hora da nossa Vitória
Sobre o pecado, a doença e a morte.

Chamado ao Sopro do Fogo

EU SOU, EU SOU, EU SOU o Sopro do Fogo de Deus
Que vem do coração dos bem-amados Alfa e Ômega.
Neste dia EU SOU o Conceito Imaculado
Expressando-se onde quer que eu vá.
Estou cheio de alegria,
Pois agora EU SOU a plena expressão do Amor Divino!

Minha amada Presença do EU SOU,
Sela-me agora no âmago
Do expansivo Sopro do Fogo de Deus.
Que sua pureza, integridade e amor
Sejam manifestados onde quer que eu esteja, hoje e sempre!

Aceito que isto se manifeste agora mesmo com pleno poder!
EU SOU esta manifestação imediata e com pleno poder!
EU SOU, EU SOU, EU SOU a Vida de Deus expressando
   Perfeição de todas as maneiras e a cada instante.
Isto que invoco para mim mesmo, invoco-o também para
   todo homem, mulher e criança neste planeta!

Afirmações Transfiguradoras
de Jesus, o Cristo

EU SOU o que EU SOU

EU SOU a Porta Aberta que nenhum homem pode fechar

EU SOU a Luz que ilumina todo homem que vem ao
mundo

EU SOU o Caminho

EU SOU a Verdade

EU SOU a Vida

EU SOU a Ressurreição

EU SOU a Ascensão na Luz

EU SOU a Satisfação de todas as minhas necessidades e
carências

EU SOU a Abundância derramada sobre toda a vida

EU SOU a Visão e a Audição perfeitas

EU SOU a manifesta Perfeição do Ser

EU SOU a ilimitável Luz de Deus manifestada por toda
parte

EU SOU a Luz do Santo dos santos

EU SOU um Filho de Deus

EU SOU a Luz na sagrada montanha de Deus.

Glória ao Pai

Gloria ao Pai

E ao Filho

E ao Espírito Santo!

Assim como era no princípio

É agora e será sempre

Vida sem fim —

EU SOU, EU SOU, EU SOU!

Acabou-se!
por Jesus, o Cristo

Acabou-se!
Terminada esta contenda,
Torno-me um com a Vida imortal.
Calmamente faço ressurgir minhas energias espirituais
Do grande tesouro do conhecimento imortal.
Os dias que contigo conheci, ó Pai,
Antes que o mundo fosse — dias de triunfo,
Em que todos os pensamentos do Teu Ser
Elevavam-se sobre os eternos montes da memória cósmica;
Vem de novo, enquanto medito sobre Ti.
Cada dia, ao evocar as Tuas lembranças do pergaminho do
   Amor imortal,
Vibro de novo de emoção.
Padrões maravilhosos de contemplar-se enlevam-me
Com a sabedoria do Teu plano criador.
Com tanto cuidado e beleza sou feito
Que ninguém pode destruir o Teu desígnio,
Ninguém pode roubar a beleza da Tua santidade,
Ninguém pode desencorajar o pulsar do meu coração
Numa expectativa quase impaciente
De ver a Tua plenitude manifestada em mim.

Ó, grande e glorioso Pai,
Como poderá um minúsculo pássaro criado na bem-
   aventurança hierárquica
Escapar à Tua compassiva atenção?
Eu valho mais que muitos pássaros,
E por isso sei que os Teus pensamentos de amor
Vêm até mim a cada dia,
Para me consolar na aparente solidão
Para me dar coragem,

Elevar meus conceitos,
Enaltecer meu caráter,
Inundar meu ser de virtude e poder,
Manter Tua taça de Vida transbordante em mim
E para em mim viverem para sempre
Junto da Tua celestial Presença.

Não posso falhar,
Pois EU SOU Tu mesmo agindo por toda parte.
Passeio contigo
Sobre o manto das nuvens.
Caminho contigo
Sobre as vagas e cristas da abundância aquática.
Movo-me contigo
Nas ondulações das Tuas correntes
Passando sobre os milhares de montes que compõem a
     crosta terrestre.
Estou vivo contigo
Em cada sarça, flor e erva.
Toda natureza conta em Ti e em mim,
Pois somos um só.
Eu estou vivo nos corações dos oprimidos,
Para elevá-los.
EU SOU a Lei que exige a Verdade do Ser
No coração dos orgulhosos,
Reduzindo ali a criação humana
E incitando à busca da Tua Realidade.
EU SOU tudo o que traz bem-aventurança
A todos os homens de paz.
EU SOU a plena ductilidade da graça divina,
O Espírito da Santidade
Que liberta da escravidão todos os corações e promove a
     Unidade.

Acabou-se!
A Tua perfeita criação está dentro de mim.
Imortalmente encantadora,
Não pode ser privada da bem-aventurança do Ser.
Semelhante a Ti, ela permanece na casa da Realidade.
Sem nunca mais sair para onde há profanação,
Ela só conhece as maravilhas da pureza e da vitória.
Porém, agita-se neste fogo imortal,
Um padrão consumado de misericórdia e compaixão
Que procura salvar para sempre aquilo que se perdeu
Por se ter afastado
Da beleza da Realidade e da Verdade.
EU SOU o Cristo vivo eternamente em ação!

Acabou-se!
A morte e os conceitos humanos não têm poder no **meu**
        mundo!
Estou selado, por desígnio divino,
Com a plenitude desse Amor crístico
Que supera, transcende e liberta o mundo
Pelo Poder dos três-vezes-três
Até todo o mundo triunfar em Deus — Ascenso na Luz e
        livre!

Acabou-se!
A integridade é a Plenitude de Deus.
Cada dia aumenta em mim a força, a devoção,
A vida, a beleza e a santidade,
Vindas da mais bela flor do meu Ser,
A rosa de Sharon, por Cristo consagrada,
Que abre suas pétalas no meu coração.
O meu coração é o Coração de Deus!
O meu coração é o Coração do mundo!

O meu coração é o Coração do Cristo curando!
Eis que estarei sempre convosco até o fim,
Até que com a voz do Amor Imortal,
Também eu diga: *"Acabou-se!"*

3

Ritual do rosário de Nossa Senhora para os filhos e filhas do domínio

Para recitar o rosário, siga estes 14 passos, utilizando as adorações do rosário apresentadas nas páginas precedentes, conforme elas são exigidas no ritual.

1

Segurando a cruz na mão direita, faça o *sinal-da-cruz* em honra da Santíssima Trindade dentro do homem enquanto recita o sinal da Cruz.

Em nome do Pai
Toque a testa com a mão direita
e da Mãe
Toque o coração com a mão direita
e do Filho
Toque o ombro esquerdo
e do Espírito Santo,
Toque o ombro direito
Amém.
Coloque as mãos juntas.

2

Anuncie o mistério, o dia e o raio. Por exemplo: "Os Mistérios Doutrinários: Domingo de Manhã — O Segundo Raio."

3

Ainda segurando a cruz, recite a *Oração Diária do Guardião*, para declarar sua identidade, aqui e agora, como uma chama de Deus.

4

Na primeira conta grande do rosário, recite *O Pai-Nosso do EU SOU de Jesus*, para comemorar a unidade de Deus em manifestação universal.

5

Em cada uma das três contas seguintes, recite uma *Ave-Maria* para o estabelecimento da fé, esperança e caridade sobre a Terra.

6

Na conta seguinte, recite o *Chamado ao Sopro do Fogo* para celebrar a Chama Trina que é acesa na câmara secreta coração* do homem pelo Espírito Santo.

---

*A Chama Trina está ancorada na câmara secreta do chakra do coração, e também é conhecida como chakra secundário do coração. Esta câmara é rodeada por um campo de força tão grande, feito de luz e proteção, que é chamado de "intervalo cósmico". Ele fica separado da matéria, e está localizado na oitava etérica.

7

No triângulo ou medalha, recite as *Afirmações Transfiguradoras de Jesus,* transmitidas pelo Imaculado Coração de Maria para ressuscitar seus filhos e filhas com os fogos da plenitude (santidade).

8

Anuncie o Primeiro Mistério. Por exemplo: "Primeiro Mistério Jubiloso: A Anunciação."

9

Ainda segurando o triângulo, recite *O Pai-Nosso do EU SOU de Jesus* para celebrar a unidade de Deus em manifestação individual.

10

Em cada uma das dez contas seguintes, recite as Escrituras do Primeiro Mistério para criar um cálice de louvor e ofereça uma *Ave-Maria* para invocar a Luz que preenche o cálice com a essência da Mãe Divina.

11

Conclua o Primeiro Mistério com uma oferta de louvor à Santíssima Trindade no homem, cantando ou recitando *Glória ao Pai* na conta seguinte.

12

Ainda segurando esta conta, anuncie o Segundo Mistério. Por exemplo: "Segundo Mistério Jubiloso: A Visitação."

13

Na mesma conta, recite o *Pai-Nosso do EU SOU de Jesus,* para comemorar a unidade de Deus em manifestação individual. Complete as quatro dezenas seguintes com a mesma seqüência de adorações empregada na primeira.

14

Conclua seu ritual recitando *Acabou-se!,* a oração que Jesus fez na cruz, como reconhecimento de sua vitória diária sobre o pecado, a doença e a morte.

Dá ouvidos às minhas palavras, ó, Senhor, atende aos meus gemidos.

Atende à voz do meu clamor, Rei meu e Deus meu, pois é a ti que oro.

Pela manhã, ó, Senhor, ouve minha voz; pela manhã apresento a ti minha oração e vigio.

Salmos 5: 1-3

Rosário Escritural
de Nossa Senhora
para a Nova Era

Sei que tudo o que Deus faz durará eternamente; nada se lhe deve acrescentar, e nada se lhe deve tirar. Isso faz Deus para que haja temor diante Dele.

O que é, já foi; e o que há de ser, também já foi, e Deus pede conta do que passou.

Eclesiastes 3: 14-15

1

Mistérios Doutrinários

Domingo de Manhã — O Segundo Raio

A Oração Diária do Guardião
O Pai-Nosso do EU SOU de Jesus
Três Ave-Marias
Chamado ao Sopro do Fogo
Afirmações Transfiguradoras de Jesus

Primeiro Mistério Doutrinário
As Bem-Aventuranças*

O Pai-Nosso do EU SOU de Jesus

1. Vendo Jesus as multidões, subiu a um monte e assentou-se. Aproximaram-se dele os seus discípulos, e ele começou a ensiná-los, dizendo:

Ave-Maria

2. Bem-aventurados os pobres de espírito, porque deles é o reino dos Céus.

Ave-Maria

3. Bem-aventurados os que choram, porque eles serão consolados.

---

*As referências exatas dos versículos bíblicos usados nos mistérios encontram-se na seção de Notas no final do livro.

Ave-Maria

4. Bem-aventurados os mansos, porque eles herdarão a Terra.

Ave-Maria

5. Bem-aventurados os que têm fome e sede de justiça, porque eles serão fartos.

Ave-Maria

6. Bem-aventurados os misericordiosos, porque eles alcançarão misericórdia.

Ave-Maria

7. Bem-aventurados os puros de coração, porque eles verão a Deus.

Ave-Maria

8. Bem-aventurados os pacificadores, porque eles serão chamados filhos de Deus.

Ave-Maria

9. Bem-aventurados os que sofrem perseguição por causa da justiça, porque deles é o reino dos céus.

Ave-Maria

10. Bem-aventurados sois vós, quando vos injuriarem e perseguirem e, mentindo, disserem todo o mal contra vós por minha causa. Regozijai-vos e alegrai-vos, porque grande é o vosso galardão nos céus, pois assim perseguiram aos profetas que se foram antes de vós.

Ave-Maria

Glória ao Pai

Segundo Mistério Doutrinário
As Bodas e a Veste Nupcial

O Pai-Nosso do EU SOU de Jesus

1. O Reino dos Céus é semelhante a um rei que celebrou as bodas de seu filho. Enviou os seus servos para chamar os convidados para as bodas, mas estes não quiseram vir.

Ave-Maria

2. Depois enviou outros servos, recomendando: Dizei aos convidados que já preparei o meu jantar; meus bois e cevados já foram mortos, e tudo está pronto. Vinde às bodas.

Ave-Maria

3. Porém eles, não fazendo caso, foram, um para o seu campo, outro para o seu negócio.

Ave-Maria

4. O restante, apoderando-se dos servos, os maltrataram e mataram.

Ave-Maria

5. O rei ficou com muita raiva. Enviou seu exército e destruiu aqueles homicidas e incendiou sua cidade.

Ave-Maria

6. Então disse a seus servos: O banquete, na verdade, está preparado, mas os convidados não eram dignos. Ide às encruzilhadas e convidai para as bodas a todos os que encontrardes.

Ave-Maria

7. E, saindo os servos pelos caminhos, ajuntaram todos quantos encontraram, tanto maus como bons, e a sala do banquete se encheu de convidados.

Ave-Maria

8. Mas, quando o rei entrou para ver os convidados, notou ali um homem que não estava trajado com vestes de núpcias. Perguntou-lhe: Amigo, como entraste aqui sem veste nupcial? Ele, porém, ficou calado.

Ave-Maria

9. Disse então o rei aos servos: Amarrai-o de pés e mãos, e lançai-o para fora, nas trevas, onde haverá pranto e ranger de dentes.

Ave-Maria

10. Pois muitos são chamados, mas poucos escolhidos.

Ave-Maria

Glória ao Pai

Terceiro Mistério Doutrinário
O Credor Incompassivo

O Pai-Nosso do EU SOU de Jesus

1. Por isso o Rei dos Céus pode ser comparado a certo rei que quis ajustar contas com os seus servos. E começando a fazê-lo, trouxeram-lhe um que lhe devia 10 mil talentos.

Ave-Maria

2. Não tendo ele como pagar, o seu senhor mandou que ele, sua mulher e seus filhos fossem vendidos, com tudo o que tinha, para que a dívida fosse paga.

Ave-Maria

3. Então aquele servo, prostrando-se, o reverenciava, dizendo: Senhor, sê generoso para comigo e tudo te pagarei.

Ave-Maria

4. Então o senhor daquele servo, movido de íntima compaixão, mandou-o embora e perdoou-lhe a dívida.

Ave-Maria

5. Saindo, porém, aquele servo, encontrou um dos seus conservos que lhe devia 100 denários. Lançando mão dele sufocou-o, dizendo: Paga-me o que me deves!

Ave-Maria

6. Então o seu companheiro, prostrando-se a seus pés, rogava-lhe: Sê generoso para comigo e tudo te pagarei.

Ave-Maria

7. Ele, porém, não quis. Antes, foi encerrá-lo na prisão, até que saldasse a dívida.

Ave-Maria

8. Vendo os seus conservos o que acontecia, entristeceram-se muito e foram relatar ao seu senhor tudo o que sucedera.

Ave-Maria

9. Então o seu senhor, chamando-o, lhe disse: Servo malvado, perdoei-te toda aquela dívida, porque me suplicaste. Não devias tu igualmente compadecer-te do teu companheiro, como também eu me compadeci de ti?

Ave-Maria

10. Assim, encolerizado, seu senhor o entregou aos verdugos, até que ele lhe pagasse tudo o que devia. Assim vos fará também meu Pai celeste, se de coração não perdoardes, cada um a seu irmão, as suas ofensas.

Ave-Maria

Glória ao Pai

Quarto Mistério Doutrinário
As Dez Virgens

O Pai-Nosso do EU SOU de Jesus

1. Então o reino dos céus será semelhante a dez virgens que, tomando suas lâmpadas, saíram ao encontro do noivo. Cinco eram insensatas e cinco, prudentes.

Ave-Maria

2. As insensatas, ao tomarem as lâmpadas, não levaram azeite consigo.

Ave-Maria

3. Mas as prudentes levaram azeite em suas vasilhas, com as suas lâmpadas.

Ave-Maria

4. Demorando o noivo, todas acabaram cochilando e dormindo.

Ave-Maria

5. Mas à meia-noite ouviu-se um grito: Aí vem o noivo, saí ao seu encontro!

Ave-Maria

6. Então todas aquelas virgens se levantaram e prepararam suas lâmpadas. E as insensatas disseram às prudentes: Dai-nos do vosso azeite; nossas lâmpadas se apagam.

Ave-Maria

7. Mas as prudentes responderam: Não seja o caso que nos falte a nós e a vós. Ide antes aos que o vendem e comprai-o.

Ave-Maria

8. E, tendo elas ido comprá-lo, chegou o noivo. As virgens que estavam preparadas entraram com ele para as bodas. E fechou-se a porta.

Ave-Maria

9. Mais tarde, chegaram também as outras virgens, dizendo: Senhor, Senhor, abre-nos a porta! Mas ele respondeu: Em verdade vos digo que não vos conheço.

Ave-Maria

10. Portanto, vigiai, porque não sabeis o dia nem a hora em que o filho do homem há de vir.

Ave-Maria

Glória ao Pai

Quinto Mistério Doutrinário
O Joio entre o Trigo

1. Então, tendo despedido a multidão, foi Jesus para casa. E chegaram ao pé dele os seus discípulos, dizendo: Explica-nos a parábola do joio do campo.

Ave-Maria

2. E ele respondeu: O que semeia a boa semente é o filho do homem. O campo é o mundo, e a boa semente são os filhos do Reino. O joio são os filhos do maligno.

Ave-Maria

3. E o inimigo que o semeou é o diabo. A ceifa é o fim do mundo, e os ceifeiros são os anjos.

Ave-Maria

4. Assim como o joio é colhido e queimado no fogo, assim será na consumação deste mundo.

Ave-Maria

5. Mandará o Filho do homem os seus anjos, e eles colherão do seu Reino tudo o que causa pecado, e todos os que cometem iniqüidade.

Ave-Maria

6. E lançá-los-ão na fornalha de fogo, onde haverá pranto e ranger de dentes.

Ave-Maria

7. Então os justos resplandecerão como o Sol, no Reino de seu Pai. Quem tem ouvidos para ouvir, ouça.

Ave-Maria

8. Em verdade vos digo que tudo o que ligardes na Terra, será ligado no Céu, e tudo o que desligardes na Terra, será desligado no Céu.

Ave-Maria

9. Também vos digo que, se dois de vós concordarem na Terra acerca de qualquer coisa que pedirem, ser-lhes-á concedida por meu Pai, que está nos Céus.

Ave-Maria

10. Pois onde estiverem dois ou três reunidos em meu nome, ali estou eu no meio deles.

Ave-Maria

Glória ao Pai

Acabou-se!

O Sinal-da-cruz

Mistérios Magistrais

Domingo à Noite — O Oitavo Raio

A Oração Diária do Guardião
O Pai-Nosso do EU SOU de Jesus
Três Ave-Marias
Chamado ao Sopro do Fogo
Afirmações Transfiguradoras de Jesus

Primeiro Mistério Magistral
A Tentação no Deserto

O Pai-Nosso do EU SOU de Jesus

1. Então Jesus foi levado pelo Espírito ao deserto, para ser tentado pelo diabo.

Ave-Maria

2. Depois de jejuar por 40 dias e 40 noites, teve fome. O tentador chegou-se a ele e disse: Se tu és o Filho de Deus, manda que estas pedras se transformem em pães.

Ave-Maria

3. Respondeu Jesus: Está escrito — não só de pão vive o homem, mas de toda a palavra que sai da boca de Deus.

Ave-Maria

4. Então o diabo o levou à cidade santa e o colocou sobre o pináculo do templo.

Ave-Maria

5. E lhe disse: Se tu és o Filho de Deus, lança-te de aqui abaixo. Pois está escrito: Aos seus anjos dará ordens a teu respeito, e eles te tomarão nas mãos, para que não tropeces nalguma pedra.

Ave-Maria

6. Respondeu-lhe Jesus: Também está escrito: Não tentarás o Senhor teu Deus.

Ave-Maria

7. Levou-o novamente o diabo a um monte muito alto e mostrou-lhe todos os reinos do mundo e o seu esplendor.

Ave-Maria

8. E lhe disse: Tudo isto te darei se, prostrado, me adorares.

Ave-Maria

9. Então Jesus lhe disse: Vai-te, Satanás! Pois está escrito: Ao Senhor teu Deus, adorarás, e só a ele servirás.

Ave-Maria

10. Então o diabo o deixou, e chegaram os anjos e o serviram.

Ave-Maria

Glória ao Pai

Segundo Mistério Magistral
A Filha de Jairo e A Mulher que Tocou a Veste do Cristo

O Pai-Nosso do EU SOU de Jesus

1. Ora, um homem chamado Jairo, chefe da sinagoga, chegou e prostrou-se aos pés de Jesus, rogando-lhe que entrasse em sua casa.

Ave-Maria

2. Porque tinha uma filha única de quase 12 anos, que estava à morte. E, indo ele, apertava-o a multidão.

Ave-Maria

3. Certa mulher, que tinha um fluxo de sangue havia 12 anos, e gastara com os médicos todos os seus haveres, e por nenhum pudera ser curada, chegando por trás dele, tocou na orla da sua veste e logo se lhe estancou o fluxo de sangue.

Ave-Maria

4. Disse Jesus: Quem me tocou? E, negando todos, disse Pedro e os que estavam com ele: Mestre, a multidão te aperta e te comprime, e dizes: "Quem me tocou?" Disse Jesus: Alguém me tocou; senti que de mim saiu poder.

Ave-Maria

5. Então, vendo a mulher que não podia mais ocultar-se, aproximou-se tremendo e, prostrando-se ante dele, declarou-lhe diante de todo o povo por que lhe havia tocado e como logo sarara.

Ave-Maria

6. Então ele lhe disse: Tem bom ânimo, filha, a tua fé te salvou. Vai-te em paz.

Ave-Maria

7. Estando ele ainda falando, chegou um dos principais da sinagoga e disse: A tua filha está morta, não incomode o Mestre. Jesus, porém, ouvindo isto, respondeu-lhe: Não temas; crê somente, e ela será salva.

Ave-Maria

8. Chegando a casa, todos choravam e a pranteavam. Ele disse: Não choreis. Ela não está morta, mas dorme. E riram-se dele, sabendo que ela estava morta.

Ave-Maria

9. Tendo ele, porém, feito sair a todos, tomou consigo o pai e a mãe da menina, e os que vieram com ele, e entrou onde ela estava. Tomando-a pela mão, disse: *Talitha cumi*, que quer dizer "Menina, eu te ordeno, levanta-te".

Ave-Maria

10. O seu espírito voltou. Imediatamente, a menina, que tinha 12 anos, levantou-se e começou a andar. Então assombraram-se todos com grande espanto.

Ave-Maria

Glória ao Pai

Terceiro Mistério Magistral
Jesus Anda Sobre o Mar

O Pai-Nosso do EU SOU de Jesus

1. Logo em seguida, ordenou Jesus que os seus discípulos entrassem no barco, e fossem adiante para o outro lado, enquanto ele se despedia da multidão. Despedida a multidão, ele subiu ao monte para orar à parte. Ao cair da tarde, estava ali sozinho.

Ave-Maria

2. Entretanto, o barco já estava no meio do mar, açoitado pelas ondas, porque o vento lhe era contrário. Na quarta vigília da noite, dirigiu-se Jesus a eles, andando por sobre o mar.

Ave-Maria

3. Os discípulos, vendo-o caminhar por sobre o mar, assustaram-se, dizendo: É um fantasma! E gritaram de medo.

Ave-Maria

4. Jesus, porém, imediatamente lhes disse: Tende bom ânimo, sou eu, não temais.

Ave-Maria

5. Respondeu-lhe Pedro: Senhor, se és tu, manda-me ir ter contigo por sobre as águas.

Ave-Maria

6. E ele disse: Vem! E Pedro, descendo do barco, andou por sobre as águas para ir ter com Jesus.

Ave-Maria

7. Mas, observando o vento forte, teve medo e, começando a afundar, clamou: Senhor, salva-me!

Ave-Maria

8. Imediatamente, Jesus estendeu a mão, tomou-o e lhe disse: Homem de pequena fé, por que duvidaste?

Ave-Maria

9. Entrando ambos no barco, o vento cessou.

Ave-Maria

10. Então os que estavam no barco o adoraram, dizendo: És verdadeiramente o Filho de Deus.

Ave-Maria

Glória ao Pai

Quarto Mistério Magistral
A Transfiguração

O Pai-Nosso do EU SOU de Jesus

1. Cerca de oito dias depois destas palavras, tomou consigo a Pedro, João e Tiago e subiu ao monte a fim de orar.

Ave-Maria

2. Estando ele orando, ali ele foi transfigurado diante deles. O seu rosto resplandeceu como o sol; e suas vestes ficaram brancas e resplandescentes.

Ave-Maria

3. Estavam falando com ele dois homens: Moisés e Elias.

Ave-Maria

4. Os quais apareceram em glória, e falavam da sua morte, a qual havia de cumprir-se em Jerusalém.

Ave-Maria

5. Pedro e seus acompanhantes estavam carregados de sono, mas, quando despertaram, viram sua glória e aqueles dois homens que estavam com ele.

Ave-Maria

6. Pedro disse a Jesus: Senhor, bom é estarmos aqui! Se queres, podemos construir aqui três abrigos — um para ti, um para Moisés e um para Elias.

Ave-Maria

7. Estando ele ainda a falar, uma nuvem luminosa os cobriu, e da nuvem saiu uma voz que dizia: Este é o meu Filho amado, em quem me comprazo. A ele ouvi!

Ave-Maria

8. Os discípulos, ouvindo isto, caíram com o rosto no chão, tomados de grande medo.

Ave-Maria

9. Aproximando-se, Jesus tocou-lhes e disse: Levantai-vos e não tenhais medo.

Ave-Maria

10. Erguendo eles os olhos, a ninguém viram senão unicamente a Jesus.

Ave-Maria

Glória ao Pai

Quinto Mistério Magistral
A Ressurreição de Lázaro

O Pai-Nosso do EU SOU de Jesus

1. Estava enfermo certo Lázaro, de Betânia, aldeia de Maria e de sua irmã Marta. Mandaram as irmãs de Lázaro dizer a Jesus: Senhor, aquele a quem amas está enfermo.

Ave-Maria

2. Quando Jesus ouviu isso, disse: Essa enfermidade não acabará em morte, mas é para a glória de Deus, para que o Filho de Deus seja por ela glorificado.

Ave-Maria

3. Porém, quando ouviu que Lázaro adoecera, ficou ainda dois dias no lugar onde estava. Depois, disse aos seus discípulos: Voltemos para a Judéia.

Ave-Maria

4. Ouvindo Marta que Jesus vinha, saiu-lhe ao seu encontro. Maria, porém, ficou em casa.

Ave-Maria

5. Disse Marta a Jesus: Senhor, se tu estivesses aqui, meu irmão não teria morrido. Mas ainda agora sei que tudo o que pedires a Deus, ele te concederá.

Ave-Maria

6. Disse Jesus: Teu irmão ressurgirá. Respondeu Marta: Eu sei que ressurgirá, na ressurreição, no último dia.

Ave-Maria

7. Disse Jesus: EU SOU a ressureição e a Vida. Quem crê em mim, ainda que esteja morto, viverá; e todo aquele que vive e crê em mim, nunca morrerá. Crê isto?

Ave-Maria

8. Disse ela: Sim, Senhor, creio que tu és o Cristo, o Filho de Deus, que havia de vir ao mundo.

Ave-Maria

9. Tiraram, então, a pedra. E Jesus, levantando os olhos para o Céu, disse: Pai, graças te dou porque me ouviste. Eu sei que sempre me ouves, mas disse isso por causa da multidão que me rodeia, para que creiam que tu me enviaste.

Ave-Maria

10. Tendo dito isso, Jesus clamou em alta voz: Lázaro, vem para fora! O morto saiu, tendo as mãos e os pés enfaixados, e o rosto envolto num lenço. Disse Jesus: Desatai-o e deixai-o ir!

Ave-Maria

Glória ao Pai

Acabou-se!

O Sinal-da-Cruz

Mistérios Amorosos

Segunda-feira — O Terceiro Raio

A Oração Diária do Guardião
O Pai-Nosso do EU SOU de Jesus
Três Ave-Marias
Chamado ao Sopro do Fogo
Afirmações Transfiguradoras de Jesus

Primeiro Mistério Amoroso
O Amor de João Batista e Jesus

O Pai-Nosso do EU SOU de Jesus

1. É necessário que ele cresça, e que eu diminua. Houve um homem enviado de Deus cujo nome era João. Este veio como testemunha para testificar a respeito da luz, a fim de que todos cressem por meio dele.

Ave-Maria

2. Ele não era a luz, mas veio para testificar a luz. A luz verdadeira que ilumina a todos os homens estava vindo ao mundo.

Ave-Maria

3. Naqueles dias apareceu João Batista, pregando no deserto da Judéia e dizendo: Arrependei-vos, pois está próximo o reino dos céus. Este é aquele de quem o Profeta Isaías falou, ao dizer: Voz do que clama no deserto, preparai o caminho do Senhor, endireitai suas veredas.

Ave-Maria

4. Respondeu João a todos: Eu na verdade vos batizo com água. Mas vem aquele que é mais poderoso do que eu, a quem não sou digno de desatar a correia das sandálias. Ele vos batizará com o Espírito Santo e com fogo.

Ave-Maria

5. Ele tem a pá na sua mão para limpar sua eira, e ajuntar o trigo no seu celeiro, mas queimará a palha com fogo que nunca se apaga.

Ave-Maria

6. Então veio Jesus da Galiléia ter com João junto do Jordão, para ser batizado por ele. Mas João tentava dissuadi-lo, dizendo: Eu preciso ser batizado por ti, e vens tu a mim?

Ave-Maria

7. Mas Jesus lhe respondeu: Deixa por agora, pois assim nos convém cumprir toda a justiça. Então João consentiu.

Ave-Maria

8. Assim que Jesus foi batizado, saiu logo da água. Nesse instante abriram-se-lhe os Céus, e viu o Espírito de Deus descendo como pomba e pousando sobre ele.

Ave-Maria

9. E uma voz dos Céus disse: Este é o meu Filho amado, em quem me comprazo.

Ave-Maria

10. Jesus disse a todos: Em verdade vos digo que, entre os que de mulher têm nascido, não apareceu alguém maior que João Batista; contudo, o menor no Reino dos Céus é maior do que ele.

Ave-Maria

Glória ao Pai

Segundo Mistério Amoroso
O Amor dos Discípulos pelo Mestre

O Pai-Nosso do EU SOU de Jesus

1. Se me amais, guardareis os meus mandamentos.

Ave-Maria

2. Eu rogarei ao Pai, e Ele vos dará outro Consolador, para que esteja convosco para sempre o Espírito da verdade, que o mundo não pode receber, porque não o vê nem o conhece. Mas vós o conheceis, pois habita convosco e estará em vós.

Ave-Maria

3. Não vos deixarei órfãos, virei para vós.

Ave-Maria

4. Ainda um pouco e o mundo não me verá mais, mas vós me vereis. Porque eu vivo, vós também vivereis. Naquele dia, conhecereis que estou em meu Pai, e vós em mim, e eu em vós. Aquele que tem os meus mandamentos e os guarda, esse é o que me ama. E quem me ama será amado de meu Pai, e eu também o amarei e me manifestarei a ele.

Ave-Maria

5. Senhor, por que pretendes manifestar-te a nós, e não ao mundo? Respondeu-lhe Jesus: Se alguém me amar, guardará minha palavra. Meu Pai o amará, e viremos para Ele e Nele faremos morada.

Ave-Maria

6. Quem não me ama não guarda minhas palavras. Esta palavra que ouvis não é minha, mas do Pai que me enviou. Tenho-vos dito isto, estando convosco.

Ave-Maria

7. Mas o Consolador, o Espírito Santo que o Pai enviará em meu nome, vos ensinará todas as coisas e vos fará lembrar de tudo o que eu vos tenho dito.

Ave-Maria

8. Deixo-vos a paz, a minha paz vos dou. Não vo-la dou como o mundo a dá. Não deixe o vosso coração tumultuado, nem se atemorize.

Ave-Maria

9. Ouvistes o que eu vos disse: Vou, e voltarei para vós. Se me amásseis, alegrar-vos-íeis porque eu vou para o Pai, pois o Pai é maior do que eu.

Ave-Maria

10. Eu vos disse agora, antes que aconteça, para que, quando acontecer, vós acrediteis. Já não falarei muito convosco, pois se aproxima o príncipe deste mundo. Ele nada tem em mim, mas é para que o mundo saiba que eu amo o Pai, e faço como o Pai me ordenou.

Ave-Maria

Glória ao Pai

Terceiro Mistério Amoroso
O Amor do Cristo e seus Membros

O Pai-Nosso do EU SOU de Jesus

1. EU SOU a videira verdadeira, e meu Pai é o agricultor. Todo ramo em mim que não dá fruto Ele o corta, e todo ramo que produz fruto Ele o poda, para que produza mais fruto ainda.

Ave-Maria

2. Vós já estais limpos por causa da palavra que vos tenho falado. Permanecei em mim, e eu permanecerei em vós. O ramo de si mesmo não pode produzir fruto, se não estiver na videira. Tampouco vós podeis produzir fruto, se não permanecerdes em mim.

Ave-Maria

3. EU SOU a videira, vós sois os ramos. Se alguém permanece em mim, e eu nele, esse dá muito fruto; sem mim nada podeis fazer.

Ave-Maria

4. Se alguém não permanecer em mim, será lançado fora, como os ramos, e secará; tais ramos são apanhados, lançados no fogo e se queimam. Se permanecerdes em mim, e as minhas palavras permanecerem em vós, pedireis o que quiserdes, e vos será feito.

Ave-Maria

5. Nisto é glorificado meu Pai, em que deis muito fruto, e assim vos tornareis meus discípulos. Como o Pai me amou, assim também eu vos amei. Permanecei no meu amor.

Ave-Maria

6. Se guardardes os meus mandamentos, permanecereis no meu amor, assim como eu tenho guardado os mandamentos de meu Pai e permaneço no seu amor. Tenho-vos dito isto para que minha alegria esteja em vós, e vossa alegria seja completa.

Ave-Maria

7. O meu mandamento é este: Amai-vos uns aos outros como eu vos amei. Ninguém tem maior amor do que este, de dar alguém a própria vida pelos seus amigos.

Ave-Maria

8. Vós sois meus amigos, se fizerdes o que eu vos mando. Já não vos chamo de servos, porque o servo não sabe o que faz seu senhor. Antes, tenho-vos chamado amigos, pois tudo o que ouvi de meu Pai vos tenho dado a conhecer.

Ave-Maria

9. Não fostes vós que me escolhestes, mas fui eu que vos escolhi, e vos designei para que ides e deis fruto, e o vosso fruto permaneça; a fim de que tudo o que em meu nome pedirdes ao Pai, Ele vos conceda.

Ave-Maria

10. Isto vos ordeno: Amai-vos uns aos outros.

Ave-Maria

Glória ao Pai

Quarto Mistério Amoroso
O Amor do Mestre por seus Discípulos

O Pai-Nosso do EU SOU de Jesus

1. Disse-lhes Simão Pedro: Vou pescar. Disseram-lhe eles: Nós também vamos contigo. Saíram e entraram no barco, mas naquela noite nada apanharam.

Ave-Maria

2. Cedo de manhã, Jesus se apresentou na praia, mas os discípulos não reconheceram que era Jesus.

Ave-Maria

3. Então Jesus lhes disse: Filhos, tendes alguma coisa de comer? Responderam-lhe: Não.

Ave-Maria

4. Disse-lhes: Lançai a rede à direita do barco e achareis. Lançaram-na, então, e já não podiam tirar a rede por causa da quantidade de peixes.

Ave-Maria

5. Quando saltaram em terra, viram brasas acesas, tendo por cima peixe e pão. Disse-lhes Jesus: Trazei alguns dos peixes que apanhastes.

Ave-Maria

6. Simão Pedro entrou no barco e puxou a rede para a terra, cheia de 153 grandes peixes, e mesmo sendo tantos a rede não se rompeu.

Ave-Maria

7. Disse-lhes Jesus: Vinde, comei. Nenhum dos discípulos ousava perguntar-lhe: Quem és tu? Sabiam que era o Senhor.

Ave-Maria

8. Depois de ter comido, Jesus perguntou a Simão Pedro: Simão, filho de João, amas-me mais do que estes? Ele respondeu: Sim, Senhor, tu sabes que te amo. Disse-lhe Jesus: Apascenta os meus cordeiros.

Ave-Maria

9. Tornou a perguntar-lhe: Simão, filho de João, amas-me? Ele respondeu: Sim, Senhor, tu sabes que te amo. Disse-lhe Jesus: Apascenta as minhas ovelhas.

Ave-Maria

10. Perguntou-lhe pela terceira vez: Simão, filho de João, amas-me? Simão entristeceu-se por Jesus lhe ter perguntado pela terceira vez: Amas-me? e respondeu-lhe: Senhor, tu sabes tudo, tu sabes que eu te amo. Disse-lhe Jesus: Apascenta as minhas ovelhas.

Ave-Maria

Glória ao Pai

Quinto Mistério Amoroso
O Amor do Pai

O Pai-Nosso do EU SOU de Jesus

1. Vede, quão grande amor nos concedeu o Pai, que fôssemos chamados filhos de Deus. E somos mesmo Seus filhos! O mundo não nos conhece porque não O conheceu.

Ave-Maria

2. Amados, agora somos filhos de Deus, e ainda não se manifestou o que havemos de ser. Mas sabemos que, quando Ele se manifestar, seremos semelhantes a Ele, porque, assim como, é O veremos.

Ave-Maria

3. E todo o que Nele tem esta esperança, purifica a si mesmo, como também Ele é puro.

Ave-Maria

4. Todo aquele que comete pecado, transgride a Lei, pois o pecado é a transgressão da Lei.

Ave-Maria

5. E bem sabeis que Ele se manifestou para tirar os nossos pecados. E Nele não há pecado.

Ave-Maria

6. Todo aquele que permanece Nele não vive pecando. Todo o que vive pecando não O viu nem O conhece.

Ave-Maria

7. Filhinhos, ninguém vos engane. Quem pratica a justiça, é justo, assim como Ele é justo.

Ave-Maria

8. Quem comete pecado é o diabo, porque o diabo peca desde o princípio. Para isso o Filho de Deus se manifestou: para destruir as obras do diabo.

Ave-Maria

9. Aquele que é nascido de Deus não vive na prática do pecado, porque a semente de Deus permanece nele; não pode continuar pecando porque é nascido de Deus.

Ave-Maria

10. Nisto são manifestos os filhos de Deus, e os filhos do diabo: quem não pratica a justiça não é de Deus, nem aquele que não ama a seu irmão. Esta é a mensagem que ouvistes desde o princípio, que nos amemos uns aos outros.

Ave-Maria

Glória ao Pai

Acabou-se!

4

O Sinal-da-cruz

Mistérios Jubilosos

Terça-feira — O Primeiro Raio

A Oração Diária do Guardião
O Pai-Nosso do EU SOU de Jesus
Três Ave-Marias
Chamado ao Sopro do Fogo
Afirmações Transfiguradoras de Jesus

Primeiro Mistério Jubiloso
A Anunciação

O Pai-Nosso do EU SOU de Jesus

1. No sexto mês foi o Anjo Gabriel enviado por Deus a uma cidade da Galiléia, chamada Nazaré, a uma virgem desposada com um homem, cujo nome era José, da casa de Davi. O nome da virgem era Maria.

Ave-Maria

2. Entrando o anjo aonde ela estava, disse: Salve, agraciada! O Senhor é contigo. Bendita és tu entre as mulheres.

Ave-Maria

3. Porém ela se perturbou muito com essas palavras, e considerava que saudação seria essa.

Ave-Maria

4. Disse-lhe então o anjo: Maria, não temas, achaste graça diante de Deus. Conceberás e darás à luz um filho, e pôr-lhe-ás o nome de JESUS.

Ave-Maria

5. Ele será grande, e será chamado Filho do Altíssimo. O Senhor Deus lhe dará o trono de Davi, seu pai. Ele reinará eternamente sobre a casa de Jacó, e o seu reinado não terá fim.

Ave-Maria

6. Disse Maria ao anjo: Como se fará isto, visto que não conheço homem algum?

Ave-Maria

7. Respondeu-lhe o anjo: Descerá sobre ti o Espírito Santo, e o poder do Altíssimo te cobrirá com sua sombra. Por isso o ente que de ti há de nascer será chamado Filho de Deus.

Ave-Maria

8. Até Isabel, tua prima, concebeu um filho em sua velhice, sendo este o sexto mês para aquela que era considerada estéril.

Ave-Maria

9. Pois para Deus, nada é impossível.

Ave-Maria

10. Disse-lhe então Maria: Eu sou a serva do Senhor. Cumpra-se em mim segundo a tua palavra. E o anjo ausentou-se dela.

Ave-Maria

Glória ao Pai

Segundo Mistério Jubiloso
A Visitação

O Pai-Nosso do EU SOU de Jesus

1. Naqueles dias, levantou-se Maria, foi apressada às montanhas, a uma cidade de Judá, entrou na casa de Zacarias e saudou Isabel.

Ave-Maria

2. Ao ouvir Isabel a saudação de Maria, a criancinha saltou no seu ventre, e Isabel foi cheia do Espírito Santo. Exclamou ela em voz alta: Bendita és tu entre as mulheres, e bendito o fruto do teu ventre.

Ave-Maria

3. De onde me provém que me venha visitar a mãe do meu Senhor? Ao chegar-me aos ouvidos a voz da tua saudação, a criancinha saltou de alegria no meu ventre. Bem-aventurada a que creu que se cumprirão as coisas que da parte do Senhor lhes foram ditas.

Ave-Maria

4. Disse Maria: A minha alma engrandece ao Senhor e o meu espírito se alegra em Deus meu Salvador, pois olhou para a humildade da sua serva. Desde agora todas as gerações me chamarão bem-aventurada.

Ave-Maria

5. Pois grandes coisas me fez o Poderoso. Santo é o seu nome. A sua misericórdia é de geração em geração sobre os que o temem.

Ave-Maria

6. Com o seu braço agiu valorosamente; dispersou os que no coração alimentavam pensamentos soberbos. Depôs dos tronos os poderosos e elevou os humildes.

Ave-Maria

7. Encheu de bens os famintos e despediu vazios os ricos. Auxiliou a Israel, seu servo, recordando-se da sua misericórdia para com Abraão e sua descendência para sempre.

Ave-Maria

8. Completou-se para Isabel o tempo de dar à luz, e teve um filho, um homem enviado de Deus, cujo nome era João.

Ave-Maria

9. Zacarias, seu pai, cheio do Espírito Santo, profetizou: E tu, ó, menino, serás chamado Profeta do Altíssimo; pois irás adiante da face do Senhor e prepararás os seus caminhos, para dar ao seu povo conhecimento da salvação, na remissão dos seus pecados.

Ave-Maria

10. Por causa da profunda misericórdia do nosso Deus, pela qual o sol nascente das alturas nos visitará, para iluminar os que jazem nas trevas e na sombra da morte, e dirigir os nossos pés pelo caminho da paz.

Ave-Maria

Glória ao Pai

Terceiro Mistério Jubiloso
O Nascimento

O Pai-Nosso do EU SOU de Jesus

1. No princípio era o Verbo, e o Verbo estava com Deus, e o Verbo era Deus. Ele estava no princípio com Deus. Todas as coisas foram feitas por meio Dele, e sem Ele nada do que foi feito se fez.

Ave-Maria

2. Nele estava a vida, e a vida era a luz dos homens. A luz resplandece nas trevas, e as trevas não prevaleceram sobre ela.

Ave-Maria

3. Assim subiu José da Galiléia, da cidade de Nazaré, para a Judéia, à cidade de Davi, chamada Belém, a fim de se juntar a Maria, sua mulher, que estava grávida.

Ave-Maria

4. Estando eles ali, cumpriram-se os dias em que ela havia de dar à luz, e ela deu à luz seu filho primogênito, envolveu-o em panos e o deitou numa manjedoura, porque não havia lugar para eles na hospedaria.

Ave-Maria

5. Havia naquela mesma região pastores que viviam nos campos e guardavam o rebanho durante as vigílias da noite. Apareceu-lhes um anjo do Senhor, e a glória do Senhor os cercou de resplendor, e foram tomados de grande temor.

Ave-Maria

6. O anjo lhes disse: Não temais. Eu vos trago novas de grande alegria, que o será para todo o povo. Na cidade de Davi vos nasceu

hoje o Salvador, que é Cristo, o Senhor. Isto vos servirá de sinal: achareis o menino envolto em panos, e deitado em uma manjedoura.

Ave-Maria

7. No mesmo instante apareceu com o anjo uma multidão dos exércitos celestiais. Louvando a Deus e dizendo: Glória a Deus nas maiores alturas, paz na Terra entre os homens a quem ele quer bem.

Ave-Maria

8. Voltaram os pastores, glorificando e louvando a Deus por tudo o que tinham ouvido e visto, como lhes fora anunciado. Maria, porém, guardava todas estas coisas, meditando-as no coração.

Ave-Maria

9. Tendo Jesus nascido em Belém da Judéia, no tempo do rei Herodes, vieram uns magos do Oriente a Jerusalém, que perguntaram: Onde está aquele que é nascido rei dos judeus? Vimos sua estrela no Oriente, e viemos adorá-lo. Entrando na casa, viram o menino com Maria, sua mãe e, prostrando-se, o adoraram. Então, abrindo os seus tesouros, lhes apresentaram suas dádivas: ouro, incenso e mirra.

Ave-Maria

10. O Verbo se fez carne e habitou entre nós. Vimos sua glória, a glória como do unigênito do Pai, cheio de graça e de verdade.

Ave-Maria

Glória ao Pai

Quarto Mistério Jubiloso
A Apresentação

O Pai-Nosso do EU SOU de Jesus

1. Quando se completaram os dias da purificação, segundo a Lei de Moisés, levaram-no a Jerusalém para o apresentar ao Senhor..

Ave-Maria

2. Havia em Jerusalém um homem cujo nome era Simeão; este homem, justo e temente a Deus, esperava a consolação de Israel, e o Espírito Santo estava sobre ele.

Ave-Maria

3. Fora-lhe revelado pelo Espírito Santo que ele não morreria antes de ver o Cristo do Senhor.

Ave-Maria

4. Movido pelo Espírito Santo, foi ao templo. Quando os pais trouxeram o menino Jesus para com ele procederem segundo o que a Lei ordenava, ele então o tomou nos braços e louvou a Deus, dizendo: Agora, Senhor, despede em paz o teu servo, segundo a tua palavra.

Ave-Maria

5. Pois os meus olhos já viram tua salvação, a qual preparaste perante a face de todos os povos.

Ave-Maria

6. Luz para iluminar os gentios e para glória do teu povo Israel.

Ave-Maria

7. O pai e a mãe do menino admiraram-se das coisas que dele se diziam. Simeão abençoou-os e disse a Maria, mãe do menino: Esta criança é posta para queda e elevação de muitos em Israel, para ser Salvo de contradição, e para que se manifestem os pensamentos de muitos corações.

Ave-Maria

8. E uma espada trespassará também tua própria alma.

Ave-Maria

9. Estava ali também a profetisa Ana, que não se afastava do templo, servindo a Deus em jejuns e orações, de noite e de dia. Chegando na mesma hora, dava graças a Deus e falava a respeito do menino a todos os que esperavam a redenção de Jerusalém.

Ave-Maria

10. Cumpridos todos os regulamentos da Lei do Senhor, voltaram para a Galiléia, para sua cidade de Nazaré. E o menino crescia e se fortalecia, enchendo-se de sabedoria; e a graça de Deus estava sobre ele.

Ave-Maria

Glória ao Pai

Quinto Mistério Jubiloso
O Encontro de Jesus no Templo

O Pai-Nosso do EU SOU de Jesus

1. Ora, todos os anos iam seus pais a Jerusalém, à festa da Páscoa. Tendo ele 12 anos, subiram a Jerusalém, segundo o costume do dia da festa.

Ave-Maria

2. Ao regressarem, terminados aqueles dias, ficou o menino Jesus em Jerusalém, e não o souberam seus pais.

Ave-Maria

3. Pensando, porém, que ele estivesse na comitiva, seguiram a jornada de um dia. Então, começaram a procurá-lo entre os parentes e conhecidos.

Ave-Maria

4. Como não o encontrassem, voltaram a Jerusalém em busca dele.

Ave-Maria

5. Passados três dias, acharam-no no templo, assentado no meio dos doutores, ouvindo-os e interrogando-os.

Ave-Maria

6. Todos os que o ouviam admiravam-se da sua inteligência e respostas.

Ave-Maria

7. Quando o viram, maravilharam-se, e sua mãe lhe disse: Filho, por que fizeste assim para conosco? Teu pai e eu ansiosos te procurávamos.

Ave-Maria

8. Respondeu-lhes ele: Por que é que me procuráveis? Não sabeis que me convém tratar dos negócios de meu Pai?

Ave-Maria

9. Então desceu com eles para Nazaré, e era-lhes sujeito. Mas sua mãe guardava todas estas coisas no coração.

Ave-Maria

10. E crescia Jesus em sabedoria, em estatura e graça para com Deus e os homens.

Ave-Maria

Glória ao Pai

Acabou-se!

5

O Sinal-da-cruz

Mistérios Curativos

Quarta-feira — O Quinto Raio

A Oração Diária do Guardião
O Pai-Nosso do EU SOU de Jesus
Três Ave-Marias
Chamado ao Sopro do Fogo
Afirmações Transfiguradoras de Jesus

Primeiro Mistério Curativo
Cristo — a Luz do Mundo

O Pai-Nosso do EU SOU de Jesus

1. EU SOU a luz do mundo. Quem me segue não andará em trevas, mas terá a luz da vida.

Ave-Maria

2. Desafiaram-no os fariseus: Tu testificas de ti mesmo; o teu testemunho não é válido!

Ave-Maria

3. Respondeu Jesus: Ainda que eu testifique de mim mesmo, o meu testemunho é válido, pois sei de onde vim e para onde vou. Mas vós, porém, não sabeis de onde venho, nem para onde vou.

Ave-Maria

4. Vós julgais segundo os padrões humanos; eu, a ninguém julgo. Mas se na verdade julgo, minhas decisões são certas, porque não estou sozinho. Estou com o Pai, que me enviou.

Ave-Maria

5. Na vossa lei está escrito que o testemunho de dois homens é válido. Eu sou um que testifica de mim mesmo; a minha outra testemunha é o Pai, que me enviou.

Ave-Maria

6. Então, perguntaram: Onde está teu pai? Respondeu Jesus: Não me conheceis, nem a meu Pai. Se vós me conhecêsseis, também conheceríeis a meu Pai.

Ave-Maria

7. Quando levantardes o Filho do homem, então sabereis que eu sou quem digo ser, e que nada faço de mim mesmo, mas falo como o Pai que me ensinou.

Ave-Maria

8. Aquele que me enviou está comigo; Ele não me deixou só, pois sempre faço o que Lhe agrada.

Ave-Maria

9. Disse Jesus aos judeus que creram nele: Se permanecerdes no meu ensino, verdadeiramente sereis meus discípulos.

Ave-Maria

10. Então conhecereis a verdade, e a verdade vos libertará.

Ave-Maria

Glória ao Pai

Segundo Mistério Curativo
No Tanque de Betesda

O Pai-Nosso do EU SOU de Jesus

1. Ora, existe em Jerusalém, próximo à porta das ovelhas, um tanque, chamado em hebraico de Betesda, o qual tem cinco pavilhões.

Ave-Maria

2. Neste jazia uma grande multidão de enfermos, cegos, coxos e paralíticos esperando o movimento das águas.

Ave-Maria

3. Um anjo descia em certo tempo e agitava a água. O primeiro que entrasse no tanque, depois do movimento da água, sarava de qualquer doença que tivesse.

Ave-Maria

4. Estava ali um homem, inválido havia 38 anos.

Ave-Maria

5. Jesus, vendo-o deitado e sabendo que estava nesse estado havia muito tempo, disse-lhe: Queres ser curado?

Ave-Maria

6. Respondeu-lhe o enfermo: Senhor, não tenho ninguém que me ponha no tanque quando a água é agitada. Enquanto estou tentando entrar, sempre desce outro antes de mim.

Ave-Maria

7. Então lhe disse Jesus: Levanta-te! Toma a tua esteira e anda.

Ave-Maria

8. Imediatamente o homem foi curado, tomou sua esteira e pôsse a andar.

Ave-Maria

9. Em verdade, em verdade vos digo que o Filho por si mesmo não pode fazer coisa alguma; ele só pode fazer o que vê o Pai fazendo, porque tudo o que o Pai faz, o Filho o faz igualmente.

Ave-Maria

10. Em verdade, em verdade vos digo que quem ouve minha palavra e crê naquele que me enviou, tem a vida eterna, e não entrará em condenação, mas passou da morte para a vida. Em verdade, em verdade vos digo que vem a hora, e já chegou, em que os mortos ouvirão a voz do Filho de Deus, e os que a ouvirem viverão.

Ave-Maria

Glória ao Pai

Terceiro Mistério Curativo
O Cego de Nascença

O Pai-Nosso do EU SOU de Jesus

1. Quando Jesus ia passando, viu um homem, cego de nascença.

Ave-Maria

2. Os discípulos de Jesus perguntaram: Rabi, quem pecou, este ou seus pais, para que nascesse cego?

Ave-Maria

3. Jesus respondeu: Nem ele pecou, nem seus pais, mas isto aconteceu para que se manifestem nele as obras de Deus.

Ave-Maria

4. Devemos fazer as obras daquele que me enviou enquanto é dia. A noite vem, quando ninguém pode trabalhar.

Ave-Maria

5. Enquanto estou no mundo, EU SOU a luz do mundo.

Ave-Maria

6. Tendo dito isto, cuspiu na terra, fez lodo com a saliva, aplicou-o aos olhos do cego.

Ave-Maria

7. E disse: Vai, lava-te no tanque de Siloé. O cego foi, lavou-se e voltou vendo.

Ave-Maria

8. Disse Jesus: Eu vim a este mundo para juízo, a fim de que os que não vêem vejam e os que vêem se tornem cegos.

Ave-Maria

9. Alguns fariseus que estavam com ele, ouvindo isto, perguntaram: Acaso nós somos também cegos?

Ave-Maria

10. Disse Jesus: Se fôsseis cegos, não teríeis pecado; mas, como agora dizeis: *Nós vemos*, permanece o vosso pecado.

Ave-Maria

Glória ao Pai

Quarto Mistério Curativo
Os Dez Leprosos

O Pai-Nosso do EU SOU de Jesus

1. Indo ele a Jerusalém, passou pelo meio de Samaria e da Galiléia.

Ave-Maria

2. Entrando em certa aldeia, saíram-lhe ao encontro dez leprosos, os quais pararam de longe.

Ave-Maria

3. E clamaram: Jesus, Mestre, tem misericórdia de nós.

Ave-Maria

4. Jesus, vendo-os, disse-lhes: Ide e mostrai-vos aos sacerdotes. Indo eles, ficaram limpos.

Ave-Maria

5. Um deles, vendo que estava são, voltou glorificando a Deus em alta voz.

Ave-Maria

6. E caiu aos pés de Jesus, com o rosto em terra, dando-lhe graças; e este era samaritano.

Ave-Maria

7. Jesus perguntou: Não foram dez os que foram limpos? Onde estão os nove?

Ave-Maria

8. Não houve quem voltasse para dar glória a Deus, se não este estrangeiro?

Ave-Maria

9. Então lhe disse: Levanta-te e vai; a tua fé te salvou.

Ave-Maria

10. Interrogado pelos fariseus sobre quando havia de vir o reino de Deus, respondeu-lhes: O Reino de Deus não vem com aparência visível. Nem dirão: *Ei-lo aqui!* Ou: *Ei-lo ali!* Porque o reino de Deus está dentro de vós.

Ave-Maria

Glória ao Pai

Quinto Mistério Curativo
As Duas Testemunhas

O Pai-Nosso do EU SOU de Jesus

1. E darei poder às minhas duas testemunhas, e profetizarão por 1.260 dias, vestidas de saco. Estas são as duas oliveiras e os dois candeeiros que estão diante do Senhor da Terra.

Ave-Maria

2. Se alguém lhes quiser causar mal, das suas bocas sairá fogo e devorará os seus inimigos. Se alguém lhes quiser causar mal, importa que assim seja morto.

Ave-Maria

3. Estes homens têm poder para fechar o Céu, para que não chova, nos dias da sua profecia; e têm poder sobre as águas para convertê-las em sangue, e para ferir a terra com toda a sorte de pragas, quantas vezes quiserem.

Ave-Maria

4. Quando acabarem seu testemunho, a besta que sobe do abismo lhes fará guerra e os vencerá e matará.

Ave-Maria

5. E os seus corpos jazerão na praça da grande cidade, que espiritualmente se chama Sodoma e Egito, onde o seu Senhor também foi crucificado.

Ave-Maria

6. Homens de vários povos, tribos, línguas e nações verão seus corpos mortos por três dias e meio e não permitirão que sejam sepultados.

Ave-Maria

7. Os que habitam na Terra se regozijarão sobre eles, e se alegrarão, e mandarão presentes uns aos outros, porque esses dois profetas tinham atormentado os que habitam sobre a Terra.

Ave-Maria

8. Depois daqueles três dias e meio, o espírito de vida, vindo de Deus, entrou neles, e puseram-se de pé, e caiu grande temor sobre os que os viram.

Ave-Maria

9. Então ouviram uma grande voz do Céu que lhes dizia: Subi para aqui. E subiram ao Céu em uma nuvem, e os seus inimigos os viram.

Ave-Maria

10. Naquela mesma hora houve um grande terremoto, e caiu a décima parte da cidade. No terremoto foram mortos 7 mil homens, e os demais ficaram atemorizados, e deram glória ao Deus do Céu.

Ave-Maria

Glória ao Pai

Acabou-se!

6

O Sinal-da-cruz

Mistérios Iniciáticos

Quinta-feira — O Sexto Raio

A Oração Diária do Guardião
O Pai-Nosso do EU SOU de Jesus
Três Ave-Marias
Chamado ao Sopro do Fogo
Afirmações Transfiguradoras de Jesus

Primeiro Mistério Iniciático
A Última Ceia

O Pai-Nosso do EU SOU de Jesus

1. Enquanto comiam, Jesus tomou o pão e, abençoando-o, partiu-o e o deu aos discípulos, dizendo: Tomai e comei; isto é o meu corpo, que é entregue por vós; fazei isto em memória de mim.

Ave-Maria

2. Então, ele tomou o cálice, e, tendo dado graças, deu-o aos discípulos, dizendo: Bebei dele todos. Isto é o meu sangue, o sangue da nova aliança, que é derramado por muitos, para remissão dos pecados.

Ave-Maria

3. E digo-vos que, desta hora em diante, não beberei deste fruto da videira até aquele dia em que o beba de novo convosco no reino de meu Pai.

Ave-Maria

4. Levantou-se da ceia, tirou a vestimenta de cima e, tomando uma toalha, cingiu-se com ela. Depois colocou água numa bacia e começou a lavar os pés dos discípulos, e a enxugá-los com a toalha com que estava cingido.

Ave-Maria

5. Aproximou-se de Simão Pedro, que lhe disse: Senhor, tu vais lavar os meus pés? Respondeu-lhe Jesus: O que eu faço não o sabes agora, mas o compreenderás depois.

Ave-Maria

6. Disse Pedro: Nunca me lavarás os pés. Respondeu Jesus: Se eu não te lavar, não tens parte comigo. Respondeu Simão Pedro: Senhor, não apenas os pés, mas também as mãos e a cabeça.

Ave-Maria

7. Disse Jesus: Aquele que já se banhou não necessita lavar senão os pés; no mais está todo limpo. Ora, vós estais limpo, mas não todos.

Ave-Maria

8. Ora, se eu, Senhor e Mestre, vos lavei os pés, vós deveis também lavar os pés uns dos outros. Eu vos dei um exemplo, para que façais o que eu fiz.

Ave-Maria

9. Em verdade, em verdade vos digo que aquele que crê em mim também fará as obras que eu faço. E as fará maiores do que estas, porque eu vou para o Pai.

Ave-Maria

10. E farei tudo o que pedires em meu nome, para que o Pai seja glorificado no Filho. Se me pedirdes alguma coisa em meu nome, eu o farei.

Ave-Maria

Glória ao Pai

Segundo Mistério Iniciático
A Vigília no Jardim

O Pai-Nosso do EU SOU de Jesus

1. Tendo dito estas coisas, Jesus levantou os olhos ao céu e disse: Pai, é chegada a hora. Glorifica a teu filho, para que também o teu filho glorifique a ti. Eu te glorifiquei na Terra, concluindo a obra que me deste para fazer.

Ave-Maria

2. Jesus saiu e, como de costume, foi para o Monte das Oliveiras, e os seus discípulos o seguiram. Quando chegou ao lugar, disse-lhes: Orai para que não entreis em tentação.

Ave-Maria

3. Apartou-se deles cerca de um tiro de pedra e, pondo-se de joelhos, orou, dizendo: Pai, se queres, passa de mim este cálice, todavia não se faça minha vontade, mas a tua.

Ave-Maria

4. Então lhe apareceu um anjo do céu, que o confortava. Em agonia, orava mais intensamente. O seu suor transformou-se em gotas de sangue, que corriam até o chão.

Ave-Maria

5. Voltando para os seus discípulos, achou-os dormindo. E perguntou a Pedro: Então nem uma hora pudestes vigiar comigo? Vigiai e orai, para que não entreis em tentação. Na verdade o espírito está pronto, mas a carne é fraca.

Ave-Maria

6. Então voltou para os discípulos e lhes disse: Olhai, é chegada a hora, e o Filho do homem será entregue nas mãos de pecadores. Levantai-vos, partamos! Vede, o traidor se aproxima!

Ave-Maria

7. Sabendo Jesus todas as coisas que sobre ele haviam de vir, adiantou-se e perguntou-lhes: A quem buscais? Responderam-lhe: A Jesus de Nazaré. Disse-lhes Jesus: Sou eu. E Judas, que o traía, estava com eles. Quando Jesus lhes disse: *Sou eu*, recuaram e caíram por terra.

Ave-Maria

8. Um deles feriu o servo do sumo sacerdote e cortou-lhe a orelha direita. Mas Jesus disse: Deixai-os, basta! E tocando-lhe a orelha, o curou.

Ave-Maria

9. Não beberei o cálice que o Pai me deu? Ou pensas tu que eu não poderia agora orar a meu Pai, e ele me mandaria imediatamente mais de 12 legiões de anjos? Como, pois, se cumpririam as Escrituras, que dizem que assim deve acontecer?

Ave-Maria

10. Disse Jesus aos principais sacerdotes, oficiais da guarda do templo e anciãos que tinham ido contra ele: Saístes, como **contra** a assaltante, com espadas e bordões? Eu estava todos os dias convosco no templo, e não estendestes as mãos contra mim. Esta, porém, é a vossa hora e o poder das trevas.

Ave-Maria

Glória ao Pai

Terceiro Mistério Iniciático
O Julgamento

O Pai-Nosso do EU SOU de Jesus

1. Chegada a manhã, todos os principais sacerdotes e os anciãos do povo tomaram a decisão de matar a Jesus. Manietaram-no, levaram-no e o entregaram ao governador Pôncio Pilatos.

Ave-Maria

2. Tornou Pilatos a entrar no pretório, chamou a Jesus, e lhe perguntou: És tu o rei dos Judeus?

Ave-Maria

3. Respondeu Jesus: O meu reino não é deste mundo. Perguntou Pilatos: Então, tu és rei?

Ave-Maria

4. Respondeu Jesus: Tu dizes que eu sou rei. Eu para isso nasci e para isso vim ao mundo, a fim de dar testemunho da verdade.

Ave-Maria

5. Todo aquele que é da verdade ouve minha voz. Perguntou Pilatos: Que é a verdade?

Ave-Maria

6. Então Pilatos, vendo que nada conseguia, e o tumulto crescia, tomando água, lavou as mãos diante da multidão, dizendo: Estou inocente do sangue deste homem. A responsabilidade é vossa.

Ave-Maria

7. Respondeu todo o povo: O seu sangue caia sobre nós e sobre nossos filhos.

Ave-Maria

8. Então lhe soltou a Barrabás. Mas, tendo mandado açoitar a Jesus, entregou-o para ser crucificado.

Ave-Maria

9. Os soldados teceram uma coroa de espinhos, puseram-na em sua cabeça e vestiram-no com um manto púrpura. Aproximando-se dele, diziam: Salve, Rei dos Judeus! E davam-lhe bofetadas.

Ave-Maria

10. De novo, Pilatos saiu, e lhes disse: Vede! Eu vo-lo trago para que saibais que não acho nele crime algum. Quando Jesus saiu, trazendo a coroa de espinhos e o manto púrpura, Pilatos lhes disse: Eis o homem!

Ave-Maria

Glória ao Pai

Quarto Mistério Iniciático
O Carregar da Cruz

O Pai-Nosso do EU SOU de Jesus

1. Então disse a todos: Se alguém quer vir depois de mim, negue-se a si mesmo, tome cada dia a sua cruz e siga-me. Pois qualquer um que quiser salvar sua vida, perdê-la-á, mas aquele que, por minha causa, perder sua vida, esse a salvará.

Ave-Maria

2. Vinde a mim todos os que estais cansados e sobrecarregados, e eu vos aliviarei. Tomais sobre vós o meu jugo, e aprendei de mim, porque sou manso e humilde de coração, e encontrareis descanso para as vossas almas. Pois o meu jugo é suave, e o meu fardo é leve.

Ave-Maria

3. Ele próprio, levando sua cruz, saiu para o lugar chamado Caveira, que em hebraico se chama Gólgota. Pilatos mandou escrever um título, e o fez pregar na cruz. Nele estava escrito: JESUS DE NAZARÉ, O REI DOS JUDEUS.

Ave-Maria

4. Quando o iam levando, constrangeram certo cireneu, chamado Simão, que vinha do campo, e puseram-lhe a cruz às costas, para que a levasse após Jesus.

Ave-Maria

5. Seguia-o grande multidão, e também mulheres que batiam no peito e o lamentavam. Porém Jesus, voltando-se para elas, disse: Filhas de Jerusalém, não choreis por mim, chorai antes por vós mesmas e por vossos filhos.

Ave-Maria

6. Pois se ao madeiro verde fazem isto, que se fará ao seco?

Ave-Maria

7. Lembrai-vos da palavra que vos disse: Não é o servo maior do que o seu senhor. Se eles me perseguiram, também vos perseguirão; de fato, vem a hora em que qualquer que vos matar pensará estar oferecendo culto a Deus.

Ave-Maria

8. Assim também vós agora, na verdade, tendes tristeza, mas outra vez vos verei, e o vosso coração se alegrará, e a vossa alegria ninguém poderá tirar.

Ave-Maria

9. Tudo o que pedirdes a meu Pai, em meu nome, ele vos dará. Até agora nada pedistes em meu nome. Pedi e recebereis, para que a vossa alegria seja completa.

Ave-Maria

10. Disse-vos estas coisas para que em mim tenhais paz. No mundo tereis aflições. Mas tende bom ânimo! Eu venci o mundo.

Ave-Maria

Glória ao Pai

Quinto Mistério Iniciático
A Crucificação

O Pai-Nosso do EU SOU de Jesus

1. Em verdade, em verdade vos digo que se o grão de trigo, caindo na terra, não morrer, fica só. Mas, se morrer, produz muito fruto.

Ave-Maria

2. Quem ama sua vida, perdê-la-á, mas quem odeia sua vida, neste mundo, guardá-la-á para a vida eterna.

Ave-Maria

3. Quando chegaram ao lugar chamado Caveira, ali crucificaram Jesus, e com ele dois criminosos, um à direita e outro à esquerda. Jesus disse: Pai, perdoa-lhes, pois não sabem o que fazem.

Ave-Maria

4. Um dos criminosos disse a Jesus: Senhor, lembra-te de mim quando entrares em teu reino. Respondeu-lhe Jesus: Em verdade te digo que hoje entrarás comigo no paraíso.

Ave-Maria

5. Vendo Jesus ali a sua mãe, e que o discípulo a quem ele amava estava presente, disse a ela: Mulher, eis o teu filho. Depois disse ao discípulo: Eis a tua mãe. E dessa hora em diante o discípulo a recebeu em sua casa.

Ave-Maria

6. Chegada a hora sexta, houve trevas sobre toda a terra, até à hora nona. E à hora nona exclamou Jesus com alta voz: *Eloí, Eloí, lamá*

sabctâni?, que quer dizer: Deus meu, Deus meu, por que me desamparaste?

Ave-Maria

7. E Jesus clamou com grande voz: Pai, nas tuas mãos entrego o meu espírito. Havendo dito isto, expirou.

Ave-Maria

8. O véu do templo rasgou-se em duas partes, de alto a baixo.

Ave-Maria

9. E quando o centurião, que estava na frente dele, ouviu seu brado, e viu como expirara, disse: Verdadeiramente este homem era o Filho de Deus!

Ave-Maria

10. Agora é o tempo do juízo deste mundo; agora será expulso o príncipe deste mundo. Mas eu, quando for levantado da terra, atrairei todos a mim.

Ave-Maria

Glória ao Pai

Acabou-se!

7

O Sinal-da-cruz

Mistérios Gloriosos

Sexta-feira — O Quarto Raio

A Oração Diária do Guardião
O Pai-Nosso do EU SOU de Jesus
Três Ave-Marias
Chamado ao Sopro do Fogo
Afirmações Transfiguradoras de Jesus

Primeiro Mistério Glorioso
A Ressurreição

O Pai-Nosso do EU SOU de Jesus

1. Depois do sábado, ao raiar do primeiro dia da semana, Maria Madalena e a outra Maria foram ver o sepulcro.

Ave-Maria

2. Houve um grande terremoto, pois um anjo do Senhor desceu do Céu, chegou, removeu a pedra e assentou-se sobre ela.

Ave-Maria

3. O seu aspecto era como um relâmpago, e sua veste, branca como a neve. Os guardas tremeram de medo dele e ficaram como mortos.

Ave-Maria

4. Mas o anjo, dirigindo-se às mulheres, disse: Não tenhais medo, pois eu sei que buscais a Jesus, que foi crucificado. Ele não está aqui; já ressurgiu, como tinha dito. Vinde ver o lugar onde ele jazia.

Ave-Maria

5. Agora ide imediatamente e dizei aos discípulos que ele ressurgiu dentre os mortos, e vai adiante de vós para a Galiléia. Ali o vereis. Ora, eu vo-lo tenho dito. Saindo elas apressadamente do sepulcro, com temor e grande alegria, correram a anunciá-lo aos seus discípulos.

Ave-Maria

6. De repente Jesus lhes sai ao encontro, dizendo: Eu vos saúdo. E elas, chegando, abraçaram-lhe os pés e o adoraram. Então Jesus lhes disse: Não temais! Ide dizer a meus irmãos que se dirijam para a Galiléia, e lá me verão.

Ave-Maria

7. Chegada a tarde daquele dia, o primeiro da semana, e estando cerradas as portas do lugar onde estavam os discípulos, com medo dos judeus, chegou Jesus, pôs-se no meio e lhes disse: Que a Paz esteja convosco!

Ave-Maria

8. Tendo disto isto, mostrou-lhes as mãos e o lado. Os discípulos se alegraram ao verem o Senhor. Disse-lhes Jesus de novo: Que a Paz esteja convosco! Assim como o Pai me enviou, eu vos envio.

Ave-Maria

9. Dizendo isto, soprou sobre eles, e disse: Recebei o Espírito Santo.

Ave-Maria

10. Aqueles aos quais perdoardes os pecados, ser-lhes-ão perdoados; aqueles aos quais não perdoardes, ser-lhes-ão retidos.

Ave-Maria

Glória ao Pai

Segundo Mistério Glorioso
A Ascensão

1. Eis o que está escrito: O Cristo padecerá, e ao terceiro dia ressurgirá dentre os mortos, e em seu nome se pregará o arrependimento e a remissão dos pecados, em todas as nações, começando por Jerusalém.

Ave-Maria

2. Vós sois testemunhas destas coisas. Envio sobre vós a promessa de meu Pai; mas ficai na cidade, até que do alto sejais revestidos de poder.

Ave-Maria

3. É-me dado todo o poder no Céu e na Terra.

Ave-Maria

4. Portanto, ide e fazei discípulos de todos os povos, batizando-os em nome do Pai, do Filho e do Espírito Santo, ensinando-os a guardar todas as coisas que eu vos tenho mandado.

Ave-Maria

5. E certamente estou convosco todos os dias, até a consumação do século.

Ave-Maria

6. Mas recebereis poder, ao descer sobre vós o Espírito Santo, e sereis minhas testemunhas, tanto em Jerusalém como em toda a Judéia e Samaria, e até os confins da Terra.

Ave-Maria

7. Depois que lhes disse isto, vendo-o eles, foi elevado às alturas e uma nuvem o recebeu, ocultando-o a seus olhos.

Ave-Maria

8. E estando eles com os olhos fitos no céu enquanto ele subia, de repente junto deles se puseram dois homens vestidos de branco.

Ave-Maria

9. Os quais lhes disseram: Varões galileus, por que estais olhando para o céu? Esse Jesus, que dentre vós foi recebido em cima no céu, há de vir, assim como para o céu o vistes ir.

Ave-Maria

10. Então os discípulos partiram e pregaram por toda parte, cooperando com eles o Senhor, e confirmando sua palavra por meio dos sinais que as acompanhavam.

Ave-Maria

Glória ao Pai

Terceiro Mistério Glorioso
A Descida do Espírito Santo

O Pai-Nosso do EU SOU de Jesus

1. Cumprindo-se o dia de Pentecostes, estavam todos reunidos no mesmo lugar.

Ave-Maria

2. De repente veio do céu um som, como de um vento impetuoso, e encheu toda a casa onde estavam assentados.

Ave-Maria

3. E viram línguas repartidas, como que de fogo, as quais pousaram sobre cada um deles.

Ave-Maria

4. Todos foram cheios do Espírito Santo e começaram a falar em outras línguas, conforme o Espírito Santo lhes concedia que falassem.

Ave-Maria

5. Correndo aquela voz, ajuntou-se uma multidão, e estava confusa, porque cada um os ouvia falar na sua própria língua. E todos pasmavam e se maravilhavam, perguntando uns aos outros: Não são galileus todos esses homens que estão falando?

Ave-Maria

6. Pedro, porém, pondo-se em pé com os 11, levantou a voz, e disse-lhes: homens judeus, e todos os que habitais em Jerusalém, seja-vos notório. O que foi dito pelo Profeta Joel:

Ave-Maria

7. Nos últimos dias, diz Deus, do meu Espírito derramarei sobre toda a carne. Os vossos filhos e as vossas filhas profetizarão, os vossos jovens terão visões e os vossos velhos terão sonhos.

Ave-Maria

8. E também do meu Espírito derramarei sobre os meus servos e as minhas servas naqueles dias, e profetizarão. E todo aquele que invocar o nome do Senhor, será salvo.

Ave-Maria

9. Disse-lhes Pedro: Arrependei-vos, e cada um de vós seja batizado em nome de Jesus Cristo, para perdão dos pecados. E recebereis o dom do Espírito Santo. A promessa diz respeito a vós, a vossos filhos e a todos os que estão longe — a tantos quantos Deus nosso Senhor chamar.

Ave-Maria

10. Os que de bom grado receberam sua palavra foram batizados, e naquele dia agregaram-se quase 3 mil almas.

Ave-Maria

Glória ao Pai

Quarto Mistério Glorioso
A Glória da Mulher e o Filho Varão

O Pai-Nosso do EU SOU de Jesus

1. Viu-se um grande sinal no céu: uma mulher vestida do sol, tendo a lua debaixo dos pés e uma coroa de 12 estrelas sobre a cabeça.

Ave-Maria

2. Ela estava grávida e gritava com as dores de parto, sofrendo tormentos para dar à luz.

Ave-Maria

3. Viu-se também outro sinal no céu: um grande dragão vermelho, que tinha sete cabeças e dez chifres, e sobre as suas cabeças sete diademas.

Ave-Maria

4. A sua cauda levou após si a terça parte das estrelas do céu, e lançou-as sobre a Terra. O dragão parou diante da mulher que estava prestes a dar à luz para que, dando ela à luz, lhe devorasse o filho.

Ave-Maria

5. Ela deu à luz um filho, um varão que há de reger todas as nações com vara de ferro. E o seu filho foi arrebatado para Deus e para o seu trono.

Ave-Maria

6. A mulher fugiu para o deserto, onde já tinha lugar preparado por Deus, para que ali fosse alimentada durante 1.260 dias.

Ave-Maria

7. Então houve guerra no céu: Miguel e os seus anjos batalharam contra o dragão. E o dragão e os seus anjos também batalhavam, mas não prevaleceram, nem mais o seu lugar se achou nos céus.

Ave-Maria

8. E foi precipitado o grande dragão, a antiga serpente, que se chama diabo e Satanás, que engana a todo mundo. Ele foi precipitado na Terra, e os seus anjos foram lançados com ele.

Ave-Maria

9. Então, ouvi uma grande voz no céu, que dizia: Agora é chegada a salvação, e a força, e o Reino do nosso Deus, e o poder do seu Cristo. Pois já o acusador de nossos irmãos foi lançado fora, o qual diante do nosso Deus os acusava de dia e de noite.

Ave-Maria

10. E eles o venceram pelo sangue do Cordeiro e pela palavra do seu testemunho; e não amaram as suas vidas até a morte.

Ave-Maria

Glória ao Pai

Quinto Mistério Glorioso
O Triunfo da Mãe Divina

O Pai-Nosso do EU SOU de Jesus

1. Pelo que vos alegrai, ó, céus, e vós que neles habitais. Ai dos que habitam na terra e no mar, porque o diabo desceu a vós, e tem grande ira, sabendo que pouco tempo lhe resta.

Ave-Maria

2. Quando o dragão se viu lançado na Terra, perseguiu a mulher que dera à luz o Filho Varão.

Ave-Maria

3. E foram dadas à mulher as duas asas da grande águia, para que voasse até o deserto, ao seu lugar, onde é sustentada por um tempo, e tempos, e metade de um tempo, fora da vista da serpente.

Ave-Maria

4. Então a serpente lançou da sua boca, atrás da mulher, água como um rio, a fim de fazer com que ela fosse arrebatada pela corrente. Mas a terra ajudou a mulher, abrindo sua boca e engolindo o rio que o dragão lançara da sua boca.

Ave-Maria

5. Então o dragão irou-se contra a mulher e foi fazer guerra aos demais filhos dela, os que guardam os mandamentos de Deus e mantêm o testemunho de Jesus.

Ave-Maria

6. Então vi um novo Céu e uma nova Terra, pois já o primeiro Céu e a primeira Terra passaram e o mar já não mais existe. Vi também a cidade santa, a Nova Jerusalém, que de Deus descia do Céu, ataviada como uma noiva para o seu noivo.

Ave-Maria

7. E ouvi uma grande voz, vinda do trono, que dizia: Agora o tabernáculo de Deus está com os homens. Deus habitará com eles e eles serão seu povo, e o próprio Deus estará com eles, e será o seu Deus.

Ave-Maria

8. Deus enxugará de seus olhos toda lágrima. Não haverá mais morte, nem pranto, nem lamento, nem dor, pois já as primeiras coisas são passadas.

Ave-Maria

9. Disse-me mais: Está cumprido. Eu sou o Alfa e o Ômega, o princípio e o fim. Quem vencer, herdará todas as coisas, e eu serei seu Deus, e ele será meu filho.

Ave-Maria

10. O Espírito e a noiva dizem: Vem. Quem ouve, diga: Vem. Quem tem sede, venha; e quem quiser tome de graça a água da vida.

Ave-Maria

Glória ao Pai

Acabou-se!

8

Mistérios Miraculosos

Sábado — O Sétimo Raio

A Oração Diária do Guardião
O Pai-Nosso do EU SOU de Jesus
Três Ave-Marias
Chamado ao Sopro do Fogo
Afirmações Transfiguradoras de Jesus

Primeiro Mistério Miraculoso
As Bodas de Caná

O Pai-Nosso do EU SOU de Jesus

1. No terceiro dia houve um casamento em Caná da Galiléia. A mãe de Jesus estava ali, e Jesus e seus discípulos também haviam sido convidados para o casamento.

Ave-Maria

2. Tendo acabado o vinho, a mãe de Jesus lhe disse: Não têm mais vinho.

Ave-Maria

3. Respondeu-lhe Jesus: Mulher, que tenho eu com isso? Ainda não chegou minha hora.

Ave-Maria

4. Sua mãe disse aos serventes: Fazei tudo o que ele vos disser.

Ave-Maria

5. Estavam ali seis talhas de pedra que os judeus usavam para as purificações, e em cada uma levava duas ou três metretas.

Ave-Maria

6. Disse-lhes Jesus: Enchei de água essas talhas. E encheram-nas até em cima.

Ave-Maria

7. Então lhes disse: Tirai agora e levai ao mestre-sala. Eles o fizeram.

Ave-Maria

8. E logo que o mestre-sala provou a água transformada em vinho, não sabendo de onde viera, se bem que sabiam os serventes que tinham tirado a água, chamou o noivo.

Ave-Maria

9. E disse: Todos põem primeiro o vinho bom, e quando já beberam fartamente, então o inferior; mas tu guardaste até agora o bom vinho.

Ave-Maria

10. Este, o primeiro dos seus sinais miraculosos, Jesus realizou em Caná da Galiléia. Assim revelou sua glória, e seus discípulos creram nele.

Ave-Maria

Glória ao Pai

Segundo Mistério Miraculoso
Jesus Acalma a Tempestade e Cura
Endemoninhado Geraseno

O Pai-Nosso do EU SOU de Jesus

1. Num daqueles dias, entrou num barco com seus discípulos e disse-lhes: Passemos para o outro lado do lago. E partiram. Navegando eles, Jesus adormeceu. Sobreveio uma tempestade de vento no lago, o barco se enchia e eles estavam em perigo.

Ave-Maria

2. Chegando-se a ele, os discípulos despertaram-no, dizendo: Mestre, Mestre, estamos perecendo! Ele se levantou, repreendeu o vento e a fúria da água; tudo cessou, e fez-se bonança.

Ave-Maria

3. Então Jesus perguntou: Onde está a vossa fé? Eles, temendo, maravilharam-se, dizendo uns aos outros: Quem é este, que até aos ventos e à água manda, e lhe obedecem?

Ave-Maria

4. Navegaram para a região dos gerasenos, que está defronte da Galiléia. Quando Jesus desceu para terra, saiu-lhe ao encontro, vindo da cidade, um homem que há muito tempo estava possesso de demônios, e não andava vestido, nem habitava em qualquer casa, mas nos sepulcros.

Ave-Maria

5. Vendo a Jesus, prostrou-se diante dele, exclamando e dizendo em alta voz: Que tenho eu contigo, Jesus, Filho do Deus Altíssimo? Peço-te que não me atormentes!

Ave-Maria

6. Porque Jesus tinha ordenado ao espírito imundo que saísse do homem. Já havia muito tempo que se apossava dele, e embora o mantivessem preso com grilhões e cadeias, quebrava as prisões e era impelido pelo demônio para o deserto.

Ave-Maria

7. Perguntou-lhe Jesus: Qual é o teu nome? Respondeu ele: Legião, porque tinham entrado nele muitos demônios. Rogavam-lhe que não os mandasse para o abismo.

Ave-Maria

8. Ora, andava ali pastando no monte uma grande manada de porcos. Rogaram-lhe os demônios que lhes concedesse entrar neles. Jesus o permitiu.

Ave-Maria

9. Tendo saído do homem, os demônios entraram nos porcos, e a manada precipitou-se de um despenhadeiro no lago e se afogou.

Ave-Maria

10. Aqueles que guardavam os porcos, vendo o que havia acontecido, fugiram e foram anunciá-lo na cidade e nos campos. E saíram a ver o que tinha acontecido, vieram ter com Jesus. Acharam então o homem de quem haviam saído os demônios, vestido, em perfeito juízo, assentado aos pés de Jesus; e temeram.

Ave-Maria

Glória ao Pai

Terceiro Mistério Miraculoso
A Multiplicação dos Pães

O Pai-Nosso do EU SOU de Jesus

1. Depois destas coisas Jesus atravessou o mar da Galiléia, que é o de Tiberíades, e grande multidão o seguia, porque tinham visto os sinais miraculosos que ele operava na cura dos enfermos.

Ave-Maria

2. Então, Jesus subiu a um monte, e assentou-se ali com os seus discípulos. A Páscoa, festa dos judeus, estava próxima.

Ave-Maria

3. Jesus, erguendo os olhos e vendo uma grande multidão que se aproximava, perguntou a Filipe: Onde compraremos pão para toda esta gente comer? Ele perguntou isto somente para o experimentar, pois já sabia o que ia fazer.

Ave-Maria

4. Respondeu-lhe Filipe: Duzentos denários de pão não bastariam para que cada um deles recebesse um pedaço.

Ave-Maria

5. Outro dos seus discípulos, André, irmão de Simão Pedro, disse: Está aqui um rapaz que tem cinco pães de cevada pequenos e dois peixinhos, mas o que é isto para tantos?

Ave-Maria

6. Disse Jesus: Fazei-os assentar, em grupos de 50. Havia muita relva naquele lugar, e as pessoas assentaram-se, os homens em número de quase 5 mil.

Ave-Maria

7. Então Jesus tomou os pães, deu graças, repartiu-os com os discípulos e os discípulos com os que estavam assentados. E fez o mesmo com os peixes.

Ave-Maria

8. Quando estavam saciados, ele disse aos discípulos: Recolhei os pedaços que sobraram, para que nada se perca.

Ave-Maria

9. Recolheram-nos, e encheram 12 cestos de pedaços dos cinco pães de cevada que sobraram aos que haviam comido.

Ave-Maria

10. Vendo os homens o milagre que Jesus fizera, disseram: Este é verdadeiramente o profeta que devia vir ao mundo.

Ave-Maria

Glória ao Pai

Quarto Mistério Miraculoso
Cristo Perdoa a Mulher Adúltera

O Pai-Nosso do EU SOU de Jesus

1. De manhã cedo Jesus apareceu de novo no templo, todo o povo se reuniu em volta dele, e ele assentou-se para lhes ensinar.

Ave-Maria

2. Os escribas e os fariseus trouxeram a Jesus uma mulher apanhada em adultério.

Ave-Maria

3. Puseram-na de pé no meio do grupo e disseram a Jesus: Mestre, esta mulher foi apanhada em adultério.

Ave-Maria

4. Na Lei nos ordenou Moisés que tais mulheres sejam apedrejadas. Ora, o que dizes?

Ave-Maria

5. Eles usavam esta pergunta como armadilha, para terem de que acusá-lo. Mas Jesus se inclinou e começou a escrever na terra com o dedo.

Ave-Maria

6. Como insistissem na pergunta, ele se endireitou e disse: Aquele que dentre vós está sem pecado, seja o primeiro a lhe atirar uma pedra!

Ave-Maria

7. Inclinando-se novamente, voltou a escrever na terra.

Ave-Maria

8. Quando ouviram isto, foram-se retirando, um a um, a começar pelos mais velhos, até que ficou só Jesus e a mulher no meio onde estava.

Ave-Maria

9. Jesus endireitou-se e disse: Mulher, onde estão eles? Ninguém te condenou?

Ave-Maria

10. Respondeu ela: Ninguém, Senhor. Disse Jesus: Nem eu também te condeno. Vai e não peques mais.

Ave-Maria

Glória ao Pai

Quinto Mistério Miraculoso
Cristo o Pão da Vida

O Pai-Nosso do EU SOU de Jesus

1. Então Jesus lhes declarou: EU SOU o pão da vida. Aquele que vem a mim não terá fome, e quem crê em mim jamais terá sede.

Ave-Maria

2. Pois eu desci do Céu não para fazer minha vontade, mas a vontade daquele que me enviou. E esta é a vontade daquele que me enviou, que eu não perca nenhum de todos os que ele me deu, mas o ressuscite no último dia.

Ave-Maria

3. Pois a vontade do meu Pai é que todo aquele que vê o Filho e nele crê tenha a vida eterna, e eu o ressuscitarei no último dia. Ninguém pode vir a mim se o Pai que me enviou não o trouxer, e eu o ressuscitarei no último dia.

Ave-Maria

4. EU SOU o pão da vida. Vossos pais comeram o maná no deserto e morreram. Mas aqui está o pão que desce do Céu, do qual se o homem comer não morre.

Ave-Maria

5. EU SOU o pão vivo que desceu do Céu. Se alguém comer deste pão, viverá para sempre.

Ave-Maria

6. Este pão é minha carne, que eu darei pela vida do mundo.

Ave-Maria

7. Em verdade, em verdade vos digo que, se não comerdes a carne do Filho do homem e não beberdes o seu sangue, não tereis vida em vós mesmos.

Ave-Maria

8. Quem come a minha carne e bebe o meu sangue tem a vida eterna, e eu o ressuscitarei no último dia.

Ave-Maria

9. Pois a minha carne é verdadeiramente comida e o meu sangue é verdadeiramente bebida. Quem come minha carne e bebe o meu sangue permanece em mim e eu, nele.

Ave-Maria

10. Assim como o Pai, que vive, me enviou, e eu vivo pelo Pai, assim também quem de mim se alimenta viverá por mim.

Ave-Maria

Glória ao Pai

Acabou-se!

PARTE TRÊS

O Aspecto do Poder da Chama do Cristo

Quatorze Mensagens da Palavra da
Vida para as Crianças da Mãe

A minha alma engrandece o Senhor,
E o meu espírito se alegra em Deus meu Salvador.
Porque olhou para a humildade da sua serva.
Desde agora todas as gerações me chamarão bem-aventurada.
Pois grandes coisas me fez o Poderoso. Santo é o seu nome.
A sua misericórdia é geração em geração sobre os que o temem.
Com o seu braço agiu valorosamente;
Dispensou os que no coração alimenavam pensamentos
soberbos.
Depôs dos tronos os poderosos, e elevou os humildes.
Encheu de bens os famintos, e despediu vazios os ricos.
Auxiliou a Israel, seu servo, recordando-se da sua misericórdia
para com Abraão e sua descendência, para sempre.

Lucas 1: 46-55

Bem-aventurado o homem que encontra sabedoria, e o homem que adquire conhecimento, pois ela é mais lucro do que o ouro. Mais preciosa é do que os rubis, tudo o que podes desejar não se compara a ela. Lonjura de dias há na sua mão direita; na sua esquerda riquezas e honra.

Provérbios 3: 13-16

1

Uma vigília perpétua é da maior importância neste momento

Da estrela de fogo do ser de todos os homens eu venho, portando a chama da Mãe do Mundo, a chama que envolve os lares planetários, as galáxias, as estrelas infinitas e os mundos dentro de mundos. Venho portando o cálice, e dentro do cálice há uma chama poderosa — o fogo do coração do Todo-Poderoso, o fogo do seu altar. E os anjos que me acompanham, os poderosos serafins de luz, vieram agora de seu altar, onde cantam: "Santo, Santo, Santo, Senhor Deus, vós sois Santo!",[1] noite e dia, com a alegria do amor de sua presença flamejante.

Mergulho agora no cálice de fogo e retiro dali o fogo do coração de Deus, cheio da sua misericórdia, flamejando o fogo branco da luz do Cristo, e o passo agora por sobre as cabeças desta audiência. Recebei o fogo do alto e sede consagrados pelo óleo santo. Pois nesta hora de grande necessidade e problemas mundiais deveis estar trajando a veste nupcial,[2] a túnica inconsútil[3] do Cristo, a armadura[4] do Senhor e o fogo da sua consciência, que é na verdade vossa armadura, vosso escudo e vosso grande galardão.[5]

Venho, então, com o propósito específico de consagrar-vos como representantes da Mãe Cósmica, do Cristo e do Pai Supremo, para serdes no mundo da forma os representantes da divina Trindade. O equilíbrio do fogo sagrado dentro de vós, dentro de cada um, é a chave para a vossa divindade e a chave para o vosso serviço no mundo da forma.

Preciosos corações, como já vos disse e escrevi muitas vezes, o serviço que prestamos na nossa encarnação final não foi do tipo privilegiado, que nos permitisse a qualquer momento nos abrigar na Presença de Deus. Passamos pelos confinamentos humanos necessários à carne, suportamos os fardos humanos a fim de que nossos testes pudessem ser realizados, para que a maravilha de sua glória pudesse se manifestar — a grande maravilha de ver o celestial se tornar carne, para que o Verbo pudesse habitar entre os homens.[6]

Pois se tivéssemos sido privilegiados de algum modo, ou colocados acima dos outros, nosso exemplo não teria se realizado para todos os tempos, nem para todos os homens. Foi, portanto, amados, pelo fato de termos assumido as formas que outros assumiram, a forma que vós neste instante assumis, que provamos para todo o sempre que todos os indivíduos podem também manifestar o poder do Cristo e o poder da Mãe do Mundo, a fim de alcançar a vitória contra todos os ataques do mundo.

Pois aquele que está centrado na chama de sua divindade não deverá se abalar quando as ondas da consciência mortal varrerem o mar e baterem sobre o campo de força do ser, explodindo sobre as encostas da consciência humana. E qual o motivo disso acontecer? É que, por estar centrado na consciência crística e na chama, o ser humano já não existe mais, o ego é dissolvido e o homem encontra sua individualidade em Deus — jamais perdida, mas totalmente unida e absorvida dentro da chama. Desta forma, a oposição do mundo, a resistência da mente carnal[7] não pode tocá-lo.

Aquele, no entanto, que mantiver uma porção do seu eu humano e o esconder sob as vestes perceberá que, quando os ventos de Deus soprarem, a porção que mantivera escondida será exposta, e o homem decairá, pois não terá a integridade imaculada da perfeição da Divindade.

Amados, é uma atitude suicida reservar qualquer parte da consciência para si mesmo. Pois não foi vossa consciência cedida por empréstimo de Deus? Não poderá ele tomá-la de volta a qualquer momento? Não é ele o árbitro do destino de cada célula do vosso ser? Afinal, pode um leopardo trocar suas pintas?[8] Pode um homem apenas por pensamento mudar o seu ser?[9]

Estais sujeitos, pois, à Divindade que vos criou, quando vos entregais a ela. O recipiente, porém, pode ser descartado ou entregue a outras fontes, a uma fonte impura, e então ele também se verá perdido nessa fonte. Mas esta não é a fonte eterna, e varre a identidade e tudo mais. E então deveis compreender que, ao vos entregardes a Deus, sabeis que tendes a unidade eterna, o ser eterno em Cristo. Quando vos rendeis à carne, não tendes coisa alguma, a não ser um momento transitório de exaltação do ego, e então não sobra mais nada...

Amados, a chave para a mestria que nos foi ensinada pelo Grande Hierofante em Luxor quando nos preparávamos para a parte final de nossa missão — a chave que ele nos deu e que por tantas vezes significou muito nos momentos de provação — era tornar o mal impessoal, tornar impessoal a mente carnal, não apenas para tornar impessoal as próprias fraquezas de cada um, mas também para tornar impessoal os insultos que vos são lançados pelos outros. Se puderdes sempre enxergar o que está além do humano e ver o Cristo por trás da máscara, então jamais sereis iludidos por essa máscara, ou derrotados por ela. Acima de tudo, jamais ireis reagir à máscara que há em vós mesmos ou em outros à vossa volta.

Como isso é importante! Mães, ensinai a vossos filhos. Pais, dizei isto a vossos filhos e filhas. Colocai-os sobre vossos joelhos e apontai para o mundo e para as tentações que há nele. E explicai aos pequenos preciosos, mesmo que sejam ainda muito jovens, que existe uma miragem no mundo, e que essa miragem não é real. E que além do véu e da miragem está a realidade, está o verdadeiro Cristo em manifestação.

Tenho observado o quanto as criancinhas são receptivas a esta verdade, pois chegaram recentemente das cidades etéricas e dos templos de luz, onde presenciaram as maravilhas da criação. São virtuosos e puros de coração. São amantes do Cristo e da divindade nelas. Então são atiradas aos leões em uma tenra idade por pais bem-intencionados, que as colocam diante de aparelhos de tevê e permitem que ouçam um tipo de música que certamente vai rasgar as vestes da alma e fazê-la se desligar de todo e qualquer contato com a divindade, através de uma batida que produz uma espiral negativa e acaba por deixá-las chafurdando nos sedimentos da mortalidade.

Ó, amados, há grande sabedoria nas crianças. Não deveis omitir a verdade a elas. Explicai-lhes a Lei por palavras simples, pois elas possuem grande entendimento. Os pequeninos que estão vindo ao mundo nesta época, especialmente estes, tiveram um treinamento exclusivo em nossos templos, pois percebemos a necessidade de colocar uma armadura de luz[10] em volta delas ao ver que iriam para um lugar de tanta discórdia como é o mundo de hoje. Pois sabíamos que suas almas não conseguiriam sobreviver em tal mundo, nem carregar a luz dos altares de Deus.

Assim, a pedido do Senhor Gautama Buda, o Senhor do Mundo, um programa foi iniciado para as almas que iam chegar, através do qual elas aprenderiam em seu interior uma maneira especial de isolar a consciência de toda a discórdia que há no mundo, através da chama da pureza e da proteção. Percebereis que estes pequenos tão preciosos terão um filamento de luz em torno deles, de forma que não assumirão os modos do mundo, que serão repelidos pelo poder do Espírito Santo, até o dia em que receberão a consciência externa da Lei através da chama da ressurreição e poderão se unir ao Deus que há dentro deles, até alcançarem a idade da razão, quando então poderão escolher o caminho que leva à divindade por si mesmos.

Peço-vos, amados, como já vos pedi muitas vezes no passado, para que rezeis pelos pequeninos. Pois até a idade dos sete anos existe grande oportunidade de selá-los nas chamas do Cristo. Qualquer coisa que seja moldada no barro da consciência durante o período de formação dos inocentes até os sete anos é o que fica, é o mais importante. Portanto, a proteção das hostes angélicas pode ser invocada por vós, e há muitas delas aqui nesta sala. Se invocardes diariamente a proteção das crianças do mundo, isso é tudo o que precisamos para colocar em ação nossos anjos, que atenderão vossos chamados. Pois tendes a autoridade neste mundo, e até que peçais, não podemos nos aproximar para fazer cumprir os desígnios do Pai.

Diante disso, rezareis para que estes pequeninos possam ser selados no conceito imaculado, no plano do coração de Deus, para seus planos serem realizados em suas vidas? Invocareis a ação de selamento do Sagrado Coração da Mãe do Mundo em torno desses pequenos abençoados? Ireis visualizá-los envolvidos pela pureza?

Dessa forma, um grande serviço será realizado, pois existem muitas almas que estão prestes a encarnar e que estão destinadas a se tornarem Cristos para toda a humanidade, avatares de grande luz. Eles vêm com uma missão e uma grande vocação, e precisam ser protegidos, amados, pois no passado, quando enviamos almas como estas, muitas se perderam. Muitas chegaram à maioridade sem saber quem eram, nem porque estavam aqui. E algumas cometeram suicídio porque não conseguiam suportar a provação de estar em meio à consciência do mundo.

Preciosos, só mesmo um coração de mãe é capaz de avaliar o quanto é difícil ajustar-se a este mundo quando a alma vem das oitavas de luz. Como é difícil ver o mundo numa condição de decadência, sabendo como tudo deveria ser, tendo visto os mundos que foram planejados por Deus a níveis interiores, conhecendo o propósito, o plano e a memória latente que soa verdadeira quando surge. Por tudo isso não nos parece estranho que os jovens corações se vejam arrastados pelo espírito de revolução liderado pelo Anticristo, pelos retardatários e pelos luciféricos, que provocam a destruição de tudo o que vêm, pelo simples fato de elas não condizerem com o conceito interno que eles têm da verdade.

Ó, amados, há uma corrente, uma forte maré, uma grande onda de energia que carrega as almas dos homens, arrastando-as para o caminho da mediocridade. E os que não estão ancorados na divindade desde uma tenra idade são arrastados por esta maré. Por tudo isso, rezai pelos corações dos jovens do mundo. Rezai por pessoas de todas as idades, pois notamos que também existem os que, mais velhos, estão igualmente sendo sugados pelos conceitos da nova moral, pelo treinamento para a aceitação de uma sensibilidade invertida e pelos males de uma sociedade que representam um ataque direto contra a Mãe do Mundo, contra a imagem de pureza do Olho Onividente de Deus e contra a singeleza de seus propósitos e de sua visão.

Acima de tudo, amados, eu vos alerto: não vos afasteis do mundo. Não vos isoleis do que está acontecendo. Se fizerdes isso, sereis como aqueles na Atlântida que se recusaram a ver e apontar a decadência de sua época e permaneceram enclausurados em seus retiros. Então, a Atlântida caiu e, quando afundou, os sumos sacerdotes que tentaram ignorar os problemas de seu tempo foram igualmente engolfados pela grande onda.

Preciosos corações, rezai diariamente pelas condições do mundo, rezai pela mitigação da dor de todo o planeta, para que as guerras cessem, e especialmente para o desmascaramento dos manipuladores que provocam as guerras a fim de engolirem os filhos de Deus em uma grande fábrica de mortes. Porque a guerra é uma fábrica de mortes, eu vos afirmo! As entidades astrais desejam o sangue dos jovens. E acaso sabeis o porquê disto, preciosos? Porque no sangue está o átomo, e no coração do átomo está o

Cristo. As entidades astrais precisam viver do sangue dos jovens porque perderam o contato com Deus. Portanto, buscam criar guerras simplesmente para perpetuar a própria existência.

Ó, preciosos corações, uma vigília perpétua é da maior importância neste momento. Peço-vos que a façais comigo em prol dos jovens, pois o complô está se revelando agora, buscando arrastálos em mais uma guerra no Oriente Médio. E, como os Senhores do Carma já vos disseram, se esta guerra continuar, ela poderá significar a maior catástrofe de todos os tempos para o corpo planetário, a maior que já se viu sobre a face da Terra.

Asseguro-vos, preciosos, que deveis vos colocar de joelhos diariamente, pedindo aos anjos da paz e aos anjos da vitória para que impeçam as trevas que estão prestes a se abater sobre o Oriente Médio. Digo-vos que aqueles que estão agora guerreando uns com os outros têm estado guerreando por séculos e séculos. Antes mesmo de chegarem a este planeta, já guerreavam entre si. Pergunto-vos, em nome do Deus Todo-Poderoso, é justo que os filhos de Deus e as santas crianças crísticas sejam arrastados para essas brigas sem valor, para essas batalhas, e percam suas vidas por que esses não foram capazes de acertar suas diferenças há éons?*

Existem Cristos e filhos de Deus por trás da Cortina de Ferro,** na China e na Rússia. Deveriam então ser eles colocados contra os Cristos que nasceram na América — todos tendo sido originados do mesmo Deus Pai-Mãe, dos mesmos templos de luz, todos tendo se comprometido a trazer uma grande era de ouro de paz em todo este corpo planetário? Eu vos digo, amados, deixai o entusiasmo da Mãe do Mundo surgir dentro de vós e permiti que vossa determinação seja alimentada esta noite pelo fogo vindo diretamente do coração de Deus!

---

*Éon — imensurável período de tempo. (*N. do T.*)
**Cortina de Ferro — termo usado durante o período da Guerra Fria para designar os países do Leste Europeu sob influência da União Soviética. (*N. do T.*)

Determinai então, em nome da vossa própria Divina Presença, afirmando que essas guerras não passarão! Determinai isto pela vossa ação e por vossa prece fervorosa! Digo-vos que é importante que escrevais para vossos deputados e senadores, para o presidente, para vossos deputados estaduais e vereadores dizendo que não aprovais que a América ou qualquer outro país seja arrastado para esta guerra. Esta é a força do anticristo, amados. E asseguro-vos que esta é a maior ameaça ao Cristo sobre o planeta, hoje.

Os Senhores do Carma e vosso amado Saint Germain esperam uma resistência ardente por parte de todos aqueles que estão tendo o privilégio de participar desta conferência, e de todas as crianças de luz deste corpo planetário. Digo-vos, em nome de El Morya, que já é hora de a devastação trazida pela guerra ser detida, já é hora de a besta da guerra ser atada, para que não possa existir guerra neste planeta!

Por quanto tempo mais, Senhor, a humanidade permanecerá sentada preguiçosamente, permitindo que seus filhos sejam levados como ovelhas para o matadouro? Permitireis isso? Digo-vos que não! Não podeis permitir, porque o Cristo em vós saltará do centro de vosso ser para declarar a vitória e a paz do Todo-Poderoso. Tenho esperança, então, de que ireis seguir adiante em vossos dias, não negligenciareis vossas orações nem deixareis de estimular indivíduos que sabeis serem de confiança, a fim de passar-lhes as informações sobre a seriedade desse momento.

A escolha é entre uma grande Era de Ouro ou uma era de trevas como o mundo jamais viu. Pois esta guerra, caso se torne planetária, por sua própria natureza, poderá colocar este lar planetário de volta à era das trevas, uma época em que nenhum homem conhecia sua divindade ou o Cristo, e onde os ensinamentos estavam totalmente perdidos. Este é o momento em que a areia já está descendo pela ampulheta, amados. Este é o momento crucial no tempo em que este mesmo tempo pode se tornar eternidade ou pode simplesmente deixar de existir.

Venho então, esta noite, trazendo o fogo do coração de Deus. Lembro-vos dos avisos que vos foram dados através das aparições em Lourdes e Fátima. Lembro-vos que essas informações foram dadas ao Papa por dispensação cósmica. A necessidade agora é de que toda a humanidade se levante, pois eu vos digo que a Igreja Católica não fez cumprir a promessa do Senhor, nem atendeu à sua determinação. Não atua como guarda avançada nem como protetora da consciência crística nesses últimos dias.[11] Foi imensamente complacente com as forças das trevas. Há, porém, muitas grandes almas dentro da Igreja que estão mantendo a chama acesa.

Peço-vos, então, para que reunais o corpo do Senhor sobre este lar planetário e determineis que nenhum nível de burocracia, tanto em nível religioso quanto governamental, possa impedir a mão do Todo-Poderoso ou a execução do seu plano para esta era. Compreendeis, amados, que a Terra e sua plenitude, o mundo e aqueles que nele habitam, pertencem ao Senhor,[12] que nenhum representante, ninguém em nenhum cargo de autoridade, tem mais autoridade do que vós? Pois um só com Deus é maioria. E são as crianças da luz, os filhos e filhas de Deus que foram enviados pelos Senhores do Carma, por Sanat Kumara e pelo Ancião de Dias que irão governar a Terra. E, simplesmente pelo fato de que os filhos das trevas e os anjos caídos conseguiram usurpar essas posições de poder, não há motivo para as crianças da luz acharem que tudo está perdido.

Amados, eles não têm poder algum! Os nomes dos governantes da Terra estão escritos no Céu. O fato deles não ocuparem cargos públicos ou não terem sido eleitos nem nomeados pelos conselhos dos homens não significa que não possuam autoridade. Pois os governantes deste mundo são uma coisa e os governantes de Deus são outra. O direito divino dos reis, a autoridade dos filhos e filhas, a autoridade dos que atingiram a mestria pessoal na consciência crística — é essa a autoridade que governa a Terra. Portanto, afirmo que vossa autoridade vos é dada por Deus. Ela vem do alto. E há mais pessoas nesta sala, esta noite, nomeadas em cargos diretamente pelo Todo-Poderoso do que os que formam o Poder Legislativo deste Estado.

Declaro-vos que sois reis e sacerdotes de Deus.[13] E podeis decretar, pela autoridade da vossa Presença do EU SOU, pela autoridade do Cristo e do cargo que ocupais, uma mudança nas condições do mundo, uma mudança em todo o contra-senso humano e uma completa reversão dessa onda. Isso pode ser feito, eu afirmo! Não é tarde demais! Com meu coração de mãe, então, eu vos peço. Compreendei que as horas estão se acabando, mas tendes o tempo guardado na eternidade para completardes vossa missão.

Levantai-vos então agora, filhos e filhas da chama (nesse instante, a platéia se levanta) e sede ungidos pela Mãe do Mundo. Venho em nome dela, no espírito de Ômega. E vos trago o OM— E—GA (cantado). Do coração do sol, recebei, então, o fogo em vosso coração. Deixai que ele se *expanda*! Deixai que ele se *expanda*! Deixai que ele se *expanda* e assumi o domínio sobre toda a Terra![14] Dominai toda a Terra! *Et pluribus unum.**

Maria

Santa Bárbara, Califórnia
9 de outubro de 1970

---

*Et pluribus unum (um de muitos) — Inscrição em latim colocada no selo dos EUA. (*N. do T.*)

*É a Árvore da Vida para os que a abraçam; e bem-aven-
turados são os que a retêm. O Senhor com sabedoria fundou
a Terra, e com inteligência preparou os Céus; pelo seu conhecimento se fenderam os abismos, e as nuvens destilaram o
orvalho.*

Provérbios 3: 18-20

2

Uma taça de liberdade
em seu nome

Todo filho varão que nasce de Deus é selado com a chama do Cristo, a santa Criança Crística, a quem saúdo em cada um de vós no dia de hoje. Enquanto falo para o recém-nascido, determino: expande tua luz e deixa-a envolver o globo! Deixa a criança da tua divindade surgir! Deixa a chama trina ser expandida dentro de ti! Recebe o ímpeto de tua missão neste dia, e responde ao chamado do antigo: "Vai, meu filho, cumpre minha vontade!" E ouve a resposta do Cristo: "Sim, Pai. EU SOU e vim para cumprir tua vontade!" O círculo perfeito do Pai e do Filho e do Espírito Santo — Mãe Sagrada do Fogo —, esta Trindade é a chave para tua divindade desde que nasceste.

Como representante da Mãe do Mundo, venho neste dia para lembrar-vos da grande necessidade do mundo. O soar do barulho do mundo muitas vezes se transforma num troar, num rugir muito alto, mas que logo pareceis ignorar. Vos acostumais com as brigas, com a desarmonia e a discórdia. Vos acostumais com o desrespeito à vossa liberdade. Vos acostumais ao lusco-fusco que obscurece a noite da iluminação.

Digo-vos, não vos contenteis com a mediocridade! Não vos contenteis com a condescendência. Nem com as restrições que os manipuladores impuseram sobre vós, amados. Expressai vosso domínio divino, a autoridade de vossa divina perfeição, e ide em frente, sem aceitar nada menos do que isso! Reivindicai vossa divindade! Digo-vos, o mundo não a reivindicará para vós, e os Mestres Ascensos estão proibidos, por Lei, de clamá-la por vós. Portanto, só vós podeis reivindicá-la, e tendes a responsabilidade de fazê-lo, em prol de toda a vida.

Lembro-me dos dias em que Jesus ainda era um menininho e brincava com as crianças na cidade onde morávamos, ele voltava para casa entristecido e me falava da rispidez das crianças e do quanto elas eram egoístas e sequer pensavam em seu Pai celestial. Às vezes, tinham inveja de sua luz, pois, já naquela época, a luz de Jesus repreendia sua escuridão. Aconselhei-o a compreender que os ataques e crueldades deles eram dirigidos contra a luz, não contra a pessoa dele. Ele, então, entendeu e não se magoou nem se ofendeu mais pelos pequenos com os quais brincava. Aprendeu em sua tenra idade a reconhecer o Cristo dentro da cada um sem, no entanto, jamais se deixar enganar pela mente carnal,[15] a consciência exterior com suas fraudes e truques.

Este é um treinamento necessário para as crianças de luz. Não deveis esquecer de treinar vossa própria consciência na compreensão de que os poderes das trevas e do Anticristo sempre atacam a luz que há dentro de vós e que ela é suficiente para reverter toda a oposição à sua gloriosa realização. Jamais deveis ficar preocupados se as pessoas não entenderem ou apreciarem vossa forma ou devoção. Se elas ficarem ofendidas instantaneamente pela missão que cintila em vossa aura, deveis reconhecer, pelo seu antagonismo, que sois de fato um pilar de fogo no mundo e que o mundo às vezes se sente chamuscado pelo fogo que mantendes. Não desanimeis, portanto. Pelo contrário, segui pelo caminho designado. Segui vosso chamado, e não permiti que vossa consciência seja maculada por tais desafortunados contatos com o mundo.

Ao olhar para as crianças de vossa época, noto que algumas delas, as mesmas que brincaram com Jesus, estão agora novamente encarnadas. E as sagradas crianças de Cristo que vieram e agora convivem com elas com a missão de serem os futuros líderes da humanidade devem, muitas vezes, aceitar esta desagradável situação. Às vezes, seus corações saem machucados por elas se sentirem deixadas de fora do grupo, das brincadeiras, das festas e das atividades, e não compreendem o que há de errado com elas. Eu vos digo, porém, que os errados são aqueles que rejeitam a luz e o Cristo. Vem sendo assim por milhares de anos. Portanto, confortai-vos no amor da Mãe do Mundo, no Espírito Santo e no conhecimento de que muitos já tiveram essa missão antes de vós, a missão de manter a tocha acesa. E agora a tocha está sendo passada a uma nova geração, que deve carregá-la com nobreza e competência, para evitar que a liberdade pereça na Terra.

Em nome da liberdade, então, e em nome da liberdade que vos foi trazida por meu Filho, vamos erguer essa bandeira bem alto e segurar a tocha com firmeza, vamos estender a todos essa taça de liberdade em nome dele. As chamas da liberdade descem agora para o planeta Terra numa ação em espiral que vem do fogo sagrado do Espírito Santo, como no dia de Pentecostes.[16] Para que esta maré de liberdade se precipitasse, os mestres da luz e do cosmos e os Senhores do Carma receberam o poder do Altíssimo de autorizar uma dispensação de luz e de liberdade para a Terra, tão grande quanto o homem jamais viu. Na verdade ela é necessária, nesse momento, pois eles construíram um monólito de poder tão alto que parecia que ele ia virar pó sob a ação do próprio peso e, no entanto, isso não aconteceu.

Portanto, mantende a vigilância. Sede sábios. Mantende-vos em guarda, amados, pois no momento em que tombar a grande Babilônia,[17] a cidade das escrituras, vereis um grande movimento no reino dos elementais. Vereis até mesmo as forças dos cataclismos, enquanto a humanidade tenta se ajustar às correntes de liberdade que estiverem chegando — quando serão forçadas, quase de repente, a quebrar as velhas matrizes, a destruir as muralhas da partição que as separam do Santo dos santos. E quando essas muralhas finalmente ruírem, eles não terão proteção alguma contra o grande calor e o fogo do sol do seu próprio ser. Muitos irão cair e perecer, e haverá choro e ranger de dentes.[18]

Apesar de tudo, não temeis, amados, pois o objetivo da vida é a espiral ascendente. Com esta finalidade vieram os Cristos de outrora. E se, através do cataclismo, se não houver outro jeito, a humanidade for catapultada às espirais ascendentes, não será então o cataclismo uma bênção? Uma experiência que nos leve a ascender é sempre uma bênção. Desse modo, às vezes, a dor e o pesar são uma bênção. Pois o objetivo da luz da alma é se elevar. E este propósito deve sempre ser cumprido. A Fraternidade está sempre atenta a isso.

Não tentamos evitar o sofrimento quando esse sofrimento pode nos trazer alegria, como o desabrochar de uma flor, como uma rosa que surge dos pântanos da vida. Vós, por vós mesmos, não podeis considerar a vida e seus objetivos como uma sucessão de prazeres e felicidade, dia após dia. Mas deveis ver que o serviço, o cumprimento da vontade de Deus, a aspiração de atender ao chamado mais elevado, este sim é o objetivo. E se isto exigir sacrifício, se exigir um pouco de dor a fim de que a meta seja alcançada, que assim seja. Que importa a ti?[19]

Não é Deus que se sacrifica, mas sim o ego que precisa ser sacrificado. Vamos colocá-lo sobre o altar, hoje. Peço-vos, em nome da Mãe Sagrada, que oferteis no altar vosso sacrifício. Seja algum prazer ou dor da qual desejais desistir, para serdes livres — algo mundano, algum apego, ou talvez um ato de desapego. Pois todos precisamos vir para o centro, para o Caminho do Meio, a fim de atrair as fragrâncias do Ser, as energias da perfeição, fazendo delas o tema principal e o chamado da espiral da ressurreição.

Eu estava lá quando ele ressuscitou. Testemunhei o *momentum* interno de luz expandida que surgiu do interior da tumba. Vi a iniciação acontecer. Dei um suspiro de alívio, pois sabia que o meu

Redentor vivia. E como ele vivia, também todos os homens deveriam viver, pois o que um homem consegue fazer, todos conseguem. Esta é a grande vitória de uma vida — que todos possam ir e fazer da mesma forma. Esta é a vitória de uma nação dedicada à liberdade. Esta nação foi escolhida por Deus para ser a representação da liberdade, a fim de mostrar à humanidade o caminho em nível nacional, como Jesus mostrou o caminho em um nível individual.

Que a humanidade não busque destruir o que foi construído por Deus, e sim que transmute o que foi colocado em oposição ao Pai e aos seus nobres propósitos aqui. Que ela julgue de acordo com o prumo da verdade, de acordo com o conhecimento da Lei Cósmica. Que ela exponha, então, os manipuladores, os destruidores, os que enganam, e o Anticristo em seu meio.

Sigamos com a liberdade! Desfraldemos a bandeira! Sigamos marchando! Pois as hostes de luz estão chegando. Estão chegando em grande triunfo! E não vão parar nem ficar esperando por uma nação que ainda não está pronta. Continuarão a marchar... E entoarão o hino dos livres. Cantarão o hino da vitória!

Elas vêm portando espadas de fogo, bandeiras de triunfo, instrumentos de glória. Já ouvis as trombetas. Já ouvis o chamado. Ouvis a declaração de paz. E sabeis que, em pouco tempo, a humanidade terá de escolher entre a liberdade e a longa noite do caos. Pois as hostes de luz continuarão a marchar. E aqueles que não seguirem a espiral ascendente, o ciclo que elas trouxerem, deverão ser deixados à margem da vida para entrarem no ciclo descendente de trevas, como aconteceu nos tempos pré-históricos. A escolha está em cada um. A escolha está em muitos indivíduos unidos como um só — um corpo de homens livres dedicados à preservação do nobre ideal do Cristo, o recém-nascido em todos os corações.

Digo-vos, vinde! Vinde, Divino Filho Varão, e encobri a consciência externa! Vinde, quebrai os laços e libertai a humanidade!

Libertai-a pelo poder da chama interior — indômita, invencível, vitoriosa, agora e para sempre! Assim está escrito no Céu; que seja igualmente escrito na Terra! Então escrevei, amados. Sois os escritores desta era! Escrevei com a espada da verdade, com a pena de fogo, com o poder da Palavra falada. Que seja escrito e gravado em fé, em esperança e em caridade! Que seja escrito de tal forma que todo o mundo possa ver. Que seja inscrito nos registros akáshicos* que todos os homens são livres em Cristo, em Deus. E não há nenhum outro propósito, nenhuma outra realidade, exceto a que os homens podem escolher, bem como as trevas, pelas quais também podem optar.

Pela luz e através dos séculos eu venho nutrindo o Cristo que existe em vós. Permaneço atenta, uma guardiã da chama. E peço que atendais a esse grande chamado, para que ele possa ser escrito nas páginas da história: "Estes são os que desprezaram a vida mesmo diante da morte. Estes são os que venceram pelo sangue do Cordeiro,[20] pela essência do fogo sagrado." Que a Terra seja livre! Que a Terra ascenda enquanto os homens livres dedicam suas vidas, suas fortunas, sua honra sagrada,[21] sem piscar, com devoção e muita coragem. Pois esta é, na verdade, a grande necessidade deste momento.

Homens, mulheres e crianças do Espírito, digo-vos: levantai-vos e aceitai vosso chamado mais elevado como filhos e filhas de Deus. Eu vos unjo neste dia com o Bálsamo de Gileade trazido da chama de meu coração. Ele vos confortará durante essa batalha,[22] e reconhecereis isso ao ver que carregando a bandeira à frente de todas as legiões de luz está a Mãe do Mundo, que vem reivindicar seus filhos, que vem para levar seus filhos para casa. Ela segue em

---

*Registros akáshicos — os registros de tudo o que se passou no mundo de um indivíduo são "escritos" por anjos do registro sobre uma substância e dimensão conhecidas pelo nome de akasha. Esses registros podem ser lidos por aqueles cujas faculdades espirituais são desenvolvidas. (*N. do A.*)

frente, e ninguém consegue impedi-la. Então vinde, legiões da luz. Juntai-vos a nós nesta gloriosa investida.

Em nome da Mãe do Mundo, EU SOU Maria, a serviço da vossa luz.

Maria

Colorado Springs, Colorado
2 de julho de 1970

Adquire a sabedoria, adquire a compreensão; não te esqueças das palavras da minha boca, nem delas te apartes. Não desampares a sabedoria, e ela te protegerá; ama-a, e ela te guardará. A sabedoria é suprema; portanto, adquire a sabedoria. Sim, com tudo o que possuis, adquire o entendimento.

Provérbios 4: 5-7

3

O cálice do meu coração

No coração do lírio está a chama da ressurreição, e no coração da chama está o Cristo elevado e ascenso. Ele não está aqui: ele ressurgiu[23] no domínio da consciência que é o centro da chama divina. Que alegria um filho de Deus ter ressuscitado à altura da imortalidade! Que alegria quando 1 milhão de filhos e filhas de Deus também ressuscitarem em sua própria identidade imortal!

Determinamos o padrão da vitória, determinamos o padrão da pureza em prol das evoluções cuja hora chegou, e nada é capaz de deter uma idéia cujo momento chegou. Todos vós sois concepções manifestadas pela chama única de Deus único, e agora é a hora de elevar-vos à maturação da vossa própria chama Divina. Invoquemos, pois, a chama da ressurreição a partir da base da pirâmide e em seu centro. Deixemos que ela gire em espiral em torno do corpo sagrado, do templo quadrangular do homem e de Deus no homem. Deixemos suas pulsações penetrarem pelos quatro ângulos, pelos ângulos retos e pelas laterais do tabernáculo do ser. E deixemos que a veste nupcial[24] seja colocada sobre essas preciosas chamas do coração que saem do centro do lírio.

E, então, meu anjos, colocai agora sobre eles a capa da imortalidade, e deixai-os conhecer a sensação de saber estar bem trajado na veste nupcial. E deixai-os saber que eles podem tecer a própria veste nupcial, a túnica inconsútil[25] do Cristo vivo. Não sabeis que estais nus? Aconselho-vos a vos apresentardes hoje e vos vestirdes com a fina veste e o ouro do Espírito Santo.[26]

Vamos então despir o homem velho, com os seus feitos![27] Livremo-nos dele. Abandonemos o ego. Deixemos que a consciência humana diminua para que o Cristo possa surgir. Nos braços do Pai Eterno vem o Filho de Deus preparado, purificado, completo. Chegai-vos a mim e eu me chegarei a vós.[28] O triângulo do eu inferior se une com o triângulo do seu eu superior e nasce uma estrela — a estrela da vossa vitória e da imortalidade do vosso desígnio divino.

Eu sou Maria. Chamai-me Mãe, alguns me chamam Mãe de Deus. Sois todos mães e pais de Deus, da chama Divina que está sendo gerada dentro de vós. E não é sacrilégio que vos considereis dessa forma; pois Deus tem de nascer dentro do homem, Deus tem de ser nutrido pelo homem. E é a chama do Pai-Mãe que impele, expande, magnifica e intensifica essa chama, até que um Deus nasça, até que um Cristo se torne um com toda a vida.

Ó, Espírito Santo do Deus Altíssimo, desce como no dia de Pentecostes,[29] e que a ação espiralada do fogo sagrado seja estabelecida neste altar, nesta sala. E que o forte e impetuoso poder do vento do Espírito Santo afaste tudo o que impede o fluxo de luz nesses corações abençoados! Deixa que essa ação de redemoinho ocorra agora! Invoco os poderosos serafins e os anjos de minhas hostes: Anjos do Espírito Santo, que a pomba da paz desça sobre os ombros deles, e que o poder perfeito da paz desse redemoinho seja conhecido por esses corações hoje!

Ó, Deus Altíssimo, ó, amados Alfa e Ômega, rogo-vos em nome de toda uma geração rebelde! Todo-Poderoso, desce hoje no cálice do meu coração, que coloco acima deste local. Invoco a névoa de fogo de cristal livre do coração da Cidade Quadrangular para que preencha a taça da minha consciência, que mantive por todos esses anos em prol do Cristo que estava sendo gerado nas preciosas crianças de Deus sobre a Terra. Que ela seja derramada agora, ó, Alfa e Ômega! Permiti que esse conteúdo seja trazido até esta oitava.

E digo agora: anjos de minha hoste, coloquem uma réplica em miniatura da minha taça em torno dos corações dos que estão aqui reunidos, para que eles possam também conter aquele elixir que veio do Pai das luzes, em quem não há mudança nem sombra de variação.[30] Que a espada guarde o caminho da Árvore da Vida[31] dentro deles. Que o Todo-Poderoso surja nas chamas do coração e permiti que essa essência circule pelos seus quatro corpos inferiores até que o cubo cósmico seja estabelecido. Que ela seja este copo d'água fria[32] servida aos corações sedentos em momentos de necessidade. E assim eu, Maria, invoquei a taça, para que a possa dar-vos, a fim de que possais oferecê-la a cada precioso ser que vier a bater na porta da chama do vosso coração.

Rosas da Mãe do Mundo estão sendo despejadas sobre nós. Senti a fragrância do amor de seu coração. Senti-a em vosso coração, e que ela seja levada como uma tocha de fogo, de chama viva, da essência do Espírito Mais Sagrado. Considerai-vos uma rosa no coração da Mãe do Mundo. E considerai que esta rosa possui um número infinito de pétalas, sempre se renovando pelo poder da chama da ressurreição, para que muitas vezes retireis do vosso coração uma pétala da rosa da Mãe do Mundo e a deis a alguém que não conheça a fragrância nem o amor, dela dizendo: "Fica mais um pouco aqui, para que eu possa contar-te a respeito das pétalas do coração da Mãe, e do amor que ela dá livremente a todos." Então, colocai essa pétala no coração desse alguém e prometei a ele que se ele regar regularmente a pétala ela se transformará em uma rosa como aquela que tendes.

Que a multiplicação e a fragmentação da Mãe do Mundo surja nesse dia pelo poder de seu amor ancorado agora dentro de vós! O elixir do Espírito Mais Sagrado é vosso. A materialização tangível desse elixir na rosa também é vossa. Assim, Alfa e Ômega vieram a vós hoje pela minha intercessão. Vou preparar lugar para cada um de vós.³³ Vou interceder por vós, pelo planeta e por todas as correntes de vida. Em prol da vida elemental, intercedo por vós diariamente. EU SOU a Mãe da chama de Deus dentro de vós. EU SOU a Mãe da chama de Deus dentro de vosso coração — no coração do lírio, no coração da rosa, no centro do cristal e na estrela que nasceu.

Anjos de minha hoste, recolhei agora as capas, mas deixai a lembrança do padrão eletrônico dessas capas nos corpos etéricos desses seres preciosos, para que eles possam seguir este padrão, e ao tecerem a veste imortal que um dia usarão como sempre-vivas, as chamas de Deus. Entrego-vos o fio da chama do meu coração para que possais começar a tecer vossa túnica inconsútil. Assim todos os corações estarão unidos ao meu coração, assim como estou unida ao coração do Deus único. Este é o significado da hierarquia. Este é o significado de descer da cruz e elevar da consciência, da morte para a vida.

A chama da vitória vos é dada. A ressurreição é vossa, assim como foi de meu Filho naquele momento glorioso em que os anjos vieram e lhe ajudaram, a magnetizar a intensidade do *momentum* acumulado da chama da ressurreição do coração do Um eterno. Ninguém vos poderá tirar o privilégio de atrairdes vosso próprio *momentum* da chama da ressurreição, elevando-o da base da pirâmide até o ápice da vossa ascensão na luz.

Vim para dar-vos a compreensão de como podeis fazer o que ele fez. E todo o Céu aguarda vossas invocações para ajudar-vos. Mas ninguém jamais poderá fazê-lo por vós, seres amados. Pois o regozijo de fazer isso por conta própria é tão imenso que nenhum anjo ou ser cósmico poderia ser tão egoísta a ponto de furtar-vos essa oportunidade e essa alegria. Portanto, com alegria vos encorajamos, como se estivéssemos em uma tribuna de honra num anfiteatro cósmico. É chegada vossa hora, vossa vez. Sois as idéias que completaram o ciclo e agora estão prontas para colocarem-se no coração da chama e passar pela experiência da própria ressurreição.

Que assim seja. O poder de Deus está dentro de vós, preciosos corações, mães e pais da chama Divina.

Maria

Colorado Springs, Colorado
9 de abril de 1971

Estima-a e ela te exaltará; abraça-a, e ela te honrará. Ela dará à tua cabeça uma grinalda de graça e uma coroa de glória te entregará.

Provérbios 4: 8-9

4

Criai no mundo exterior o que está em vosso mundo interior

Venho a vós no espírito de Elias, e pelo poder de sua capa[34] ofereço-vos a bênção do Deus Altíssimo. A ação em redemoinho do fogo sagrado que o levou à Presença do Todo-Poderoso[35] também pode arrebatar-vos, a cada um de vós, para o Santo dos santos, a morada da consciência crística.

Se quereis entrar lá, vinde então comigo esta noite, pois vos levarei nos braços da Mãe do Mundo e vos mostrarei uma cena extraordinária de mundos internos e mundos externos, onde está nascendo a estrela das maravilhas, a estrela das maravilhas no Céu, o nascimento de vossa poderosa Presença do EU SOU, o EU SOU EU. No centro do ser de cada homem está a semente de fogo, o potencial do Cristo, e dentro dessa semente está a concepção imaculada de vosso destino flamejante.

Venho do coração do sol, onde percebi o destino flamejante de muitos mundos, mundos internos e externos. Sabeis a respeito do que vos falo? Os mundos internos são aqueles que não nascerão neste *manvantara*. Os mundos externos são aqueles que surgem da expansão da consciência de Deus, reunindo outros como eles, mais da chama, mais de si mesmos na glória do reino. Pelo poder dos quatro seres dos elementos, pelo poder do cubo cósmico, a criação também avança, se expande, fluindo e transbordando em ondas cada vez maiores de fogo, curvando-se e movendo-se novamente para fora no outro ciclo.

Fazeis parte deste mar, amados. Pois sois os mundos que avançaram. Seguiram do coração do infinito para seu limite exterior. Avançastes portando o poderoso cetro do poder. Sabeis que o vosso próprio destino, projeto é um cetro de poder? Sabeis por que isso ocorre? Porque se trata de um plano completo na mente de Deus. Onde quer que haja integridade, plenitude, reflexo do Todo-Poderoso, há também poder. Por isso eu vos digo nessa noite, invocai o poder do fogo dentro da semente, o padrão da vossa Divindade. Reivindicai-o. E com esta autoridade ide em frente, para conquistar o mundo externo, que é vosso para ser comandado em nome de Deus Todo-Poderoso.

Como podeis ir em frente sem um mapa da vida? Como podeis ir adiante sem conhecer as regras do jogo? Como podeis ir em frente sem um senso de missão, de propósito? Pois estes três aspectos da chama trina estão guardados dentro da semente.

Existe um dito que fala que "Os tolos precipitam-se em terrenos onde os anjos avançam com cautela".[36] Ao olharmos para as crianças de Deus que chegam novinhas ao foco dos nossos ensinamentos, vemos como seus corações alegram-se diante do tesouro que encontraram, e também vemos outras que já estão ali há algum tempo, que há algumas entre elas, aqui e ali, que seriam capazes de sair para conquistar o mundo sem primeiro possuir o cetro do domínio, o plano, o conhecimento da Lei e o senso de missão. Compreendei, amados, que quando tentais alcançar estas coisas sem as ferramentas apropriadas, estais também agindo como tolos, precipitando-se em terrenos onde os anjos avançam com cautela?

Sabíeis que nenhum anjo abandona o trono do Todo-Poderoso para sair por aí abençoando e curando um segmento das evoluções de Deus, sem ter antes um plano e um propósito? Eles levam consigo, por assim dizer, mapas rodoviários. Sabem para onde vão porque estão cientes de que existem muitos desvios e armadilhas. Até mesmo nas rodovias celestiais há desvios de tão grande beleza que é necessária grande discriminação, mesmo para os anjos, para que eles se mantenham nos caminhos determinados. Imaginai, pois, o quanto mais, então, as tentações do mundo são capazes de desviar o discípulo novo da Senda quando ele não está completamente protegido pelo amor, sabedoria e poder de Deus.

Por tudo isso, digo-vos: vinde e sentai aos pés dos mestres. Colocai a veste, a capa de Elias, que é a capa da vossa divindade, o manto usado pelo vosso amado Santo Cristo Pessoal. E, quando já tiverdes usado esse manto por muitos meses e absorvido a consciência do Cristo tecida na sua trama, considerai novamente a possibilidade de irdes em frente com o poder de Elias, com o poder dos sacerdotes da Ordem de Melquisedeque[37] e seguindo os passos de meu Filho, Jesus.

Não vos lembrais de que ele próprio foi instruído durante três décadas para uma missão que durou apenas três anos? Não é, então, o tempo que conta, tempo que tantos sentem que temos tão pouco, mas mestria. Pois aquele que tem mestria pessoal pode produzir todos os milagres, não no tempo, mas na eternidade. A missão de Jesus foi um momento na eternidade jamais limitado pelas fronteiras do tempo. Foi um momento cósmico. E com mestria total ele deu o exemplo para estas eras.

É nosso desejo ver-vos, cada um de vós, seguir em frente e fazer o mesmo, realizando os aparentes milagres que não são mais do que simples demonstrações da ciência da alquimia. É possível para homens e mulheres de qualquer idade fazê-los, amados. Não está a Lei escrita no vosso interior, no vosso coração?[38] Portanto, por que ir aqui e ali buscando a Lei quando ela está dentro de vós? Ide apenas onde vos foi ensinado a buscar internamente, para encontrar a Lei, expressá-la e criar o mundo externo, que é o vosso mundo interno.

Eu, Maria, venho a vós na véspera do Festival da Colheita de Luz e Gratidão. Venho trazendo a radiação da Mãe do Mundo. E a intensificação de seu poder sobre o planeta é sentida no raio azul, na vontade de Deus, na cura de Deus e no núcleo de fogo branco. Expando minha consciência do coração do núcleo do fogo branco de vosso planeta abençoado e posso senti-lo como uma esfera poderosa de luz se expandindo através das camadas de rocha até a superfície. E este é o caminho da mestria pessoal: de dentro para fora.

Não sabeis que sois esferas de luz, manifestações do fundamental poder total da Divindade, ainda como potencial, ainda em estado embrionário, por assim dizer e, no entanto, tão poderoso? E a liberação de poder que poderá ser expressa por cada um de vós — se fordes diligentes na vossa aplicação da Lei, consagrados à submissão e leais ao coração em toda a vida — será comparável ao poder liberado quando o átomo é rompido. É o poder de Alfa e Ômega, amados, dentro de vós, dentro de cada célula e átomo. Quando pensais nos mistérios do universo que existem dentro de vós, não é algo fabuloso, não é uma grande maravilha a maneira com que Deus condensou, na forma do homem, um ser estrelar dentro de uma esfera, toda a luz de galáxias que ainda não nasceram?

Assim, quando observamos a estrela naquela noite, sabíamos que a estrela também estava dentro de nós, a estrela interior que embalava o rei que chega — chega dentro de todos os homens por todas as eras. Pelo conhecimento que nos foi transmitido do alto, seguimos pelo caminho até o lugar onde Jesus nasceu. Oh, que noite sagrada! Oh, que prêmio! Que grande promessa quando cada filho e filha de Deus descer do seu trono prometendo cumprir sua vontade! Os mistérios do reino guardados no coração das flores, no sorriso das crianças e dos idosos que vêm para a renovação da vida, para a ressurreição no crepúsculo de seus esforços! Não importa que idade ou que rosto tenham, Deus se rejubila e está refletido nos sorrisos dos que se rejubilam ao encontrá-lo.

Muitos virão a este foco da Mãe do Mundo, ao virem ao lugar onde Jesus nasceu. Eles seguirão a estrela de sua própria divindade, pois esta é a única estrela que pode levar o homem ao lugar onde o Cristo renasceu dentro de si. Que este foco seja um berço para os filhos da luz que estão chegando, para aqueles que estão novamente nascendo, para a consciência crística que está emergindo. Que ele seja o berço, os braços da Mãe do Mundo. E não deixeis que ninguém que cruze este portal se esqueça de que a mão que balança o berço é a mão que governa o mundo. O mundo é governado pelo princípio da Mãe, pois o princípio da Mãe é a porção da Divindade que veio ao mundo da forma. E não disse o Espírito do Senhor para o homem e para a mulher: "Tomai domínio sobre toda a Terra"?[39]

Amados, os campos já estão brancos para a colheita.[40] Segui, então, com as ferramentas, não para a guerra, mas para a colheita, e reuni as crianças do Senhor convosco. Que a vossa despensa fique lotada com a luz resplandecente da consciência crística em todo homem, mulher e criança que nela entrar. Pois vereis obras maravilhosas realizadas em vossa época. Portanto, não vos mostreis surpresos nem espantados, pois os Mestres Ascensos estão caminhando e conversando com os homens deste momento. E vai levar, amados, comparado à vossa oitava, apenas um pequeno elevar da consciência da Terra para a humanidade atingir o lugar onde ela vai poder observar de perto os seus professores, o lugar onde seus professores não vão mais ser esquecidos e deixados de lado, e todos vão poder vê-los face a face.[41]

À medida que os anjos da Presença, das minhas hostes e o amado Rafael envolvem este foco com os anjos da cura, lembrai que há mais anjos no Céu do que pessoas na Terra. Para cada um de vós, existem milhares deles. Portanto, vivei com consciência deles e desenvolvei o sentimento de que enquanto continuais a desempenhar vossas tarefas aparentemente mundanas, estais caminhando ao lado de muitos e hospedando alguns deles, sem saber.[42] Da mesma forma que os santos de todas as eras fizeram, também vós podeis fazer. Com reverência pela vida, pelo Cristo em todos os homens; com reverência aos convidados invisíveis e ao alvorecer que está se aproximando, ide em frente para realizar uma obra poderosa e perfeita para o Senhor.

Em nome da Mãe do Mundo, eu vos abençôo com o amor do meu coração, com a chama curadora do nosso retiro, com a plenitude de vossa própria divindade. Tomai a flor do meu coração e deixai-a ser ancorada em vosso coração para que ela vos assista no momento do desabrochar do chakra do vosso coração por amor de toda a humanidade e pelo retorno dos homens ao Sol do Ser. Eu vos agradeço.

Maria

Santa Bárbara, Califórnia
4 de outubro de 1970

Ouve, filho meu, e aceita as minhas palavras, e se multiplicarão os teus anos de vida. No caminho da sabedoria te ensino pelas carreiras. Quando andares, não se embaraçarão os teus passos; quando correres, não tropeçarás. Apega-te à instrução, e não a largues; guarda-a, porque ela é a tua vida.

Provérbios 4: 10-13

5

A oração e o alerta da Mãe Universal

Graciosas crianças do Deus único, venho até vós esta noite em percepção manifesta do Santo Ângelus, momento em que, enquanto a pausa para honrar a Deus e o Céu ocorre, a humanidade pode sentir a harpa celestial tocada por mãos angelicais, anunciando o fim do dia de trabalho, a cada hora do dia. Já pensastes nisso? Já imaginastes que a cada hora ocorre o momento do Ângelus em algum ponto do planeta? Bem, então, amados corações de luz, pensareis também na grande necessidade humana de ser curada? Pois a humanidade, continuamente, devido ao desalinhamento de suas preciosas energias, carrega fardos, tanto da mente quanto do corpo!

Pensei, antes de vir até vós esta noite, em como, através da vossa fé, eu poderia aliviar em algum nível o pesar humano e trazer mais paz para todos. Quando meu Filho, Jesus, foi tocado pela mulher que gastara todo o dinheiro que tinha com médicos tentando parar uma hemorragia que a atormentava, aconteceu que ao tocar a orla de seu manto o fluxo de sangue estancou e a cura lhe foi concedida.[43] Ao vir, falei também com os anjos que, junto com o Arcanjo Rafael, também oferecem um serviço concentrado à humanidade, e pedi a cada um deles que viesse comigo. E todos concordaram.

Assim, o longo manto que estou usando esta noite está carregado de cura para o corpo, a mente e a alma. Não vos asseguro que todos vós conseguireis reunir os vestígios de fé vital que produzirão o milagre cósmico aqui e agora. Porém, se vossa fé for grande o bastante, posso garantir-vos que sereis curados só por tocar o manto que visto, produzindo na verdade aquilo que El Morya solicitou em seu apelo inicial ao Conselho do Carma, quando o grupo se reuniu, e antes mesmo disso. Ele implorou, em nome de Saint Germain, que foi o meu protetor abençoado, como José, que a humanidade recebesse o toque da mão milagrosa de Deus a fim de ter mais uma chance, e que os homens poderiam sentir o grande amor que o Céu tem ao mesmo tempo em que sentiriam o alerta da mão disciplinadora sobre eles.

Há muitos anos, quando falei com as crianças em Fátima, ao aparecer naquela cidade,* avisei sobre as diversas condições que estavam vindo sobre a Terra. Ó, maravilhoso manto de amor cósmico, ó, abundância fértil das sagradas Leis de Deus, o quanto fostes esmagados vezes sem conta por pés humanos, até chegar ao ponto em que a areia na ampulheta da misericórdia parece estar se esvaindo de vez! E no meio disso tudo, aproximando-se o fim do ciclo, tentamos descobrir um modo de conseguir evitar que as energias rebeldes do mundo retornem sobre suas próprias cabeças.

Continuamos a rezar por misericórdia e perdão para aqueles corações que de forma tão descuidada pisaram nas mesmas vestes de amor cósmico que formam o manto tecido por mãos de anjos e favorecido pelo senso da eterna porção feminina de Deus. Sempre pensastes nele como Pai; pensai nele também como uma Mãe imaculada. Em eras remotas, isto era chamado de *culto* à Mãe, porque representava nos filhos dos homens o *cultivo* das mesmas energias espirituais maravilhosas que são seu abençoado ponto forte.

---

*Em 1917, Nossa Senhora apareceu a Lucia dos Santos, Francisco e Jacinta Marto em Fátima, Portugal. (*N. do T.*)

Jamais, no coração da imagem imaculada de Deus, ele desejou ver mal algum atingir qualquer de seus filhos. Não imaginais o quanto, através dos séculos, o Céu trabalhou, enquanto a crueldade dos homens continuamente provocava tristezas nos que vinham das hostes angélicas e naqueles que são os verdadeiros servos de Deus sobre este corpo planetário.

Quando rezamos a grande oração por todas as almas, fazemos uma oração pedindo a compaixão infinita, a oração da Mãe universal, é o chamado a Deus que exige resposta. Quando a humanidade não presta atenção a esse chamado, o retorno das energias negativas sobre eles surge como uma força disciplinadora que nem sempre pode ser revertida. Portanto, as grandes gotas de misericórdia cósmica que representam as paixões do Deus vivo por seus filhos — para que eles não permaneçam para sempre neste vale de lágrimas e pesares — são um aspecto da chama que está muito próximo e é muito querido ao meu coração.

Esta noite fui enviada pelos mestres da hierarquia do Conselho Cármico para vos trazer um aviso solene de que a destruição se abaterá sobre toda a humanidade. Em alguns casos, até mesmo os bons sofrerão lado a lado com os maus, pois nem sempre é possível exercer a discriminação cósmica. Quando a matéria bruta das trevas se manifestar, portanto, todos estarão sujeitos a entrar no vale da escuridão. Apenas a luz do coração permanecerá para trazer ânimo às almas que reconhecerem com toda a devoção aquele conceito tremendo do raio do amor eterno, que une os seus corações ao coração de Deus através da noite mais escura.

Na realidade, através dos avatares, das hostes angélicas e das estrelas de luz que brilham no mundo, o próprio Deus verteu lágrimas pela humanidade, por seus conceitos terem se tornado tão grosseiros e rudes! A Terra foi invadida pelas trevas que infestam as telas de cinema. A Terra foi invadida pelas trevas que se abatem sobre as Igrejas devotadas a honrar o nome de meu Filho. A Terra foi invadida pelas trevas nas campanhas dos candidatos políticos que brigam entre si em busca de uma coroa efêmera. E como são poucos os líderes que se dedicam a dar à humanidade uma igualdade divina com a qual todos os homens possam contar!

Eu sou Maria. Focalizado no meu coração está a oferta que há muito tempo prometi a Deus: ser uma representante da Mãe universal. Desse modo, descobri e compreendi a luta humana dos que estão atentos às nuvens escuras que se juntam sobre a comunidade mundial, tentando encobrir o sol que resplandece na sua força,[44] tentando encobrir a consciência do Cristo cósmico. Desse modo, tenho a consciência abençoada, as dores da humanidade, que são tão desnecessárias.

Se o mundo tivesse em pura verdade, há muito tempo, escolhido extirpar a manifestação de suas vidas como se cada um fosse uma estátua cósmica de eterno amor e graça, favorecido com a vitalidade da vida imortal, tudo isso poderia ter sido evitado no triunfo da realidade celestial e hoje, agora, todo o mundo estaria entoando o cântico de redenção universal. Conseguis enxergar, ó, humanidade, o quanto é inútil esta luta atual, e o quanto ela sempre foi inútil?

Através das eras as lutas humanas foram sempre desnecessárias. Elas são apenas uma competição entre os homens, um contra o outro, em busca dos troféus dos desejos humanos, que na realidade são como palha atirada no altar para ser queimada. As coisas pelas quais vale a pena viver são as coisas eternas, os valores que estão ocultos em parte pela manifestação de abundância sobre a Terra, mas que, na realidade, amados, podem se tornar vossos quando capitulais, em vossa consciência abençoada, aos padrões de luz que emergem de forma tão vitoriosa nesta parada magnífica de valores cósmicos.

Não é o bastante que a humanidade simplesmente aprecie tudo isso. O Céu só ficará satisfeito quando vossa luz se manifestar. Apreciar o valor da luz sem despejar seus grandes afluentes de luz dentro de vossa consciência é um erro da humanidade. Isso faz com que se cumpra as antigas escrituras que dizem que a humanidade honra a Deus com os lábios, mas muitas vezes mantém o coração longe Dele.[45] Isso acontece porque a criação dos valores humanos em relação aos valores divinos é algo que não existe na comunidade mundial. Eles não compreendem quais são os valores celestiais, pois não permitem que suas mentes reflitam esses valores, para, dessa forma, sentirem as magníficas paixões que fazem parte da natureza de Deus.

Há muitos anos, ao aparecer para Bernadette,* vi ali o coração de uma criança. E como essa criança sofreu por causa da crueldade dos homens, que não aceitavam suas mensagens! A revelação da graça universal que foi despejada do Céu dentro de tantas almas entre os homens não tem sido notada, em muitos casos, nem mesmo por eles. Apenas o coração da Mãe do Mundo pode ver e sentir em níveis interiores — se necessário for, até mesmo através de meus representantes, os anjos. Pensai nisso, ó, humanidade. Pois cada anjo que olha entre o véu das experiências celestes e as experiências terrenas é, na realidade, minha visão e a visão da Mãe do Mundo. Seu apreço pelos filhos de Deus não exclui nenhum deles, pois é oferecido a todos.

É trágico, portanto, a ruína iminente que pende como uma espada sobre o coração do mundo, pois os elementais se comunicaram uns com os outros recentemente, e estão preparando a execução de cataclismos e grandes destruições, que mal começaram a abalar a ordem do planeta. E tudo isso acabará por acontecer, a não ser que os ensinamentos de Deus sejam aceitos nos corações de muitos homens e mulheres que atualmente estão totalmente dedicados a si próprios, sem perceberem as grandes necessidades da humanidade.

---

*Em 1858, Nossa Senhora apareceu para Bernadette Soubirous em Lourdes, na França.

Eu sou Maria. Vim até vós esta noite para vos sugerir um plano que talvez os Senhores do Carma possam ouvir, e através da aceitação em vossos corações dos fardos do mundo possais ser capazes de conseguir uma pequena ajuda de Deus através dos Senhores do Carma, para que a humanidade consiga ao menos ser aliviada de parte de sua carga. E assim a Grande Lei poderá ser suavizada e as universidades do Espírito serão estabelecidas, e nelas a humanidade poderá se recompor e aprender as Leis tão maravilhosamente ensinadas por meu Filho, Jesus.

Ó, humanidade, não permitais que vossa fé seja aquela que condena, que é a da mente carnal, mas sim que seja a fé que valentemente consegue êxito. Se não for assim, a fé que está chegando em vossos corações não será agradável de se possuir, nem trará alegria ou contentamento ao coração de Deus nem ao dos anjos do paraíso que irão, por necessidade, desviar o olhar da destruição que a humanidade infligiu sobre si mesma.

Agora, portanto, como mãe cósmica, venho a vós com a doce esperança de que pensareis em uma forma de vos unificar, e podereis gerar uma fé maior entre as multidões. Que diferença faz o que possam pensar de vós ou de vossas idéias, quando tantos corações estão em busca? Daqui a 100 anos, quantos de vós ainda estarão encarnados para avaliar se exercestes ou não de forma adequada a responsabilidade cósmica que vos foi confiada? Percebeis, então, o porquê de ser tão importante entrardes em ação agora? Percebeis que a tocha que deve ser passada através das eras pode chegar até alguns de vós com sua chama extinta, porque os infortúnios da humanidade cresceram demais, e aqueles que são os herdeiros desta era se encontrarão despojados de grande parte da realidade que deveria ser transmitida?

Trago-vos hoje o conceito da Sexta-feira Santa, da destruição dos valores crísticos pelo homem, para vos suplicar, antes que seja tarde demais. Em nome dos céus, seres abençoados, não penseis que a voz que vos alcança hoje está chorando em vão, pois certamente alguns dentre vós e dentre os homens conseguirão enxergar a realidade da crucificação de Cristo, que continua ocorrendo até os dias de hoje. Até no Natal eles comercializaram o amor do meu Filho, destinado a conceder a coroa da vida através das eras. Trocaram presentes, se congratularam, desejando felicidade e alegrias uns aos outros, mas geraram mais destruição do que boas obras.

O plano que vos trago esta noite é o de uma construção cósmica através das mãos dos homens, os quais revesti com um compromisso sagrado. Na certeza de que os que aceitarem meu compromisso esta noite, que vem das eras, de preservar os valores crísticos nos corações de toda a humanidade, se levantarão neste momento (a platéia se levanta) e reconhecerão que só através de um pacto de puro amor entre os homens poderemos preservar intacto no mundo aquele amor eterno que não voltará a crucificar meu Filho nem expô-lo ao vitupério público,[46] mas, em vez disso, vai exaltar seu nome e o nome de Deus e seus valores bem alto pela vida afora, para que a serpente de bronze possa ser novamente colocada numa haste e elevada sobre o deserto,[47] como símbolo da vitória do homem sobre a morte e a mortalidade.

Precisa vosso pequeno eu triunfar quando vosso gigantesco Eu Divino pode encontrar sua vitória alada na comunidade mundial e o triunfo de todos os corações louvará a vitória da vida?

EU SOU a vitória sobre a derrota
Dos sentimentos e idéias humanas.
EU SOU a vitória sobre todo o sofrimento
Que trouxe para a humanidade as incertezas
Que traz percepção ao seu coração
Para confessar suas falhas e começar
Neste momento de turbilhão mundial
A reverter o processo
E obter para todos
A espiral cósmica,

A ação do caduceu, nela enroscado
Que sobe pela escada espinhal do progresso cósmico
Até onde a vitória alada da mente
Por fim represente a Lei.
E a Lei, em toda a sua bondade,
Alcançará a fraternidade entre os homens
Como desígnio sagrado e sinal puro
Que possibilita toda a humanidade a suportar seus testes
Em toda a sua pureza e retidão eternas.
Para que todos possam triunfar
Através da luz do Olho de Deus.
Através da luz da mente de Cristo.
A radiância do meu Filho
Estabelece esta noite
A unidade do Um.
Que ele, que cavalga o corcel branco até a vitória,
Regendo com vara de ferro[48]
Possa unificar todas as nações,
Triunfando em todas elas
Como o padrão crístico de todas as eras.

Eu, Maria, vos saúdo.
Eu, Maria, saúdo vossa alma.
Eu, Maria, rezo a Deus para tornar-vos plenos.

Maria

Colorado Springs, Colorado
3 de julho de 1972

Não clama a sabedoria e o entendimento não faz soar sua voz? No cume das alturas, junto ao caminho, nas encruzilhadas das veredas ela se coloca; ao lado das portas, à entrada da cidade, à entrada das portas está clamando.

Provérbios 8: 1-3

6

A lei da transposição de energia

Filhos da paz infinita, venho esta noite para envolver-vos no amor todo-poderoso que flui do coração de Deus, transmitindo sabedoria àqueles cujos ouvidos estão cuidadosamente sintonizados com a suave ação vibratória da voz de Deus que ressoa no recesso silencioso do coração de cada um. Gostaria de falar-vos brevemente esta noite a respeito da lei da transposição de energia. Já deveis ter adquirido, por meio da sabedoria sagrada, o tranqüilo conhecimento de como o vosso ser e a consciência de vossa identidade vos foram transferidos pelo poder do amor das oitavas mais elevadas para esta aqui.

Vossa consciência, amados, é a chave para toda a percepção, para todo o conhecimento. Vossa consciência é única em vós mesmos, pois através dela sois capazes de perceber todas as condições externas. No entanto, as condições internas nem sempre vos são dadas a conhecer, e os mistérios da vida nos planos internos continuam ocultos aos olhos da humanidade encarnada. Este vosso eu único, essa consciência transferida no momento de vosso nascimento para a forma mortal que portais, se manifesta, então, nessa forma. E, assim, é como se ficásseis ancorados ali, sem poder mais vos apartar dela.

Como aconteceu com Rute e Boaz, a alma e o corpo permanecem casados, e as palavras "Aonde quer que fores, irei"[49] na verdade falam do corpo e da alma no momento do nascimento do homem. E, no entanto, as coisas não precisam ser desse modo — não é necessário que o corpo se torne uma prisão que mantém confinadas as preciosas energias que existem ali dentro, impedindo-as de saborear e ter um pequeno antegozo da glória divina que será tão docemente entregue à humanidade no devido momento do tempo e da evolução.

Através da transposição da energia do eu, descobrireis que sois capazes de escapar habilmente da prisão do corpo sem perturbar sequer o bater de vosso coração. Descobrireis que, sem criar a mínima condição de rigidez nas partes do vosso corpo, podeis abandoná-lo suavemente enquanto ele dorme, como meu Filho fazia com tanta freqüência dentro de um barco no mar da Galiléia, e voar para longe, para transformar-vos numa parte do reino natural e do reino espiritual de Deus simultaneamente. A forma como isso é conseguido pode vos ser revelada facilmente pelo Espírito Santo.

Apesar de ser aconselhável possuirdes um guru, um professor espiritual, alguém que possa comunicar este conhecimento para o vosso coração que aguarda, também é possível, amados, serdes ensinados por meios divinos, serdes ensinados por Deus, na quietude da Presença, para extrair esse conhecimento sagrado do fogo sagrado que fará de vós, como meu Filho, mestres das leis da transposição da energia que sois.

Do mesmo modo como costumais olhar para a luz prateada da lua, do mesmo modo como costumais olhar para as nuvens que se movimentam, já ocorreu a vossos abençoados corações que poderíeis vos misturar com a textura suave das nuvens através e além da forma física que utilizais? Já vos ocorreu que, enquanto o corpo repousa em calma, poderíeis levantar-vos com o poder total da percepção e ir até os céus, antes da vossa ascensão física, antes da vossa ascensão espiritual, mesmo em vossa condição atual, através do conhecimento da grande lei da vida? Já vos ocorreu que poderíeis vos fundir com um simples raio de luar, subindo através desse suave feixe de luz a fim de entrar no coração da natureza e contemplar as doces maravilhas que repousam em tantas cidades rurais e em tantos vilarejos montanhosos?

Então, ao vos separardes do corpo, poderíeis contemplar as crianças que voltam em bando para casa depois das aulas; poderíeis contemplar os leitos de dor que fazem transbordar a taça de pesar dos homens; poderíeis contemplar o milagre do nascimento e rejubilar-vos com o desabrochar de uma rosa; testemunhar a animada dança dos elfos em um verdejante vale irlandês e observar os espíritos da natureza em plena função, trabalhando nos laboratórios químicos de Deus. Como parte dessa vida elemental, não encontraríeis frustração de nenhum tipo, pois poderíeis reconhecer que existe um fluxo livre de energia espiritual, a energia da vossa vida. Essa energia preciosa é equilibrada de forma delicada dentro do cálice dourado do vosso coração e pelo brilhante cordão de prata* que desce de vossa preciosa Presença do EU SOU e é tão maravilhosa de se contemplar!

No entanto, isso é uma coisa muito fácil de fazer, para quem confia: elevar-se para fora do corpo com doce simplicidade, como alguém que simplesmente despe um roupão ou um manto e, em semelhança espiritual, contempla a beleza do mundo. Apesar disso, para falar a verdade, é impossível se evitar testemunhar também os sofrimentos do mundo. E ao testemunhar os sofrimentos do mundo, o poder do grande amor de Deus, o poder da sagrada Mãe do Mundo deve assumir a consciência dos que se dedicam à verdade a fim de gerar neles o desejo de prestar assistência, remodelar os destinos do homem de acordo com um padrão perfeito, e tecer no campo de força da própria identidade do homem maior percepção da presença da imortalidade dentro do templo da consciência.

---

*Também conhecido como cordão de cristal. (*N. do T.*)

Lembro-me tanto da vida, pois manter a imagem no cálice imaculado da memória século após século é na verdade como uma taça que transborda com a energia maravilhosa da vida. As energias da vida são preciosas não só para mim; elas eram preciosas também para meu Filho. E quando ele subiu ao Gólgota, foi com um sentimento de conclusão de uma jornada ao estado de ser consciente. O exemplo que ele deu, embora deva confessar que machucou meu coração, foi também motivo de grande alegria. Pois tanto José como eu sabíamos muito bem, sabíamos perfeitamente o significado daquela missão, e sabíamos que, do outro lado do mundo e através dos anos que viriam, os homens seriam atraídos cada vez mais para aquela consciência que também é vida dentro deles.

Preciosos seres de luz, despi todas as doutrinas do mundo de todas as palavras. Desnudai-as de todos os rituais. Pois na doce simplicidade da unidade espiritual elas revelam Deus ao homem. Através das revelações com as quais elas falam, em verdade e conhecimento, o homem é capaz de absorver um senso maior de sabedoria, do nosso Pai que está no Céu, até que este conhecimento dos cordões do amor una toda a humanidade. E ao unir a humanidade, esses cordões libertam os homens das criações que os dividiam, idéias e sentimentos que produziram tanta imperfeição e colocaram tantas farpas e espinhos nos caminhos da vida.

A maior parte de vós ouvistes na noite passada a mensagem do nosso amado El Morya, que vem sendo há muito tempo meu cavaleiro defensor, e estais cientes da ação intensificada da luz. Estais cônscios de que a luz continua a ser transmitida, unindo o corpo planetário e os corações.

Esperamos rebeliões na humanidade, filhos da luz, pois reconhecemos que a rebelião é resultado da ignorância da humanidade, e como nem todos os homens são ainda completamente iluminados, a revolta eventualmente surge em seus corações. Trata-se, porém, de uma rebeldia inocente, na maioria dos casos, e existem poucos que realmente infligiriam, se pudessem, um ferimento que fosse no corpo de Deus. Mas é exatamente o que a humanidade faz quando agride um desses pequeninos que Deus criou.[50] As feridas não são feitas no corpo do homem; são feitas no corpo de Deus. Pois sois santuário de Deus, e o Espírito de Deus habita em vós[51].

Negai, se desejardes, a presença da vida; essa presença não vai negar-vos sobre a Terra. Não seria, porém, uma atitude sábia continuar a negar o Pai. Pois negar o Pai continuamente, enquanto ainda estais em vossa forma física, é como designar uma rota para a vossa própria identidade, a qual, quando não estiverdes mais ocupando o corpo, poderá fazer com que negueis Deus fora dele. Então, devido a essa negação, Ele não será mais capaz de estabelecer contato convosco e trazer-vos em segurança para Seu coração.

Tudo é resultado da Lei Cósmica. Tudo é resultado da lei da perfeição. Muitas vezes, os filhos de Deus sobre este planeta, em seu estado de desconhecimento, têm a idéia errônea de que muitas coisas acontecem aleatoriamente. Elas não acontecem dessa forma, amados. Tudo funciona como vossos relógios, quando trabalham com precisão. Meu Filho disse, há muito tempo: "O Céu e a Terra passarão, mas as minhas palavras não passarão"[52] e "Até que o Céu e a Terra passem, de modo algum passará da Lei um só i ou um só til, até que tudo seja cumprido".[53]

Há momentos em que a humanidade, em seu estado de ignorância, parece achar que tem conseguido evitar todas as formas de punição pelas iniqüidades que manifestou. Que ela não ache assim, pois a Lei não tem intenção de punir a humanidade. A Lei tem por finalidade exaltar o homem. A disciplina é o resultado das próprias reações erradas do homem às marés da vida. Pois, apesar de a vida elevar a humanidade, ensinando-a a equilibrar sua ignorância, ressentimento e revolta através do poder do amor e da sabedoria crísticos, os homens viram tudo de ponta-cabeça. Em vez de perfeição, o açoite do carma se manifesta na consciência humana.

Seres preciosos da luz, percebo totalmente cada coração aqui presente. Percebo os devotados a Deus, que o amam sem cessar.

Percebo aqueles dentre vós que estais confusos, tentando descobrir para onde se voltar. Percebo aqueles que têm dúvidas e que não compreendem de que modo estou entrando em contato convosco esta noite. Percebo cada um que está nesta sala e neste corpo planetário. Pois eu sou, pela graça de Deus, conhecida como a Rainha do Céu, a Rainha dos Anjos, e este é o meu cargo sagrado. Minha função é servir à grande Mãe do Mundo. Embora eu tenha me tornado, em sentido e essência, na Mãe do Mundo, isto é tanto parte da vossa vida, de cada um de vós, quanto é parte de minha própria vida.

Cada mulher, cada homem é, de certo modo, uma partícula do coração da Mãe do Mundo. Vosso destino está tão fortemente ligado que é como as vestes que usais — o entremeado do pano, o estar em toda parte, unindo vossa consciência abençoada em um perfeito tecido de identidade. Pode ser que haja buracos na vossa consciência, amados, mas são pequenos, minúsculos. Um dia, a luz espiritual vai inundar a trama de vossas vestes e uni-la por completo em uma túnica inconsútil, como a que meu Filho usou.[54] Quando envergardes esse manto sem costuras nem rasgos, conhecereis o significado da chama da vida que tudo envolve, da chama do Cristo que tudo envolve, da chama da Mãe do Mundo que tudo envolve. Compreendereis o mistério do nascimento, da vida e do passar desta tela da vida para outra dimensão, a fim de trazer-vos uma progressiva evolução espiritual até que, também vós, retornareis ao estado divino pelo qual ansiais.

Devo dar-vos, esta noite, explicações a respeito da Grande Fraternidade Branca e do seu objetivo de fazer certas mudanças na situação evolutiva da humanidade. Deixarei de lado as explicações intelectuais e vos falarei de coração a coração. Durante esta conferência está sendo transmitida ao vosso mundo uma enorme quantidade de energia. Sendo assim, decidi, esta noite, muito antes de me apresentar diante de vós neste púlpito, que minhas palavras deveriam ser gentis.

Desejo transmitir aos vossos corações que Deus está perto. Desejo transmitir aos vossos corações que não deveis permitir que entre em vossa consciência a idéia de que Deus está longe. Não deveis ficar confusos, porque não conseguis ver com os olhos a transposição da vossa consciência.

Tendes habilidades maravilhosas, abençoados. Vossos olhos, tão luminosos e brilhantes, alcançam as estrelas e contemplam sua luz. Vossos ouvidos conseguem ouvir, quando devidamente sintonizados, as melodias das hostes angélicas e a música das esferas. Vossas consciências, desenvolvidas através de milhões de anos de evolução, são tão sensíveis que muitas vezes respondeis a um mero pensamento a respeito das rédeas da vida e recuais ao compreender que estais cometendo um erro, como uma criança que se afasta diante de uma chapa quente. Isso é uma bênção. É muito doce. É gentil, é de Deus. Esta é a mansidão divina.

Já deveis ter ouvido, e muitos de vós já devem ter lido, as palavras do meu Filho "Os mansos herdarão a Terra".[55] No entanto, poucos entenderam o significado destas palavras. Muitos acreditam que, por meio de uma imensa força de vontade, dedicação, serviço ou outros métodos, a realização será alcançada, e assim é.

Aqueles, no entanto, que são mansos porém fortes em sua divindade, são homens e mulheres santos de caráter divino e podem expressar neste planeta as nobres características da divindade perante a humanidade. São neles que se pode confiar quando o filho da viúva[56] é atingido pelas garras da morte, para estender a mão de conforto imortal que diz: "Levanta-te e volta à vida." Os que são capazes de chamar de volta os mortos dos domínios da morte para o cenário da vida são os Seres Crísticos, não muito diferentes de vós mesmos, que tendes através da fé, encarnação após encarnação, seguido o caminho da retidão por amor ao sagrado nome de Deus, EU SOU.

Isto significa, amados — e eu vos chamo a atenção para isso —, *Ser.* EU SOU é Ser — o Ser de Deus identificado com o ser de vós mesmos. E é através desse reconhecimento que falais em seu nome, é através desse reconhecimento que vossos atos se transformam na vontade sagrada dele. Pois identificar-se com a vontade de Deus não traz infelicidade. Esta é a suprema felicidade, coragem e mestria sobre a estrutura eletrônica de vossas formas, sobre os pensamentos que refulgem nas vossas mentes e consciências. Sendo um dom espiritual, é uma graça que não tem limites.

Ó, gentis anjos do amor, que têm me acompanhado onde quer que eu vá, chamo-vos e peço-vos que desçam agora com um suave farfalhar. Peço que satureis a consciência destas santas crianças com o conforto divino que foi estendido às crianças hebréias quando elas foram lançadas na fornalha de fogo ardente.[57] Peço que essas vossas crianças recebam um bônus de fé esta noite, para ajudá-las durante o equilíbrio desta encarnação, até sua ascensão gloriosa na luz.

Peço que seja dado a elas, ó, Pai de todos, a suprema dádiva da graça divina. Que ela repouse como um manto sagrado sobre suas cabeças, um manto de perfeição. Que ele envolva e agasalhe seus ombros. Que a capa espiritual do serviço do meu amado consorte, José, agora vosso precioso Saint Germain, repouse sobre cada um de vós que estais dispostos a ser parte da graça e santidade divinas. Não deveis sentir vergonha alguma por reconhecer Deus e sua graça, somente a alegria divina que vos servirá de conforto em todos os momentos de dor, pesar, testes e angústias, até desenvolverdes um caráter capaz de enfrentar o mundo com a luz de Deus que nunca falha.

Visitar os retiros sagrados é uma bênção, ser capaz de fazer renascer os mortos é uma bênção, ser capaz de curar os enfermos é uma bênção. A maior bênção de todas, porém, é conseguir uma união completa com Deus, pois quando alcançardes isto podereis fazer todas essas coisas e ainda mais, e nada no Céu ou na Terra vos será negado. Podereis ficar em pé ao lado de meu Filho no ponto culminante de toda a vida e direis com ele, em nome de Deus:

"Eu sou a ressurreição e a vida;[58] é-me dado todo o poder no Céu e na Terra,[59] e a quem quer que eu outorgue este poder, assim será feito."

Fareis, então, como fazemos. Transmitireis todo o poder através da ação da Lei Divina aos corações que aceitarem vossas palavras, que aceitarem vosso amor. Pois a semente que é plantada ali não é lançada em solo arenoso ou terra estéril, mas em solo fértil, onde pode florescer e ampliar a presença da vida, até que vós, os anjos, toda a humanidade e Deus nosso Pai regozijar-se-ão juntos pela conquista da grande cadeia planetária dos relacionamentos humanos que se estenderá através do corpo planetário no serviço da luz, num desabrochar de perfeição e imortalidade.

Seres graciosos, alguns de vós estão familiarizados com o fato de que em Long Island existe uma imagem erguida em minha honra. Muitos de vós sabeis que a Terra está cheia de imagens esculpidas da minha forma, e milhões rezam para mim diariamente, milhões recitam o rosário em meu nome. Peço-vos, neste instante, que imagineis como seria usar meu manto, usar minhas vestes, ser eu mesma em ação. É uma grande responsabilidade. Sou infinitamente grata pelo amor dele ter sido suficiente para encher a matriz do meu coração com a compaixão vinda da grande taça da vida universal, e sou muito grata por essa taça ter sido grande o bastante para suprir as necessidades de todos os que recorrem a mim.

Alguns de vós sabeis que a imagem da Madonna que está em Long Island tem freqüentemente vertido lágrimas e que nenhum homem, até o momento, conseguiu descobrir a origem dessas lágrimas, e por isso a chamam de "A Madonna que chora". Digo-vos, amados, que muito mais do meu tempo é gasto em júbilo do que em lágrimas. Apesar disso, os pesares do mundo muitas vezes fazem transbordar meu coração quando percebo que, se os homens fossem verdadeiros com eles mesmos, poderiam dar fim a toda dor e sofrimento. Poderiam aplacar seus sofrimentos, e bem depressa.

Assim, recordo-vos as preciosas palavras que meu amado José vos deixou em legado, através da grande alma que foi Francis Bacon: "Acima de tudo, digo-te isto: sê sincero contigo mesmo e, tal como a noite segue o dia, não conseguirás ser falso com nenhum outro homem."[60]

Encerro agora com uma súplica em prol da integridade espiritual, para que cada um de vós consiga reconhecer, enquanto contemplais minhas palavras neste calmo ministério, que mais coisas boas podem ser conseguidas do que jamais foi sonhado pelo homem. Minhas palavras em ação, garanto-vos, é a maior das dádivas. O simples fato de ouvir minhas palavras já é uma bênção temporária para todos aqueles que são capazes de assimilá-las. Para os que não o forem, digo: permanecei em Deus e todas as coisas vos serão concedidas no devido tempo, independente do estado da vossa consciência. Quer estejais conscientes ou não do que deveríeis saber a respeito de Deus, sede pacientes, até que tudo vos seja revelado. Pois quando isto acontecer, valerá mais do que ouro, mais do que roupas vistosas, mais do que palácios e terras, campos e rebanhos. Será tudo.

Pois as raposas têm covis e os pássaros têm ninhos, mas o Filho do homem não tem onde reclinar a cabeça,[61] a não ser na porta aberta do coração.

Obrigada e boa-noite.

Maria

Los Angeles, Califórnia
9 de setembro de 1963

A vós, ó, homens, clamo; minha voz se dirige aos filhos dos homens. Entendei, ó, simples, a prudência; vós, loucos, entendei a compreensão. Ouvi, pois proferirei coisas excelentes; os meus lábios se abrirão para a eqüidade.

Provérbios 8: 4-6

7

Filhos e filhas do domínio
sobre o elemento água

Sou chamada de Rainha do Mar porque manifesto domínio sobre os corpos emocionais da humanidade. Quando Jesus falou com as águas turbulentas e disse: "Paz, aquieta-te!" e as águas se acalmaram,[62] aquilo foi a manifestação, nele, do poder do domínio divino sobre a energia em movimento, a *emoção*.*

Apresento-me hoje diante de vós como representante da Mãe Divina no coração da chama da ressurreição para trazer-vos esta mestria crística — o poder para vencer a autocondenação, a autodepreciação, o medo, a tirania e o egoísmo. Venho iniciar-vos na Ordem dos Filhos e Filhas do Domínio sobre o Elemento Água.

Estes são os que venceram, como está escrito, "pelo sangue do Cordeiro".[63] O sangue do Cordeiro simboliza o fogo sagrado de Cristo, a pulsação da essência do Espírito Santo no corpo de Jesus. Este é o fluxo de fogo que se torna fluxo de água, luz líquida. Essa luz líquida dentro de vós precisa obter o poder do controle divino a fim de se expandir, a fim de girar em espiral para a ampliação da vitória cósmica.

---

*No original, os autores fazem um jogo de palavras entre *in motion* (em movimento) e *emotion* (emoção). (*N. do T.*)

O controle divino, então, é a chave para a mestria pessoal e a ressurreição. Se desejardes vos tornar o Cristo, preciosos corações, então aconselho que vos torneis antes mestres da energia em movimento. Não deveis deixar um erg sequer fluir através da vossa mente, dos vossos sentimentos ou das motivações do corpo sobre o qual não tenhais controle consciente. Deveis possuir controle sobre o que está sob o nível da vossa percepção. Assim, deveis testar tal controle, não através da observação, mas através da vibração. Deveis desenvolver a sensibilidade no centro do Cristo para saber quando há turbulência por baixo da superfície e quando há calma, pois só através desse poder total podereis seguir em frente no processo de vos tornardes o Cristo.

A transfiguração é vossa, e também a ressurreição e a ascensão são vossas. Os testes certamente virão a vós, se tiverdes demonstrado a disposição de obter mestria sobre o poder do amor de Deus à medida que ele se expande dentro de vós. Pois quando a expansão dessa chama aumentar a ponto de cobrir a Terra, devereis ter a consciência que surge com a chama, com os raios da chama e com a luz que é emitida pela chama. E devereis então estar presentes em vosso corpo e também estar presentes com o Senhor ou com a lei do Ser, que flui pela luz que é emitida por vossos chakras.

Deveis entender, seres preciosos, que ser a plenitude da manifestação da Mãe Divina requer que estejais com Deus de forma onipresente, isto é, presente em toda parte. Deveis ter tal consciência de vós mesmos que sereis capazes de vos enxergar no átomo de uma árvore que está crescendo em uma ilha nos mares do Sul, da mesma forma que estais consciente de vós mesmos aqui, nesta forma, neste lugar e neste momento. EU SOU aqui, EU SOU lá e vede: a vitória do Cristo se manifesta dentro de vós!

Deixai, então, que os limites de vossa consciência se expandam para incluir todo o universo. Pois, da mesma forma que EU SOU em toda parte, vós também podeis sê-lo, se permitirdes. Não estais confinados aos vossos corpos físico, da mesma forma que não estais confinados aos vossos corpos emocional, mental ou etérico. Simplesmente usais esses corpos como plataforma para vossa evolução e expansão. A luz de 10 mil sóis pode estar sobre vós e podeis estar não só nesses raios de luz, mas também no núcleo do sol, bastando para isso praticardes. A prática traz a perfeição.

Assim, a Mãe ensina seus filhos a exercitarem diariamente os rituais de expansão da alma e da consciência solar. Pois apenas desse modo podereis curar e elevar as energias do Cristo em vossos semelhantes. E isso é o que podereis fazer, pois isto é o que desejais há tanto tempo: o poder de curar as nações, as crianças e os homens. Se este é o desejo de vosso coração, compreendei que o ato de curar é de uma ciência, uma alquimia. Deveis conhecer esta ciência, sem correr às cegas em busca de um poder que é maior do que vós mesmos, até terdes conseguido vos tornar o mestre, a presença que comanda a paz da vossa consciência crística.

Deveis lembrar-vos, preciosos, que à medida que vos elevais à estatura do Cristo, as pessoas começarão a vir até vós em busca de assistência, e vós devereis dá-la sempre com alegria. Eles, porém, atribuirão a ajuda que receberem à vossa pessoa. E, se não tiverdes cuidado, também vós começareis a vos identificar com essa pessoa, porque tudo mais à vossa volta se identifica com ela. Então percebereis que esta pessoa não é adequada para passar nos testes, que irão aumentando em dificuldade e complexidade. E descobrireis que essa personalidade externa vai desmoronar se vos permitirdes identificar com ela.

Desse modo, deveis conceber vossa consciência como uma espécie de grade, uma treliça através da qual os fogos do Espírito Santo atravessam e os ventos rugem com o som de muitas águas. E quando as pessoas olham para a treliça e dizem: "Fui curado por esta treliça", vós sabeis que a treliça não foi a fonte da cura, e sim o vento que fluiu por ela.

Entendei, preciosos corações, que se não tiverdes a percepção correta de vossa identidade divina não podereis seguir em frente.

Não conseguireis passar nos testes da Mãe Divina. Não compreendereis a personalidade de Deus — a forma como Deus pode ser uma pessoa e ao mesmo tempo ser uma chama, e como vós mesmos podeis vos manifestar no mundo físico como uma pessoa sem ser, no entanto, essa pessoa, e sim uma chama que é pessoal e tornada palpável e real aos olhos dos que estão à vossa volta.

A vossa forma ficará ali pelo tempo que vos mantiverdes desapegados a ela, apegados à chama apenas, e não sereis atrapalhados em vosso serviço ou impedidos pelas opiniões de outras pessoas a respeito do que sois. Pois sabeis que EU SOU a chama e EU SOU o poder de Deus no coração da chama. EU SOU o amor de Deus no coração da chama. EU SOU a sabedoria de Deus no coração da chama. E pelo poder dessa consciência flamejante, a percepção flamejante da vida, ireis em frente para curar na plenitude da manifestação da Mãe Divina. Este é o controle divino, este é o poder divino, esta é a harmonia divina, esta é a realidade divina e esta é vossa vitória. Este será o dia do vosso nascimento, o dia em que nascereis da chama, para a chama e na chama, e ali permanecereis.

Se conseguirdes compreender este mistério, podereis seguir os passos de Jesus por todo o caminho, até o alto do Gólgota, e experimentareis a mortificação do ego como um ritual da Fraternidade pelo qual devereis passar. E sereis retirados da cruz. E quando estiverdes em vossa tumba, durante o período exigido, descereis até o domínio do astral a fim de pregar às almas que estão presas lá, da mesma forma que Jesus fez.

Por terdes adquirido a mestria sobre as águas da terra, as águas do mar e as águas que estão sob o mar, podereis passar por este teste final completamente vitoriosos, e podereis vos elevar. Tendo adquirido o domínio sobre a morte e sobre a forma, comandareis os átomos para que se aglutinem. E, permanecendo na chama, a ressurreição de tudo o que foi manifestado nos planos da matéria ocorrerá, e vossa identidade estará segura no plano do Espírito. E vos elevareis para encontrar o vosso Deus, e o vosso Deus descerá para vos encontrar. E no centro da estrela de seis pontas, onde a vitória se manifestará, tereis adquirido mestria sobre a Matéria e o Espírito. Esta é a razão da vossa existência e a vossa vocação divina.

Eu, Maria, permanecerei convosco como fiz com Jesus, a fim de manter o conceito imaculado para vós. E vos lembrarei desta chave e deste mistério, o qual vos entrego hoje: o mistério de vos identificardes com a chama. Lembrar-vos-ei do vosso duplo papel, do átomo permanente que existe dentro do vosso coração e que é vossa verdadeira personalidade, vossa verdadeira identidade.

Deixo-vos com a fragrância dos lírios da ressurreição e com o perfume da rosa branca do meu coração. Que os lírios do vale, trazidos pelos anjos, também possam repousar como uma grinalda sobre vossas cabeças, para que saibais que a fragrância do amor da Mãe Divina estará sempre sobre vós. Mantenho-vos junto do meu coração em um abraço divino, e ponho sobre vossa testa o beijo da Mãe Divina.

Maria

Santa Bárbara, Califórnia
31 de março de 1972

Aceitai minha instrução, e não a prata, e o conhecimento, antes do que o ouro escolhido, pois melhor é a sabedoria do que os rubis; e de tudo o que se deseja, nada se lhe pode comparar.

Provérbios 8: 10-11

8

O aceno e o chamado
da Mãe Cósmica

Com o manto da beleza cósmica e da perfeição, venho esta noite em memória do meu amado Filho e pela glória de sua natividade. Enquanto pondero sobre a magnificência da perfeição reunida e tornada sólida na minúscula forma que segurava nos braços, estou consciente agora da glória em expansão que vem através do portal do nascimento para todas as crianças, nos braços de todas as mães e preso ao coração de todas elas.

Eu sou uma mãe cósmica, e minha infinita compaixão no sagrado nome de Deus engloba o mundo esta noite como aconteceu naquela noite, há tanto tempo, quando a criança gloriosa em meus braços ainda era apenas o cumprimento de uma promessa — cumprimento que ainda não frutificara, mas que estava destinado a deixar sua marca nos registros da eternidade — para mostrar para toda a humanidade a beleza e a perfeição das esferas eternas de felicidade e amor divinos.

A aura do Cristo que envolvia meu Filho é a aura do Cristo Cósmico de cada um, pois de modo algum sua vida foi única no sentido de estar separada e afastada de qualquer outra corrente de vida que Deus criou. O único unigênito do pai, amados, é o Cristo Cósmico, a luz de todo homem que vem ao mundo.[64]

Desse modo, da mesma forma que venho até vós neste local, nesta noite estrelada de beleza e afeto, trago no coração a lembrança das canções eternas que as hostes angélicas entoaram naquela noite, em magnífica oração de luz para os filhos da luz, para os filhos da manhã, para os filhos do alvorecer e para a glória das esferas de perfeição eterna.

Esta noite, enquanto vos falo, essa luz do Cristo não diminuiu de intensidade de modo algum, e brilha cada vez mais em direção à perfeição eterna. A porta aberta do coração acenou com essa Luz Cósmica que existe nos portais de cada corrente de vida. Assim, o envolver que cada um sente, como se estivesse sendo coberto pelas vestes de sua existência cósmica, depende da sua aceitação do *momentum* da perfeição da vida, a qual não pode nunca ser requalificada pelo humano. Este é um manto feito por Deus, a perfeição das esferas de amor que são, existem e viverão para sempre.

Amados, lembro-me bem dos dias que se seguiram, em que essa criança foi crescendo e se fortalecendo.[65] E à medida que a magnificência que é Deus dentro dele foi adquirindo uma completa estatura de devoção e perfeição, eu, também, ousei e passei a enaltecer o Senhor cada vez mais, a cada dia. Quando ficava em pé em adoração, no ritual de cada amanhecer, sentia-me grata, em reconhecimento diante do eterno, diante da realidade de que meu Filho era o reflexo da aurora dourada que surgia a cada dia.

Sentia-me grata de que nele e em torno dele estivesse a luz da perfeição e que o povo que andava em trevas pudesse ver sua grande luz,[66] que a perfeição do Cristo pudesse se tornar conhecida, que o drama histórico pudesse começar a ter significado pessoal e verdadeiro para os corações da humanidade. Não importa se essa criança era um Filho meu, embalado na perfeição da vida em uma manjedoura de Belém, ou se era um filho varão nascido de uma mãe que veio no *Mayflower*,* quando de sua primeira jornada através

---

*Nome do barco que transportou o primeiro grupo de pioneiros que foi colonizar a América do Norte. (*N. do T.*)

do oceano para alcançar esta terra que é a América. Continua sendo um filho varão destinado a ser um filho da luz, um filho de Deus, uma pessoa destinada a aceitar tudo que o Pai deseja que ele aceite.

Desse modo, pequeninos de Deus, considerai vosso destino. Refleti como também vós fostes amparados nos braços de vossa mãe; e essa mãe, em sua visão interior ou em seus conceitos exteriores, foi capaz de perceber, como eu pude, a grande glória do que poderíeis ser. Assim, em cada nova reencarnação, a alma é mais uma vez agasalhada com as cerimônias e o ritual do amor de mãe. E assim a imensa glória da Mãe eterna que tudo envolve, a imensa glória da Mãe eterna que tudo abraça se manifesta, e a luz, a vida e o amor se expandem sem limites.

Minha alma se regozija novamente nesta noite, e eu torno a cantar com as hostes do meu amado Rafael a canção do que é novo, a canção da perfeição, a canção do amor e a canção da esperança que estão instaladas no coração de uma mãe, através de sua própria divindade latente. Desabrochando como uma rosa ou um lírio que floresce, o perfume de sua fragrância se espalha através dos anos. E aquele filho varão chega finalmente ao seu destino, no lugar onde o Pai eterno o aguarda no selo da grande aprovação cósmica para abençoar aquele que foi ungido com o Espírito Íntegro, a plenitude de sua perfeição imortal e destino cósmico.

Poderá então alguém colocar uma mancha ou uma marca nessa alma perfeita? Acredito que não. As manchas e marcas, amados, são colocadas pela humanidade com suas críticas, condenações e julgamentos. Pois meu Filho não declarou: "Aquele que está sem pecado, seja o primeiro a atirar uma pedra"? E não desapareceram todos, com a convicção de suas próprias faltas, virando-se com grande pesar e compreendendo que não poderiam condenar aquela mulher? E meu Filho perguntou: "Mulher, onde estão eles? Ninguém te condenou?", e ela respondeu: "Ninguém, Senhor." E disse-lhe meu Filho: "Nem eu também te condeno. Vai e não peques mais."[67]

No entanto, na perfeição da esperança de uma mãe, existe o desejo cósmico de ver o Filho de Deus manifestado no coração de cada ser trazido à existência, não importando se esse nascimento seja um nascimento físico, um renascimento espiritual ou uma regeneração do poder da luz, do poder do amor e do poder do fogo sagrado.

Aqui, em Long Island, as Madonnas choraram. Por quê? Porque elas exibem a grande vida cósmica, o amor, o anseio e a compaixão do meu coração de mãe que chora pelo mundo e deseja dar a todos a compaixão que é eterna e que cura.

Estou acenando para vós! Estou chamando por vós! Estou envolvendo-vos em meu amor e em minha luz! A natividade se repete, a cena em que eu diviso a mesma aurora, o alvorecer que refulgia da pequena cabeça envolta em mantos e cercada pela gloriosa esfera, com a intenção de ser uma esfera dominada pelo amor e por pensamentos amorosos. Vejo e diviso em cada pequena corrente de vida a glória do elevado, a glória do ascenso, a perfeição da inteligência imortal de Deus que alcançou a expressão de sua maturidade em cada corrente de vida. Esta é a perfeição planejada. Esta é a glória da vida: nenhum domínio das qualidades inferiores, nenhuma submissão aos *fiats* dos meros mortais, mas o reconhecimento daquela inteligência cósmica, da discriminação, da beleza e da perfeição que é Deus.

Nisto, amados, repousa vossa esperança, e a minha. Esta é a esperança do mundo. É a esperança da vida em sua eterna ânsia de encontrar a si mesma. Vinde, então, em vossos corações. Ajoelhai diante da manjedoura da perfeição. Expressai as qualidades de adoração do Deus dentro de vós, como fizeram os Magos de outrora. Sabei que ao enaltecerdes vossas virtudes cósmicas, estais expandindo as virtudes cósmicas de toda a humanidade. Como podereis servir melhor do que seguindo o padrão estabelecido por meu Filho, venerado por mim mesma e adorado pelo amado São José, que é também o nosso amado Saint Germain?

Vinde então, amados. Aceitai o poder do amor. Aceitai o poder do amor para colocar de lado todas as condições inferiores, para abraçar o mundo em sua perfeição e pureza, para acentuar a grandeza da divindade em sua essência e expressão. Aceitai tudo isso e sede livres na perfeição imortal, na beleza imortal e no estabelecimento eterno da imortalidade divina entre os homens. De que outro modo poderá a Terra escapar? De que outro modo poderão os homens ser livres? De que outro modo poderá a glória de Deus ser amplificada?

Ao me retirar agora, envolvo este lugar com o manto da pureza do Cristo Cósmico — um manto tecido pelos anjos a partir da eterna substância e feito de luz, tecido pelo amor da chama que arde no altar do coração do próprio Deus, no coração do Grande Sol Central. Enquanto vos envolvo com esta substância, peço que ela se expanda por toda a Terra e traga conforto a todos. Peço para que em cada coração que bata com o poder do Deus Todo-Poderoso — no qual se manifesta uma pequena expressão, a chama trina da imortalidade da vida — surja uma pulsação adicional, uma batida acelerada de esperança.

Isto os homens ouvem, ainda que de longe. No entanto, escutam os ecos que vêm do litoral onde estamos agora. Ouvem os ecos que vêm de nossas oitavas, e sabem que soa dentro deles o chamado para a luz, para o amor, para a pureza, para a perfeição, para a divina estratégia que conseguirá libertá-los de todas as manobras da iniqüidade e trará o equilíbrio da perfeição divina em manifestação. É isto o que as hostes angélicas usam, pelo poder da luz, para a precipitação de tudo que é bom sobre toda a humanidade, a cada hora e a cada momento, até que o alvorecer da luz cósmica, o portal da eternidade possa envolver cada corrente de vida no momento do nascimento e todos possam então conhecer sua Presença Divina, do menor deles até o maior.

Então a Mãe Cósmica se regozijará. Então nosso Pai que está no Céu manifestará sua glória entre os homens. E as esferas que giram em toda parte irão expressar seus cânticos de louvor e adoração a Deus, que formarão uma só imensa harmonia, um grande coração de luz e amor, uma esfera crística de perfeição. Um, um, um! Ó, Deus, faz de todos um!

Que o Espírito Crístico de luz e pureza vos abençoe esta noite e que a Terra possa saber que estou rezando. Sou um Ser Ascenso e estou rezando pelo mundo, pela perfeição dos corações dos homens, pelo estabelecimento de seu amor no espírito da liberdade divina e para a libertação de todos que estão presos, a fim de que cada ser cativo possa se libertar.

Agradeço-vos em nome do ascenso Jesus Cristo e abençôo-vos com sua luz ofuscante. Que este Natal seja a bênção da eterna Missa do Cristo. Paz em nome de Deus, meus pequenos, filhos do amor e da luz eternos.

Maria

Long Island, Nova York
16 de dezembro de 1961

Eu, a sabedoria, habito com a prudência; eu possuo conhecimento e discrição. O temor do senhor é odiar o mal; odeio o orgulho e a arrogância, o mau caminho e a boca perversa. Conselho e verdadeira sabedoria são meus; eu tenho o entendimento e o poder. Por mim reinam os reis e os príncipes ordenam justiça. Por mim governam os príncipes e os nobres; sim, todos os juízes da Terra. Eu amo os que me amam, e os que de madrugada me buscam, encontraram.

Provérbios 8: 12-17

9

A vosso Pai agradou dar-vos o reino

"Não temas, ó, pequeno rebanho, pois a vosso Pai agradou dar-vos o reino."[68] Quantas vezes estas palavras, proferidas por meu Filho amado, serviram de conforto ao viajante cansado em seu caminho rumo à ascensão.

Trago-vos esta noite a magnetização dos fogos do Espírito Santo que mantenho em meu coração. À medida que se aproximava o momento do nascimento do Cristo, a descida da magnitude do seu amor era maravilhosa de se contemplar. Vi no coração do universo, dentro do coração da minha amada Presença, sua estrela se aproximando, vinda do Oriente.

No momento em que também vos aproximais do advento da Missa do Cristo, lembrai-vos da chama da Mãe Cósmica. Carregai-os nos vossos braços; levai esses seres preciosos que anseiam pelo Cristo e sequer sabem seu nome — Jesus, Emanuel, Deus conosco. Ele realmente está conosco. A união divina e a supremacia do Espírito Santo podem ser alcançadas por todos, mas é um presente especial para as mães do mundo. Pois só uma mãe conhece o inspirar e o expirar, o foco da chama do Cristo que está surgindo.

Considero-vos todos mães e pais das crianças que estão vindo, e garanto-vos, pela minha chama, que simplesmente o fato de não terdes filhos vossos, de sangue, não é desculpa para negligenciardes a responsabilidade tão importante de nutrir a chama divina em cada corrente de vida. Não imaginais o quanto os anjos se dedicam às crianças que estão chegando! Pensais que a humanidade dedica toda a atenção e amor às crianças recém-nascidas, mas eu vos asseguro que não se compara ao amor das hostes angélicas. Dos poderosos arcanjos ao menor dos querubins, os anjos se colocam em prontidão, quase com a respiração em suspenso, esperando que todos eles surjam.

Meu amado Rafael, que ministra a chama da vida e dá assistência aos nascimentos, também me ajudou a manter o padrão da verdade divina para o Cristo desde a época em que o Arcanjo Gabriel apareceu diante de mim, como aparece ainda hoje para todas as mães que têm crianças. Se ao menos elas pudessem conhecê-lo como eu o conhecia, como ainda o conheço! Se assim fosse, todas se levantariam em sinal de respeito diante da presença de Gabriel, para vê-lo declarar em puro e bom som a verdade da perfeição do homem, de cada filho e filha de Deus! Esta é uma experiência que jamais se esquece, e os anjos da anunciação continuam anunciando a cada hora, através do badalar dos sinos das igrejas, a divina união e a perfeição do padrão de cada homem, mulher e criança deste abençoado planeta.

Sabei o significado de ouvir a anunciação da vossa perfeição divina, o poder da palavra de Deus afirmando diante de vós: "Este é o meu Filho amado, em quem me comprazo"?[69] Não percebeis que isso quer dizer que o Senhor da Criação está satisfeito com os descendentes de seu coração? Aceitai, então, o louvor do Deus Altíssimo, e louvai-o também. Regozijai-vos todos os dias pela perfeição que o Criador ofereceu a vós desde o princípio. Regozijai-vos! O regozijo é um dos grandes aspectos do amor das mães e pais do mundo. Regozijai-vos a cada pequeno passo, a cada momento de progresso, regozijai-vos a cada etapa do caminho, acreditando no Filho de Deus.

Acreditais no Filho de Deus dentro de vosso próprio coração? Pois eu vos digo: acreditai como jamais acreditastes antes! Acreditai nele! Acreditai no poder do exemplo divino do Verbo em vós, e então conseguireis acreditar em vossos semelhantes. Sem mais cinismo — o véu da dúvida e do medo! Acreditai no homem! Fostes ensinados a acreditar em Deus. Digo-vos, acreditai no homem! Acreditai em sua criação. Acreditai que Deus é capaz de fazer surgir entre a humanidade aquelas almas nobres que vão libertar este planeta na hora do seu julgamento!

Não há nenhuma dúvida em nossa consciência de que o Cristo é vitorioso em todos e que a compaixão divina do Espírito Santo, o suave amor e carinho do Maha Chohan está com cada um. Digo-vos: chega dessa criação da humanidade que destronou o homem, que o transformou em ídolo e depois o abateu por falta de fé e visão! A visão do Cristo é muito importante, e o conceito imaculado é baseado na fé. Não podeis ver aquilo em que não acreditais. Se amásseis a Deus, o amaríeis pela fé que tendes nele; e teríeis fé nele por amá-lo. Acontece da mesma forma com vossos irmãos.

Os homens não acreditam em si mesmos. Como podem aceitar aqueles que elegeram para cargos públicos? Seus professores, aqueles que deveriam comandar o respeito no mundo, todos caíram! Os homens são ídolos caídos, cada um deles, e existe caos e confusão onde as estátuas quebradas estão misturadas com a corrupção da era. Está na hora de ressuscitar! Está na hora de elevar na consciência da humanidade a Imagem Divina que não pode ser destruída. Não pode ser quebrada, pois é uma unidade perfeita — a perfeição do Filho Varão de Deus, que não pode ser destruído porque não está baseado na consciência exterior. Não está baseado nas idas e vindas da consciência humana, das emoções humanas, do intelectualismo, do orgulho nem da ambição. Não, o Cristo permanece! O Cristo permanece sempre, logo atrás do véu.

Seríeis capazes de admitir vossa falta de visão na condenação da identidade humana quando, bem ali, diante de vós, está o Cristo que existe em todos os homens? Não deveis dar voz à vossa ignorância. Deveis vos envergonhar por emitir uma só palavra contra vossos irmãos, amados. Acreditais que algum filho de Deus poderia retornar ao coração do Pai se alguém, em algum lugar, não tivesse fé em seu sucesso? Quem imaginais que está mantendo a fé na humanidade, neste momento de julgamento? Quem achais que está fazendo isso? Não é a humanidade, amados! São os estudantes da luz, nossa esperança.

Asseguro-vos que o maior foco de fé mantido para a humanidade está no coração do próprio Cristo e dos anjos que jamais desceram ao mundo da forma e, portanto, não conhecem a consciência humana. No entanto, conhecem suas degradações, e mesmo assim empenham sua fé. Esta é a beleza de Deus em manifestação — a fé de Deus, como um raio de luz, desce até o coração da Terra para elevar e carregar o homem-criança de volta ao coração do Sol Central.

EU SOU uma mãe cósmica. Os que compartilham comigo da ministração do planeta e deste sistema de mundos compreendem que é a humildade do coração que alcança com mais rapidez as alturas da vitória espiritual. Mantemos para todos a imagem da perfeição. E, por mantermos essa imagem, alguns entre os homens passam no teste, não erram o alvo na busca do prêmio da vocação celestial de Deus em Cristo Jesus.[70] Esses retornam para casa, e nossos braços estão abertos para recebê-los.

Mantereis conosco o desígnio crístico para eles? Estaríeis dispostos a vos determinar, diante de todas as formas de densidade e oposição, a invocarmos vossos semelhantes a manifestação do Cristo? Afirmai no vosso coração: "Não aceitarei nada que não seja a perfeição, ó, Deus, e sei que ela estás sempre presente nesse amado que está diante de mim. Que assim seja!" Aceitai isso, amados. Transformai-vos em uma mãe cósmica, pois um dia também vós ireis participar da criação de sistemas de mundos, de nebulosas em espiral, enquanto o universo se expande nos planos do Pai para sua criação.

Muitas coisas vos foram prometidas, se conseguirdes ir além da simples manifestação de manter o conceito imaculado. Mas parte do teste, parte da experiência, é não saberdes o que está adiante. Podias, se pudésseis ver o prêmio, trabalharíeis por ele em vez de trabalhar apenas pela bênção do serviço, que é grande, amados. Para nós, que já ascendemos, os prêmios por estarmos ascensos no Céu parecem apenas uma dádiva, um bônus. Pois nossa recompensa sempre foi e sempre será a alegria de ver aqueles a quem damos assistência superarem tudo a fim de alcançar a vitória.

Assim, a recompensa por este serviço, como disse nosso amado El Morya, é mais serviço. Regozijai-vos no serviço e não vos canseis de fazer o bem.[71] Pois sois na realidade Cristos em processo de construção, caminhando na Terra, deixando pegadas nas areias do tempo. E os filhos dos homens que virão, seguirão essas pegadas. Tomai cuidado, portanto, para deixar atrás de vós o que vós mesmos gostaríeis de encontrar à frente: luzes que guiam ao longo da trilha para a ascensão, e não pedras de tropeço no caminho.

Acima de tudo, aconselho-vos, amados, a vos lembrar de que todos os que encontrais pela frente são bebês em Cristo. Se conseguirdes lembrar de Jesus na manjedoura a cada vez que virdes alguém que parece representar de forma inadequada seu Deus, tereis mais compaixão. Pois de algum modo, na inocência do homem-criança, não existe competição, não existe orgulho, não existem mecanismos de defesa. Não há necessidade de reagir a um bebê e, vendo desse modo, achareis mais fácil carregar o fardo dos vossos irmãos pelos caminhos da vida. Lembrai-vos da matriz divina — da imagem da criança no berço.

Existe mais significado na celebração da Missa do Cristo do que a humanidade percebe, muito simbolismo que envolve os mistérios da criação e do Cristo. Os padrões de pensamento enviados que aparecem para a humanidade a cada Natal têm a finalidade de invocar nos homens a memória divina do próprio Logos, de sua própria criação imortal. Analisemos, por exemplo, os três reis magos.* A humanidade, que não compreende o poder da chama trina e não consegue aceitar a realeza de sua própria identidade, pode aceitá-la na representação no mundo da forma desses três indivíduos. Na realidade, esses seres maravilhosos que carregaram as chamas do amor, da sabedoria e do poder representam, para todos os que se ajoelham diante do altar do Cristo, a Chama Sagrada do Cristo no coração.

E sabeis, amados, que a alma da humanidade reconhece esse fato? Só o tênue véu da consciência externa continua a ver a cena do presépio como uma manifestação objetiva externa, quando na verdade ela representa a jornada da alma até o altar do Mais Alto Deus. A estrela representa a poderosa Presença do EU SOU; os pastores que cuidam dos seus rebanhos à noite representam os quatro corpos inferiores da humanidade, que devem estar sempre atentos às emoções humanas e idéias que se atropelam, para estarem prontos quando a estrela aparecer. E aqueles pastores estavam prontos; viram a estrela e também a seguiram, vindos do Oriente. Isso mostra a necessidade do alinhamento dos quatro corpos inferiores, o controle do Cristo e a perfeita identificação do eu inferior com o Eu Superior.

Assim como a Santíssima Trindade foi representada pelo amado José, pelo Cristo e por mim, a Sagrada Família também é a representação da união divina, o triângulo de Deus sobre a Terra. Essa família deve ser mantida intacta, como um exemplo para a sociedade, destinada a levar a humanidade aos pés do mestre — da mesma forma que isso deve acontecer individualmente dentro de cada um. Pois cada um de vós é a Santíssima Trindade da Sagrada Família. Em vários momentos da vossa vida Deus exige que manifesteis os aspectos do Pai, do Filho e do Espírito Santo. E não sabeis em que momento sereis chamados para prestar contas e

---

*Estes três homens sábios, na tradição latina, são os Três Reis Magos. (*N. do T.*)

manifestar os cargos de Deus na Terra, sabeis apenas que deveis estar preparados. Toda mãe deve estar pronta para ser não apenas mãe, mas também pai e filho. Compreendei isso, preciosos? E o filho deve se tornar o pai e abraçar a Maternidade de Deus.

Portanto, a vida é una, não é separada. Cada um dos integrantes da cena de Natal traz para a humanidade o chamado do Pai. Que vossa vida possa ser também um desfile de vitórias divinas! Que a humanidade possa recordar vossos triunfos, vossa vitória! Possa esse padrão ser tão claro que a alma, também, possa aprender a partir desse drama. Pois sois todos atores no palco da vida, e trazer o conhecimento e o ensinamento da Presença de Deus é vosso chamado. Isso o fareis pelo poder do Espírito Santo, pela Maternidade de Deus, pela Paternidade de Deus e pela Divina Filiação.

Preciosos, aproximai-vos dessa Missa do Cristo com reverência, com renovada dedicação. Testemunhaste, entra ano, sai ano, os cânticos e hinos da humanidade, bem como suas preces. Sua atenção para com o Cristo atraiu para este corpo planetário hostes angelicais que vieram da Estrela do Grande Sol Central, de Sírius, das Plêiades, do coração de Hélios e Vesta, anjos que servem a outros sistemas de mundos. E, se esse *momentum* pudesse ser sustentado por todo o decorrer do ano, que bênção seria, que vitória! A paz iria reinar sobre a Terra! Tudo o que é necessário para isso é a expansão da Chama. Portanto, ampliai-a, expandi-a e aprendei a deixar fluir por ela a sabedoria de Deus, que levará toda a humanidade à Presença Divina.

Não há como impedir a evolução, amados. O Cristo deverá sempre se expandir. Assim, não vos preocupeis com os estrondos do mundo exterior, e compreendei que a vida deve continuar e deve ser vitoriosa sobre qualquer manifestação externa. Se os mundos desmoronarem, se os terremotos chegarem e os cataclismos acontecerem, mesmo assim compreendei que a vida continua a se expandir. Nosso único pedido é que estejais como vossas lâmpadas preparadas,[72] que elas não estejam apagadas, que estejais prontos para manter o cálice da vitória para aqueles que serão pegos pela maré e arrastados por terem âncoras fracas. Pois eles precisarão das mãos da retidão estendidas para eles; e nesse momento de desespero muitos serão necessários para oferecer esta ajuda.

Sempre preparado é o lema que o amado Saint Germain ensinou, ao fundar os Escoteiros da América, quando colocou a insígnia da chama trina sobre cada coração. Preparai-vos para o que quer que aconteça, e sabeis que vossa vitória será alcançada, até a conquista dos mundos e a ascensão na luz.

Despeço-me repetindo as palavras de conforto de meu Filho: "Não temais, pequeno rebanho, porque vosso Pai tem grande satisfação em oferecer-vos o reino!"

Maria

Colorado Springs, Colorado
13 de outubro de 1967

Riquezas e honra estão comigo, riquezas duráveis e justiça. Melhor é o meu fruto do que o ouro refinado; as minhas novidades, melhores do que a prata escolhida. Ando no caminho da retidão, junto às veredas da justiça, para conceber bens permanentes aos que me amam, e encher seus tesouros.

Provérbios 8: 18-21

10

A luz que brilha nas ruas escuras de Jerusalém

A luz que brilha neste dia nas ruas escuras de Jerusalém é a luz que trazeis — a luz que trouxestes aqui em nome do meu Filho, em nome do Jesus Cristo, que também caminhou convosco nesses dias. E da mesma forma que clamastes por ele, também ele afirmou, no meio de vós: "Eu e meu Pai somos um."[73] Esta unidade, abençoados corações de luz, é também a unidade que compartilhamos.

Em todas as épocas, as pessoas sempre acharam que seus tempos eram os "tempos modernos". Cada década, sucessivamente, considerava-se mais moderna do que a anterior, então costumamos dizer "nesses tempos modernos". Os tempos sempre foram modernos, pois a consciência humana mudou muito pouco. Compreendei isto: vós que percebeis as coisas com facilidade, que sabeis que o Cristo vive em cada pessoa que encontrais, que sabeis que a luz deve ser mantida na oitava física para que esta oitava física seja curada pelo poder da Mãe Divina e do Filho Divino.

A luz de Deus não falha em elevar a consciência humana até que ela chegue ao nível em que deve ou se tornar divina ou ser consumida e deixar de existir. O elevar do corpo planetário pelo poder da luz do Cristo é um ciclo que começou neste mesmo lugar, no tempo e no espaço, com o mesmo campo de força, há 2 mil anos, quando um pequeno grupo de seguidores da luz se reuniu para aquela sagrada demonstração: o drama da eternidade que era retratar a vitória da luz em todo homem, mulher e criança.

O desafio lançado no ciclo de 2 mil anos que se seguiu não foi respondido pela humanidade. O Céu ainda espera pelo fechamento do ciclo. Ainda tendes uns poucos anos de oportunidade para vos tornardes o Cristo. E o que acontecerá se a humanidade não seguir seus passos? Já profetizei isto em Lourdes e Fátima, e vou tornar a profetizar. Vim para lembrar-vos, repreender e incentivar os homens a rezarem o Pai-Nosso e recitarem diariamente o rosário, pois aqueles com quem falei compreenderam que as preces são necessárias para sustentar um *momentum* de luz.

Preciosos corações, não temeis; credes em Deus, crede também em mim.[74] EU SOU uma mãe cósmica, mas isso não exclui a vós mesmos, pois também sois mães cósmicas, bem como filhos e filhas de Deus. Quanto a Jesus, não estava ele representando o raio feminino da Mãe Divina quando disse: "Ó, Jerusalém, Jerusalém! (...) quantas vezes quis eu ajuntar os teus filhos, como a galinha ajunta os seus pintinhos debaixo das asas, e tu não quiseste?"[75] Assim, naquele que alcançou a consciência crística, existe a quádrupla manifestação do Pai, da Mãe, do Filho e do Espírito Santo em perfeito alinhamento e equilíbrio.

As energias desse alinhamento dos quatro corpos inferiores com a divindade do aspecto quádruplo da consciência de Deus — essa mestria, essa vitória, foi a que ancoramos na oitava física em Jerusalém, em Belém, em Betânia. Tira as sandálias dos teus pés; o lugar em que estás pisando é terra santa.[76] Não podeis então consagrar igualmente este chão? Não podeis então consagrar o chão onde caminhais — onde quer que caminheis, onde quer que estejais no mundo da forma? Esta é vossa hora e este é vosso chamado — trazer a luz e fazê-la brilhar na escuridão das ruas das cidades do mundo. Esta é a oportunidade.

A luz é um poder acelerador; é eletrificante. Salto de coração para coração e de uma família para outra. Não vos desencorajeis, e empunhai uma espada flamejante que representa a tenacidade de um arcanjo, para seguir em frente, sempre em frente com coragem, até alcançar a vitória. Não desanimeis, pois o arco-íris da promessa é a senda da mestria, da vitória sobre os sete raios, da vitória na manifestação do poder, do amor e da sabedoria crísticos.

Digo aos que se encontram reunidos aqui esta noite que ainda há muito a ser feito. Nós, que nos reunimos no salão superior, nós que ouvimos os ensinamentos do mestre por 40 dias depois da sua ressurreição, sabemos que apenas um punhado de devotos escolhidos pelo Senhor foi responsável pelo início de um ciclo de 2 mil anos de cristandade, de vitória da luz, de vitória da consciência crística e da cultura da Mãe Divina.

Sabemos também que é a intensidade da devoção do coração que determina a vitória, não a quantidade, não os números, nem a quantidade de pessoas que podem ser reunidas em uma igreja ou em uma mesquita. É na simplicidade da devoção do coração que se rendeu totalmente à verdade e à vitória, que é incansável na sua busca, na sua procura, na sua missão de levedar toda a consciência da humanidade, assim como a mulher que pegou o fermento e o misturou com três medidas de farinha[77] e fez crescer toda a massa da consciência do homem.

Digo-vos, sede essa mulher! Sede a Mãe Divina! Homens e mulheres da chama, peço-vos que deis à humanidade a vitória pela vossa devoção individual. Ouvi os pensamentos do Grande Consolador e compreendei que eles são a levedura, o fermento que faz expandir quando é colocado na massa fértil das mentes da humanidade. Ele faz expandir, expandir e expandir, quase de forma involuntária. A mistura não pode resistir ao fermento. O fermento toma conta e tudo se expande. A massa cresce, e também a consciência da humanidade pode, da mesma forma, ser elevada e expandida.

Sabei, preciosos corações, que as hostes angélicas de luz que prestaram assistência na divulgação dos ensinamentos da Fraternidade que se tornaram conhecidos como os Pergaminhos do Mar Morto (os documentos da comunidade dos Essênios) — essas hostes angelicais observaram com grande alegria quando esses mesmos ensinamentos divulgados agora no Evangelho Eterno de Deus, na série *Sobe a montanha mais alta,* foram espalhados pelo mundo, nos corações e nas mentes daqueles que estão agora lendo esses preciosos livros. As hostes angélicas observaram com alegria as pessoas aceitarem novos conceitos, a despeito de si mesmas, a despeito de sua resistência à verdade. Pois eles seguiram a lógica do Logos divino que tira do lugar, recoloca, dissipa e consome a lógica da mente carnal. Assim, preciosos corações, quando as mentes e corações da humanidade forem recolocados nos trilhos, nos trilhos que levam a Deus, se formará uma corrente impossível de ser resistida, um fluxo incessante, como um trem que não pára.

Já deveis ter ouvido falar do rolo compressor, a carruagem de Jagrená,* que representa o carma da humanidade e sua descida a qualquer momento. Assim eu vos digo, existe também uma carruagem da concepção crística, a ação das idéias de Deus na consciência humana que leva o devoto até a vitória através da própria natureza da espiral da consciência divina. E, assim, os anjos se rejubilam ao ver que uma, duas, três, cinco, dez, 100 ou mil almas foram tocadas; pois elas se tornam o fermento que fará crescer toda a massa. Vós sois parte desse fermento — fermento para o Cristo, fermento para a Mãe Divina.

Foi neste ponto que tudo começou, há 2 mil anos, mas deve recomeçar de novo, e de novo e mais uma vez. Onde quer que fiqueis de pé, quando rezais, quando decretais, recomeça tudo novamente. Um imenso cilindro de luz começa a girar. Vai girando sem parar e vai se expandindo; e a cada volta que dá arrebanha

---

*Jagrená representa o Senhor do Universo, no hinduísmo. (*N. do T.*)

mais ovelhas para o aprisco da Mãe Divina. Considerai, então, o poder do Logos Divino como uma espiral gigantesca que sai de vós, englobando anéis cada vez maiores de luz, anéis de humanidade que sobem pela espiral à qual destes início a partir de uma idéia correta, uma palavra acertada ou um ato bom.

Sim, podeis ir em frente e representar o grande drama em vossa própria Jerusalém, em vossa própria Belém, em vossa própria Betânia. Pois onde quer que estiverdes, foi para lá que Deus vos enviou; e não podeis estar onde Ele não vos chamou, onde Ele próprio não esteve.

Nasci novamente! Invocai vossa própria estrela — a estrela da vossa poderosa Presença do EU SOU, que se transformará em uma luz que os pastores e reis seguirão até o lugar do nascimento do Cristo, de novo, de novo e mais uma vez. Enchei o firmamento de estrelas, para que a humanidade possa segui-las ao lugar de sua própria divindade, o altar onde a consciência humana é oferecida em sacrifício à consciência divina e o tempo e o espaço não existem mais porque tudo se torna um e a eternidade é agora.

Tende bom ânimo, sou eu, não temais.[78] É a Presença do EU SOU dentro de mim, dentro de vós, dentro de tudo que é a Presença da vossa vitória. Em nome da Fraternidade dos Essênios, um ramo da Grande Fraternidade Branca, em nome dos anjos de Belém, em nome dos irmãos e irmãs do meu retiro, ofereço-vos minha gratidão pela vossa peregrinação até a Terra Santa e pela vossa reconsagração desta terra à chama do Cristo. Em nome do Deus vivo, que vive dentro de todos, eu vos agradeço.

Maria

Jerusalém, Israel
30 de setembro de 1972

O Senhor me possui no princípio de seus caminhos, antes de suas obras mais antigas. Desde a eternidade fui ungida, desde o princípio, antes do começo da Terra. Antes de haver oceanos, fui gerada, e antes ainda de haver fontes carregadas de águas; antes que os montes fossem firmados, antes de haver outeiros, eu nasci, antes que Ele fizesse a Terra, ou os campos, ou sequer o princípio do pó do mundo.

Provérbios 8: 22-26

11

Salve, agraciados!

Como é maravilhoso o conceito de que o homem pode, afinal, perceber a realidade de Deus, a realidade de conseguir a graça junto a Deus. Altamente favorecidos por Deus são todos aqueles que conseguem aceitar este conceito. O conceito é imaculado e pertence a todos. Pois aquele que projetou os mundos não perdeu a esperança de trazer paz aos séculos, aos milênios, até mesmo aos diminutos segundos.

Desse modo, até mesmo o tiquetaque de um relógio pode ser agraciado com o conceito de imortalidade, pois a imortalidade engloba todas as coisas em sua vastidão e o homem encontra graça junto a Deus. E no instante em que essa graça alcança o nível da sua consciência, no momento que a percepção de que ele está partindo o pão da vida no próprio pensamento, porque ele o fez assim, nesse momento ele compreende a verdade que sempre existiu dessa forma — e descobre que ele, homem, é também um criador.

O homem é um criador do destino, da mesma forma que Deus. As obras de sua mente e de seu coração, quando presas à escuridão do padrão duplo e da visão dupla, produzem muitos danos e muita dor. Mas quando o conceito divino de que o homem encontrou graça junto a Deus é finalmente compreendido, esse mesmo homem começa a visualizar a maravilhosa natureza espiritual de

Deus no mundo aparente. E o véu do mundo aparente não mais se torna o denso desdobrar de sua consciência nos resíduos mortais que acabam em dor, sofrimento e até mesmo vergonha.

Vergonha é um estado da mente e da consciência que deve ser removido como se fossem lágrimas dos olhos. E verdadeiramente Deus enxugará todas as lágrimas dos olhos da humanidade[79] e estabelecerá a realidade crística que é uma verdadeira fonte de esperança para o mundo — a fonte da esperança que irradia a luz do mundo sobre a humanidade. Esta é uma fonte cuja corrente cristalina, por sua depuração e pureza, irradia para o homem a pureza de Deus, a pureza do propósito criativo, quando o propósito criativo é percebido. Quando ela vibra como verdade e realidade de Deus no eixo da mente que desce até o mundo da forma, ela produz os milagres pelos quais a humanidade algumas vezes anseia em vão.

Pois a fé é a certeza das coisas que não se vêem.[80] E o homem deve reconhecer seu papel de invocar a fé do próprio coração de Deus — a fé para realizar as tarefas que forem necessárias neste dia, quando a luz da esperança parece ter se apagado em tantas pessoas, quando os temores das incertezas estão sobre a humanidade — pois os pecados do mundo se tornaram realmente cruéis e se tornam piores a cada dia.

O perfeito amor que lança fora o medo[81] habita no homem. Este, porém, devido aos seus sentimentos de solidão, de separação de seus semelhantes e de seu Deus, que faz com que ele se sinta só mesmo no meio de uma multidão, está separado da grande percepção da unidade das vestes de Deus, o manto inconsútil que meu Filho usou.[82]

Vamos, então, todos os que conseguirem conceber o manto inconsútil como as vestes de luz que a humanidade pode usar hoje e que, um dia — se ela estiver disposta a acabar com seus turbilhões e com o retorno do carma cruel que ela própria lançou —, deverá usar universalmente. Dentro de cada indivíduo está colocado por mãos angélicas e pelo fogo da precisão do sagrado Filho de Deus a percepção de que EU SOU é o nome de Deus, e que no conceito de Ser, no conceito da percepção universal, os homens podem alcançar, se desejarem, aquele lugar maravilhoso onde os olhos contemplam o Cristo universal como espírito da verdade viva e da grande aventura que busca atravessar o véu que cobre cada homem, para que ele possa transformar todos os homens no fogo brilhante do sol espiritual.

As palavras "Nosso Deus é um fogo consumidor"[83] foram majestosamente inscritas sobre um diminuto cordão que meu Filho usava em torno do pescoço. Entalhado em hebraico e considerado um grande tesouro, ele foi perdido na noite em que meu Filho foi traído e capturado e jamais foi encontrado pelos homens. Digo-vos que a eternidade de Deus trouxe esse dia das memórias e tesouros do meu coração, essa sagrada lembrança para que possais neste momento compartilhá-la comigo. Pois as palavras são verdadeiras, e o poder e o princípio da luz e do fogo são um só. São tantos, porém, os que vêem em toda volta provas das esferas eternas e não as reconhecem! Pois suas consciências são de metal, um metal que, frágil e brilhante, produz apenas brilhos e pálidos reflexos da realidade.

Abri os olhos da vossa consciência! Abri as portas da realidade de vós mesmos, e tornai-vos fortes sobre a rocha de Deus. Pois as fundações dessa rocha não devem ser abaladas. Elas devem permanecer firmes dentro de cada indivíduo, carregando-os de glória em glória[84] a cada dia. E os homens não deveriam permitir que sua consciência decaia em desesperança, nos fossos profundos do desespero, para então poderosamente se elevar com a velocidade de uma flecha que fere o ar.

Em vez disso, eles deveriam procurar manter a constância do homem total que sabe a todo momento que está seguindo a estrada em espiral, elevando-se cada vez mais alto até o éter universal, extraindo dessa imensa aventura de progresso cósmico a compreensão de que os propósitos de Deus estão sendo realizados em sua própria vida e que, no fim de tudo, todas as coisas que não forem relacionadas com o objetivo e o final brilhante sairão de seu alcance e deixarão de existir. Em vez disso, ele vai pular alegremente, como uma criança pequena pula para a frente em uma campina verde e dourada, a fim de arrancar da grama as flores que a atraem mais, por serem produtos do sol, da terra e da chuva. E ele perceberá nessas flores mortais a realização das esperanças imortais ainda não alcançadas.

Assim, nas vidas de todos os indivíduos sobre o planeta permanecem muitas esperanças não alcançadas. No mundo, porém, a esperança que com mais freqüência é destruída em mil pedaços é a esperança que o Deus vivo acalenta de que a humanidade (colocando de lado seus brinquedos, seus truques, suas trevas e até mesmo suas alegrias humanas) possa compreender por fim que "há um caminho que ao homem parece direito ao homem, mas o seu fim conduz à morte"[85] e, então, ela não se retardará mais nos caminhos das trevas e das sombras, e, em vez disso, seguirá para a frente, para a coroação da vitória crística de cada vida, no triunfo da aventura de Deus. Este é o triunfo divino que se tornou possível na catedral da mente de cada homem, onde Deus está entronizado, onde a esperança continua a viver como uma chama perpétua sobre o altar do Deus vivente e o princípio da vida imortal.

A vida vale a pena quando os homens fazem com que ela valha a pena. A vida vale a pena conforme o mundo se aproxima da ventura suprema. O mundo, na verdade, busca sem saber onde encontrar. Ficam infelizmente imbuídos, às vezes, por um senso de tédio, uma sensação de falta de propósito. Que eles venham ao ponto em que se perderam da sua evolução na lei dos ciclos. Que eles venham então para o caminho onde podem, segurando a mão de Deus como se fossem crianças, compreender que a maturidade está nascendo dentro deles desde os primeiros anos da infância.

E um dia, ao alcançarem o caminho da mestria cósmica, cada um poderá encontrar aquela abençoada sensação de plenitude que também vemos na saudação angélica "Salve, agraciada, o Senhor é contigo e com teu Espírito. Bendita és tu entre as mulheres".[86] Meditei muito sobre esta saudação. E, nos dias que se passaram depois de seu cumprimento,

> Percebi também
> A gloriosa iluminação de Deus
> Brilhando na catedral
> Do meu ser e da minha mente,
> Senti uma esperança que nunca se fecha
> E sempre abre a porta da consciência
> Para ver, para perceber,
> E na percepção de não ser
> A cana rachada nem o pavio que fumega[87]
> Mas um cordão de esperança,
> Um cordão que leva para cima, para a luz
> E para a glória e para o fogo
> Do verdadeiro desejo cósmico.
> Um deus nasceu no homem,
> Pois o homem nasceu deus.
>
> E agora, enquanto estendo
> Sobre vós durante todo este dia
> A vara de Arão,[88]
> A vara da verdade cósmica,
> A vara da esperança —
> Não mais a cana rachada
> Mas a mais forte semente
> A semente da perfeição divina —
> E digo-vos, deixai esta vinha ser
> A verdadeira vinha da vida imortal.

E deixai que os grandes sinos da alegria soem por sobre a Terra como se fosse uma eterna Páscoa. Pois, apesar de o homem ter penetrado em todas as formas de escuridão, destrutividade e meandros cármicos, a luz de Deus não se apagou, e sua esperança não se extinguiu. Existe, diante de todos, o poder flamejante da vitória transcendente. A vitória do meu Filho pode ser compartilhada por todos. Lembrai-vos disso, pois falo como a mãe dos corações que reuniu as crianças para que elas possam prestar homenagem e honras aos propósitos do Sol imortal, do Cristo Universal compartilhado por todos. A imensa mortalha que escurece a consciência da humanidade é retirada e em seu lugar a pura perfeição da eternidade brilha, não como uma névoa passageira, mas como uma nuvem dourada de esperança cintilante.

"EU SOU o caminho, a verdade e a vida."[89] Deixai que isto esteja dentro de vós, deixai que esta semente habite em vós, deixai que estas palavras calem fundo em vossos corações. Assim, honrareis o propósito Dele e o meu propósito também. Acima de tudo, dobrarmos os nossos joelhos em gratidão perante o Deus vivo, o Espírito que criou o doce vale da terra como um lugar onde o homem pode derramar suas lágrimas e temores, para então alcançar finalmente, com o passar dos anos, o sol nascente das alturas que nos visitou[90] no passado e nos visita agora.

Quem tem ouvidos, ouça o que o Espírito diz.[91] Pois o Espírito do Deus vivo ainda fala e o véu se mantém parado, rasgado em dois.[92] A entrada, o portal, o caminho brilhante, novo e vivo ao Santo dos santos[93] universal está diante de cada um de vós. E cada um deve determinar o progresso que fará através dos atos que realiza.

Eu vos prometo meu amor. Eu vos prometo minha esperança. Eu vos prometo minha fé. Sereis capazes de me dar também vosso amor, vossa esperança e vossa fé? A esperança que poderá se realimentar de si mesma para que, sobre a escada ascendente da glória cósmica, possamos permanecer juntos — mãe, filho, filha —, todos unos na consciência crística, na face de Deus, a luz refletida da Presença imortal.

Que a paz esteja convosco.

Maria

Colorado Springs, Colorado
3 de outubro de 1971

Eu estava lá quando ele preparou os céus; quando traçou o horizonte sobre a face do abismo, quando firmou as nuvens acima, quando fortificou as fontes do abismo; quando pôs ao mar seu termo, para que as águas não desobedecessem à sua ordem; quando compôs os fundamentos da terra. Então, eu estava com ele, e era seu arquiteto. Eu era, cada dia, as suas delícias, folgando perante ele todo o tempo, folgando no seu mundo habitável, e achando as minhas delícias com os filhos dos homens.

Provérbios 8: 27-31

12

Segui em frente para desafiar a noite!

Vigiai e orai, para que não entreis em tentação[94] nas horas finais do teste e da batalha ganha. Nessas horas, quando os que habitam as trevas se levantam para sacudir a poeira e criar a cizânia, para tornar ininteligível o voto, para embaraçar os delicados fios de vossa consciência, lembrai da promessa que vos foi feita no Princípio, antes de o mundo ser, da expressão da divindade de Deus na humanidade do homem. Lembrai-vos que viestes com grande coragem, com grande determinação, dizendo ao Senhor dos exércitos: "Sim, Senhor, eu irei! Envia-me também. Envia-me em nome do Cristo ressurrecto." E o Senhor respondeu, dizendo: "Como queiras. Então avançai, filhos e filhas do domínio. Segui em frente para desafiar a noite, a escuridão, a discórdia e a cizânia."

Selo em vossos corações nesse dia a lembrança divina da promessa divina. Selo-a ali para que, no momento do teste final, no momento da batalha ganha, a memória divina apareça como uma tela gigantesca de luz, onde estará passando novamente, diante dos vossos olhos, a cena em que estivestes de pé diante do Mais Alto Deus.

A coragem da ação, a coragem de batalhar quando todo o mundo está contra vós, deve ser evocada do coração dos corações. E a prece incessante deve acompanhar o devoto que venceu a consciência humana com todos os seus enganos, com toda a sua ilusão, com todas as suas tentativas de se preservar em preparação para o dia da aparição do Cristo. Pois na hora da Segunda Vinda, como na noite em que havia de vir o ladrão,[95] a consciência humana é dissipada, se dispersa e não mais existe. Essa mesma consciência humana antecipa a vinda da grande luz do Filho de Deus. E desse modo tenta, por formas e métodos distorcidos, através de toda sorte de truques e insanidades, preservar o último liame de identidade.

Acelerai o coração, acelerai a mente e acelerai a determinação, amados, a fim de destruir o último inimigo! Faltam só cinco minutos para as 12 horas. É a hora em que a cauda do grande dragão Tiamat se lança como o rebote de um chicote contra os filhos e filhas de Deus e contra os santos inocentes. É a hora da vitória para aqueles que estão prontos para empunhar a luz e desafiar a cauda do grande dragão — o desafio ao mau uso do fogo sagrado e à cauda da própria carnalidade do homem.

Não percebeis, preciosos corações, o aviso que vos foi dado na forma-pensamento para o ano?* Não compreendeis que este é o ano do supremo esforço das trevas para retaliar e lançar sua vingança sobre a Mãe Divina e sua semente? Não compreendeis, então, que a defesa das chama da Mãe e do Divino Filho Varão surgindo em toda a humanidade é a suprema vigília do momento? Esta é a vigília do Cristo: "Nem uma hora pudestes vigiar comigo?"[96]

Estando nós já no último quadrante, no último trimestre do ano, reunireis a visão do Olho Onividente de Deus para clarear o caminho diante de vós até a vitória sobre todas as manifestações no plano físico, que são menos do que a perfeição do Deus Todo-Poderoso? Este é o momento supremo da oportunidade de desafiar todas as espirais e ciclos iniciados por vós próprios e pela huma-

---

*Um relógio dourado exibindo cinco para as 12, tendo uma Cruz de Malta no lugar das 12 horas.

nidade nos três primeiros quadrantes do ano. Ainda há tempo, ainda há chance de dizer para esta onda arrogante: "Para trás! Alto! Eu te desafio em nome do Deus vivente."

Entendei que, até que a espiral se torne física, ela pode ser revertida. Foi por isso que Jesus disse a Judas: "O que estás prestes a fazer, faze-o depressa."[97] Pois até que o mal se torne tangível como ação física, a resposta cármica pode ser evitada. Assim, vede que tudo o que começa no nível etérico da memória, no plano mental do pensamento, no lugar do desejo — tudo isso ainda pode ser revertido se os desafiardes antes que se tornem físicos. Digo-vos, então, que este é o vosso momento de triunfo ou o vosso momento de submissão. Em nome de Deus Todo-Poderoso, tendes a autoridade em nome de Jesus, o Cristo, de desafiar todos os ciclos da negação, toda espiral das trevas que é lançada contra vós como um bumerangue, como a cauda da serpente, como as forças da noite.

Esta é a hora da vossa vitória, abençoados corações. E vim esta manhã para vos dizer que há na verdade muitos ciclos que devem ser desafiados por vós, se a Terra quiser receber as oportunidades e as bênçãos planejadas pelos Senhores do Carma. Desse modo, podeis dizer que é um ato de misericórdia divina por antecipação o fato de eu ter obtido a permissão de vir diante de vós hoje para dizer-vos que existem poucos sobre este corpo planetário que compreendem as Leis de Deus tão bem como vós, poucos que entendem a autoridade dos Filhos e Filhas do Domínio e clamam em nome de Jesus pela vitória.

Digo-vos, então, depende deste grupo de pessoas reunidas aqui e também das outras (espalhadas pelo mundo) que responderão à análise dos eventos do ano que começou em 1º de janeiro de 1972, a fim de ver as coisas que transpiraram em todas as nações do mundo e para determinar, em nome do meu Filho e em nome da Mãe Divina, que todas as atividades que não estejam de acordo com a vontade divina ou o plano divino para esta Terra sejam confrontadas, sejam consumidas e eliminadas durante este final de ciclo. Pois somente se seguirdes de forma sistemática essas tendências e desembaraçardes o labirinto dos pensamentos, sentimentos e ações humanos, sereis capazes de preparar o caminho para os ciclos da Era de Ouro que estão para ser liberados na Véspera do Ano-novo.

Já vi, no passado, as orações que recitastes e as longas horas que passastes fazendo decretos. Vi a fé, o valor, a resposta no corpo dos estudantes dos ensinamentos, e não há sombra de dúvida em minha consciência de que podereis responder, nesse dia. Sei que respondereis, pois sei que já fizestes isso no passado, e contemplo o conceito imaculado de vossa divindade.

Coloco minha mão, então, sobre vossas testas nesta manhã para selar dentro do foco que existe ali, no Olho Onividente de Deus, o conceito imaculado da vossa divindade. Digo-vos, deixai que a imagem cósmica da Cidade Quadrangular — o templo maravilhoso de vossa própria individualidade, vossa própria identidade indivisa — apareça agora para a vitória, abrindo o caminho, abrindo o mar Vermelho da vossa consciência humana, fornecendo o caminho até a Terra Prometida da era de ouro, em um novo Céu e em uma nova Terra.[98]

Então, ficarei em pé convosco. E se chamardes por mim, pedindo em nome do Cristo, que eu vos mostre as coisas que deveis pedir e como deveis rezar, certamente vos atenderei. Não há muita diferença entre os métodos de pesquisa utilizados por vossos cientistas e sábios de hoje e os utilizados no céu, pois o Céu também mantém seus registros e suas bibliotecas. O Guardião dos Pergaminhos (o grande ser que envia suas legiões de anjos para fazer o registro de todo homem, mulher e criança neste planeta) vai pesquisar no Livro da Vida, em vosso nome, se pedirdes a ele e aos Senhores do Carma, a fim de avaliar as páginas que necessitam de supervisão e exame, se fizerdes os chamados apropriados.

Asseguro-vos, amados, não vos canseis de fazer o bem.[99] Se for necessário ir até vossas bibliotecas para examinar os eventos do passado, deveis fazer isso. Observai, escutai e aprendei, pois eu falei. Mostrei-vos hoje que é possível para uma humanidade dedicada transmutar não apenas o presente, mas também os torvelinhos do passado, as discórdias do passado, os registros de trevas e de morte. Ao transmutar o passado antes que ele seja capaz de ser escrito nas páginas do futuro, os devotos podem poupar a humanidade do holocausto e dos cataclismos do seu próprio carma que retorna.

Percebeis que a misericórdia da Grande Lei é retroativa — passado, presente e futuro? O facho de luz da misericórdia gira sem parar, movendo-se em círculos, no grande farol do mundo. A misericórdia é esse facho de luz, a lâmpada que é colocada ali, agora, pelas mãos do Deus Todo-Poderoso. Agarrai-a, então! Não deveis reter uma única gota sequer da vossa devoção.

Estes são os que não amaram suas vidas até a morte.[100] Estes são, ó, Senhor, aqueles que se colocam diante de ti hoje, e agora imploram, em prol de uma humanidade ignorante e decaída. Estes são aqueles que estão dispostos a fazer penitências para que a Lei possa ser satisfeita, para que a Lei possa ser cumprida. Estes são aqueles que sabem que o sofrimento da consciência humana prepara o caminho para a glória, o *raio incandescente** da consciência crística, a fim de que ela entre em manifestação nos planos da Matéria, nos planos da Mãe Divina.

Ó, Senhor, tende misericórdia! Ó, Senhor, tende misericórdia! Ó, Senhor, tende misericórdia de suas almas! Eu, Maria, venho diante de ti a fim de interceder por toda a humanidade, em toda parte — pedir por aqueles que chamam por mim, por aqueles que me rejeitam e por aqueles que não me conhecem. Do menor ao maior, todos são filhos do meu coração. E venho aqui com o co-

---

*No original em inglês, os autores fazem um jogo de palavras entre as palavras *glory* (glória) e *glow-ray* (raio incandescente). (*N. do T.*)

ração sangrando, pois a espada da desobediência humana fere o coração da mãe mais uma vez. Eu, também, estou disposta a suportar a dor intensa de dar à luz o Divino Filho Varão, a dor intensa de um planeta que supera as trevas e a noite. Pois EU SOU a mãe cósmica, e sei que quando a alvorada surgir, a alvorada da grande Era de Ouro, também a Criança Crística nascerá dentro de cada um. Todo homem, mulher e criança deste planeta dará à luz o Filho Divino, e isso deverá marcar a chegada da Era de Ouro.

Este é o princípio de uma nova ordem das eras. Esta é a Segunda Vinda. Esta é a hora em que a pedra superior está sendo colocada sobre a pirâmide da identidade de cada homem. Pois o Olho Onividente é o olho da imaculada conceição do Cristo. E quando ele aparecer, o veremos tal como é[101] em manifestação no homem, na mulher e em toda a vida. Pela autoridade do Espírito Santo e da Mãe Divina, que é a noiva do Espírito Santo, selo-vos no meu amor, na minha proteção e na lembrança divina dos votos que fizestes, a fim de servir até que o último de vós tenha a oportunidade de alcançar a vitória e a ascensão na luz.

Maria

Colorado Springs, Colorado
13 de outubro de 1972

Agora, pois, filhos, ouvi-me; bem-aventurados são os que guardam os meus caminhos. Ouvi minha instrução e sede sábios; e não a rejeiteis. Bem-aventurados o homem que me dá ouvidos, velando diariamente às minhas portas, esperando às ombreiras da minha entrada. Porque, o que me achar, acha vida, e alcança o favor do Senhor.

Provérbios 8: 32-35

13

A chave da oportunidade

A chave da oportunidade, amados, é o cumprimento da lei de vosso próprio ser. Até que esta lei seja cumprida, o próximo ciclo de realização não poderá ser iniciado para vós. Portanto, considerai comigo este dia, à medida que nos aproximamos juntos do portal de um novo ano de promessas para toda a humanidade — considerai o que podemos fazer juntos em prol da humanidade.

Eles todos são meus filhos, e deveis considerá-los como também vossos. A humanidade acha difícil ter um coração clemente diante daqueles que atingiram a maturidade, diante daqueles que já são adultos e, por causa disso, algumas vezes tendem a julgar de forma injusta, embora quando se trate de crianças seus corações se amoleçam, com perdão e amor. Lembrai, porém, que ao vos aproximardes de vossos semelhantes cada um deles está ainda na infância da realização espiritual, e é assim que devem ser encarados. Com esta atitude, as Damas do Céu mantêm permanente estado de graça em amor, compreensão e consideração pelas evoluções deste planeta.

Deveis lembrar-vos da afirmação "Jamais subestime o poder de uma mulher". Pois eu vos digo: jamais subestimeis o poder do Feminino Divino, ou do raio que está ancorado em vosso coração pela Mãe Divina, ou o poder das Damas do Céu que produzem mudanças no mundo da forma. Lembrai-vos do incidente que aconteceu neste ano, em que mulheres fizeram demonstrações e protestos por causa dos altos preços dos produtos. As damas do mundo, quando se mobilizam com o intuito de alcançar a vitória e lutam por uma causa, conseguem fazê-lo muito bem. Assim aconteceu com as sufragistas que no início do século XX conseguiram o poder do voto para as mulheres da América.

Amados, é muito importante que essa igualdade não se manifeste na humanidade sob a forma de competição. Igualdade é a oportunidade para se elevar à Fonte Divina de cada um, na administração e planejamento do plano divino pessoal até sua conquista. Como é importante, especialmente para os discípulos na Senda da mestria, compreender que eles jamais estão competindo uns com os outros, mas apenas com seus próprios desafios, lutando para superá-los e chegar um pouco mais adiante, além da marca em que talvez em outra ocasião tenham falhado.

Esta é a repreensão que fiz aos discípulos depois da passagem e da ascensão do Senhor Jesus. Deveis lembrar-vos que houve um momento de conflito entre eles. Isto, é claro, não foi planejado por eles, mas nutrido pelos que são irmãos das trevas. Da mesma forma, hoje, deveis batalhar com forças invisíveis que estão dispostas contra vós e, a cada momento, tentam fazer-vos pensar que é vossa mente interna que está agindo. Amados, vosso EU verdadeiro nunca está em desarmonia com o universo. Pois vossa identidade divina é a poderosa Presença do EU SOU, e nela deveis permanecer, enfrentar e conquistar qualquer situação que se colocar contra vós.

A voz suave, o sussurrar gentil do Espírito Santo é a única presença da força criativa da vida dentro de vós. O apreço e a união com esta videira de divindade executará maravilhas no mundo da forma, para vós. E quando estiverdes em meio à tempestade, como Jesus no barco,[102] e o mar rugir à vossa volta, lembrai-vos que podeis simplesmente dizer: "Paz, aquieta-te e sabe que eu sou Deus!"[103] E podeis invocar para a vossa poderosa Presença do EU SOU, a todo o Espírito da Grande Fraternidade Branca ou a um Mestre Ascenso, e dizer: "Poderosa Presença do EU SOU, toma conta desta situação!", e sabereis que tudo vai estar bem.

Assim, dedicai vossa atenção a Deus e segui com vossas atividades diárias. Não sintais como se tivésseis de lutar contra a oposição. Pois as forças da luz e o poder das hostes de Miguel e de todos os arcanjos estão prontos para seguir adiante e batalhar por vós, enquanto continuardes a avançar em direção à marca do chamado mais elevado em Jesus Cristo.[104]

Lembrai-vos disso, amados. Não precisais lutar. As hostes do Senhor estão de prontidão à vossa volta, e elas realmente seguem adiante. São os conquistadores. Lembrai-vos, porém, que, neste mundo, deveis sempre ponderar que a manifestação de Deus é, às vezes, por necessidade, atenuada pelas condições de tempo e espaço, enquanto em outras ocasiões a precipitação instantânea é possível. Portanto, esperai o imediato, mas estejais sempre dispostos a esperar também com perseverança, para ganhardes a posse de vossas almas[105] para a realização do divino dentro de vós.

É verdade que santos no passado perderam iniciações e falharam em testes devido à sua impaciência. Vossa paciência tem de ser testada, pois este é o teste da vossa fé, o teste do vosso *momentum* e da vossa dedicação, e tudo isso deve ser testado de todas as formas. Pois oferecer-vos o poder total do Reino de uma só vez (como já vos explicou o amado Ray-O-Light) faria com que, com esse poder adicional, tivésseis o dobro do carma, o triplo do carma ou qualquer que fosse esse aumento que a nova carga de poder trouxesse para vós. Assim, deveis estar prontos para receber o oferecimento que vos é dado do alto. Vosso cálice deve ser expandido — o cálice da vossa chama do coração. E esse é o vosso processo constante; ele continua sem parar. E deveis aprender como a meditar enquanto desempenhais vossas tarefas diárias. Isso é muito importante.

Manter-se em sintonia com o Espírito Santo a qualquer hora é algo que me foi ensinado antes de eu receber a oportunidade de gerar o Cristo e assisti-lo em sua missão. Pois se não estais em perfeita sintonia com Deus em todos os momentos, como poderá ele agir por nós em horas de perigo, crise ou oposição? Isso quer dizer que, em momentos de perigo, deveis antes entrar em sintonia, antes de receber assistência, e na vida do discípulo não há tempo para isso, amados. A sintonia deve estar sempre pronta, como uma armadura, uma espada da verdade. Quando estais em uma batalha, não podeis recuar do inimigo a fim de vestir a armadura e pegar a espada, especialmente depois de o inimigo já ter se lançado ao ataque. Portanto, deveis estar prontos.

A sintonia, portanto, é de alguma forma uma qualidade do subconsciente. Começa na mente externa; começa com a súplica, com a oração ao Santo Cristo Pessoal para que ele assuma o comando, e deve continuar nas orações e decretos dados por vosso coração ao longo das 24 horas do dia. Esta é uma exigência importante e deve ser feita por vós a cada manhã, antes mesmo de vos levantardes da cama. Se desejais seguir o caminho da Mãe do Mundo e o caminho do Cristo, deveis dizer para vós mesmos:

"Amada e Poderosa Presença do EU SOU, Pai de toda a vida, intercede por mim hoje. Preenche minha forma. Libera a luz necessária para que eu faça a tua vontade, e faz com que todas as decisões que eu tomar estejam de acordo com a tua santa vontade. Faz com que as minhas energias sejam usadas para magnificar o Senhor em todos os que eu encontrar. Faz com que a tua santa sabedoria que me é transmitida seja usada de forma construtiva para a expansão do reino de Deus. E, acima de tudo, amado Pai celeste, eu entrego-te o meu espírito e peço-te que, conforme a tua chama se torne uma só com a minha, a união dessas duas chamas possa pulsar para produzir no meu mundo a vigilância e a sintonia constantes que preciso ter com a tua santa Presença, com o Espírito Santo e com a Mãe do Mundo."

E, então, aceitai isso com toda a fé, amados, e compreendei que a partir daí a hierarquia de luz poderá assumir a vossa forma e o vosso mundo; e não mais tereis necessidade de sentir que, a cada momento do dia, deveis, antes de mais nada, vos aproximar de Deus, pois já sois um com Ele. Desse modo, nenhuma situação que surgir diante de vós vai pegar-vos com a guarda baixa, pois estareis sempre prontos, na vanguarda da luz. Isso é da maior importância nesse momento. Pois como K-17 vos disse na última conferência, é necessário que este grupo de discípulos se torne o estopim que vai provocar a ignição da tocha flamejante da verdade através de todo o corpo planetário, como um poderoso catalisador de luz.

Não subestimeis vosso serviço à luz, e compreendei que um com Deus é maioria no corpo planetário. Isto é científico, e já o provamos, já demonstramos este fato. Pelo poder dessa lei, a poderosa dispensação cristã veio e permaneceu até este momento como indestrutível fortaleza no mundo da forma. Pois manteve a veneração ao Deus único no Ocidente, além de tornar nulas as forças do comunismo que, a essa altura, deveriam há muito tempo ter tomado conta de todo o planeta, não fosse pela missão e pela chama do Cristo e dos focos de luz que mantivemos no Ocidente.

Percebei, então, que jamais deveis desacreditar os discípulos da verdade que foram na vossa frente, pois eles fizeram o melhor que puderam, de acordo com o conhecimento que lhes foi oferecido. Muitos deles, amados — os que foram sinceros e verdadeiramente humildes diante de Deus —, ao se ajoelharem nas grandes catedrais durante as centenas de anos que se passaram, viram pulsar diante deles a flamejante chama violeta. E adquiriram o conhecimento da Lei dentro deles, da mesma forma que o adquiristes na forma exterior. Eles travaram contato com a Lei em seu interior, e a viram através da dedicação de seus corações.

Esse conhecimento, que tínhamos quando éramos seguidores do Cristo, foi também passado de mão em mão através dos séculos, e não se perdeu. Foi passado como uma tocha poderosa. E agora essa tocha é passada aos muitos do mundo exterior sob a forma do conhecimento do fogo sagrado que deve ser divulgado por toda parte, que deve ser divulgado em todos os locais com rapidez no ano que vem chegando, através dos vossos decretos, dos vossos corações, das vossas cabeças, das vossas mãos, da vossa dedicação, do material publicado que está para ser colocado à vossa disposição através das atividades desta organização, e ainda por tudo o que puderdes fazer a serviço da luz.

Sois os escolhidos, amados, lembrai-vos disso. Lembrai-vos de que fostes os escolhidos porque escolhestes. Escolhestes ser servos de Deus, e dessa forma reconhecestes o significado de ser um servo de Deus. Isso exige todo o vosso ser, toda a vossa consciência — todo o vosso amor, toda a vossa vida, e mais!

Pois o prêmio é muito valioso, e tudo o que ofereceis a Deus vos é oferecido de volta. Esta é a lei do dízimo que vem do próprio coração de Alfa e Ômega. Quando despejais vossa energia nos decretos, Deus tem de devolver a vós o que oferecestes. Quando ofereceis aos vossos semelhantes, tudo volta multiplicado para vós. Através desta mesma lei, Jesus partiu o pão e alimentou as multidões, 5 mil pessoas e até mais. E ainda sobraram pães e peixes.

Vós também podeis ir em frente e repartir o pão do corpo de Deus e do Espírito Santo entre os homens. Quando andais pelos transportes públicos nas ruas da vida, ou em vossos próprios veículos, decretando, compreendei que todos os que estão dentro do vosso campo de visão e aqueles que não podeis ver recebem também o corpo de Deus, do Espírito Santo, através deste simples chamado. Lembrai-vos da simplicidade que vos foi ensinada por Saint Germain na noite passada. Lembrai-vos bem disso, expressai o simples chamado: "Ó Deus, ajuda-me!", o simples chamado a Deus "Reparte o corpo do Senhor entre os teus filhos, ó Pai!", e então voltai aos vossos afazeres.

Compreendei que podeis murmurar simples orações durante todo o dia, pois elas são inspiradas em vosso coração pelo vosso Cristo Pessoal, que está na verdade rezando diante do Pai 24 horas por dia. As orações do vosso Santo Cristo Pessoal podem ser trazidas para o mundo da forma somente se vos apropriardes delas e pedir-lhes que desçam para o cálice do vosso coração. Pois tudo o que ocorre no macrocosmo está destinado a descer ao microcosmo.

A alavanca dessa válvula é aberta através dos vossos decretos. Até fazerdes o chamado, a válvula permanecerá fechada e nada poderá vir até vós, exceto a porção para a vossa personificação que representa da pulsação da Presença do EU SOU. Qualquer coisa além disso — a expansão da chama do vosso coração e tudo o que precisais para terdes, fazerdes e seguirdes na direção da luz — deve apresentar-se porque o *invocastes*, porque *decretastes* isso e porque o *aceitastes* sem piscar em prol do serviço à luz.

Fortaleceí vossa mente, seres preciosos, e compreendei que a disciplina da Lei é o mérito especial da humanidade. A disciplina da Lei é misericórdia. Pois, ao vos alinhardes aos vossos quatro corpos inferiores com o ser de Deus, notareis que há vastas esferas de poder que podem ser liberadas para vós, pois sois um com a Lei. A Lei não significa escravidão! A obediência jamais representa aprisionamento, amados. Por serdes um com a Lei, tendes o direito e estais prontos para colher os benefícios de todo o cosmos. Compreendeis como esta é a chave para a vossa oportunidade nesse novo ano que vai se iniciar, ao considerardes a lei do vosso próprio ser no que ela se opõe à Lei do Cosmos?

Sabeis que sois os legisladores do vosso próprio mundo, da mesma forma que o Congresso do país é o corpo legislador da nação? Entendeis que quando decidis que isto, aquilo ou aquilo outro é errado para vós, ou que não podeis fazê-lo, ou que estais muito fraco, ou uma coisa e outra, isso é uma exigência feita pela vossa corrente de vida, estabelecendo uma lei limitadora? De forma oposta, sabeis que quando declarais: "EU SOU a perfeição de Deus! Eu tenho todo o potencial dos sete poderosos Elohim para atuar em nome deles!", por meio disso expandis a lei do vosso ser e tendes a permissão, então, de colher os benefícios da lei que vós próprios criastes?

A Lei é uma delimitação de energia; ela define o que o homem pode e não pode fazer. Desse modo, quando definis em vosso mundo a esfera de vossas atividades, lembrai-vos de que toda lei que é baseada na infinita concepção de Deus vai fazer com que alcanceis a vitória, a plenitude do vosso serviço e a poderosa ascensão na luz. E aquilo que vos limita a uma ronda de prazer mortal, de sensação na matéria, de consciência mortal, vos limitará e vos impedirá de vos unirdes ao grande e infinito depósito de luz que está logo atrás do véu.

Se ao menos pudésseis esticar vossa mão e tocar a minha! Podeis quase *sentir* que existe muito pouco a nos separar, amados. Muito tênue é a linha que divide as hostes angélicas e a humanidade. Ao recitardes vossas orações, ao deitardes em vossa cama, à noite, compreendei que simplesmente através de um toque, de um pensamento, de um foco de luz, estamos em vossa presença.

E se pedirdes, amados, que a Presença Eletrônica do mestre que escolherdes seja sobreposta sobre a vossa forma antes de irdes dormir, descobrireis que durante todo o período do vosso repouso cada *momentum* de luz daquele Ser Ascenso pode ser absorvido por vossa consciência, penetrar em vossos quatro corpos inferiores pelo poder do eletrodo da vossa coluna — as correntes ascendentes e descendentes de Deus que formam o campo de força magnético que é o foco dos grandes ciclos do infinito dentro da vossa Presença.

Compreendei o que isso pode significar para vós, amados! Antes de vos recolherdes para dormir, à noite, se disserdes: "Pai amado, amado Jesus Cristo, enviai-me as vossas presenças eletrônicas, e permiti que a duplicata das vossas imagens repouse sobre

mim e através de mim enquanto meu corpo dorme", ireis despertar, então, com o espírito da chama da ressurreição dentro de vós,
da mesma forma que Cristo despertou na manhã de Páscoa. E
sentireis que dentro de vós tendes a plena pulsação da chama
poderosa que é o *momentum* acumulado da vitória das correntes
da ascensão.

Entendeis o que isso pode significar para vós, amados, se de
forma sistemática fizerdes uma lista para vós mesmos de todos os
membros conhecidos da Hierarquia e, então, a cada noite, invocardes um mestre diferente, fizerdes súplicas à chama que ele serve
e então pedirdes que ela seja assimilada por vós? Descobrireis que
estareis preparados, então, para seguir como professores, ministros
e pregadores da Palavra e que recebereis uma assistência poderosa
que, de outro modo, poderia levar gerações para desenvolverdes
através unicamente de treinamento pessoal interno, ou através
apenas da aplicação da vossa própria chama do coração, sem a
assistência do *momentum* dos seres de luz.

Fareis isso comigo neste ano que se inicia, em cada um dos 365
dias que temos pela frente? Fareis isso, amados? Ficai de pé e fazei
vossa promessa à luz, e compreendei que, como vossa Mãe Cósmica, vou amplificar quaisquer chamados que me fizerdes. Pois eu
mesma estou vos prometendo que neste ano, como parte de meu
trabalho dedicado à humanidade, todo chamado que fizerdes em
meu nome terá o *momentum* acumulado do meu serviço, e até
mais. Uma dispensação especial me foi oferecida pelo grande
Conselho do Carma, através do qual serei capaz de prestar assistência às correntes de vida da Terra. Assim, amados, aqueles dentre
vós que sabem como fazer o chamado em meu nome devem amplificar o poder dessa chama e deixar que ela seja liberada para toda
a humanidade. Pois em seu Espírito está a vitória da luz.

Estamos determinados, ao nos colocarmos ao lado da humanidade — tanto as Damas do Céu quanto o Conselho do Carma
e as hostes angélicas —, a oferecer toda a assistência possível, antes

da aproximação do período em que o Ciclo das Trevas* começará a descer com toda a força sobre a humanidade. A ocorrência disso não se fará necessária, caso a humanidade se volte para a luz. Se os homens não fizerem isso, porém, já estamos prontos, preparando-nos para o tempo em que vós, individualmente, tereis a responsabilidade de manter o equilíbrio deste planeta. Este tempo está se aproximando depressa e, como na parábola das virgens prudentes,[106] deveis manter vossa lâmpadas preparadas, amados, pois será necessário cada erg de energia que vos foi concedido. Precisareis dele quando a hora chegar.

Alegrai-vos, portanto, pois o Pai celestial preparou para vós um meio de salvação, e a humanidade poderá receber a glória. Regozijai-vos, pois a esperança no mundo é a maior alegria e a grande promessa da época do Natal e da temporada da Páscoa, quando estaremos preparados para receber tudo isso nas semanas que antecedem a ressurreição e a ascensão do Cristo dentro de cada coração. Olhai em frente, pois, para a ressurreição de toda a vida.

Ide em frente em nome de Cristo. Ide em frente em nome da sua chama. E carregai convosco o Coração de Diamante que é o meu próprio, que é o coração do amado El Morya e também o coração da vontade de Deus. E quando vossos corações se transformarem na mente diamantina de Deus, a sabedoria daquele coração não será movida, e vós também não sereis movidos. E nenhum turbilhão de emoção, grande ou pequeno, será capaz de desviar-vos do vosso caminho, que é o caminho da liberdade. Esta é a causa da liberdade, esta é a causa da vitória.

Desenvolvei a coragem e a determinação que diz: "Não serei demovido!" e, então, ide em frente para conquistar. Conquistar em seu nome, amados, pois esta chama poderosa está perto de vós,

---

*O Ciclo das Trevas representa o retorno do carma da humanidade, e teve início em 23 de abril de 1969. É um período em que todas as energias malqualificadas, suspensas durante muitos séculos, começaram a ser liberadas a fim de serem transmutadas e possibilitar que a Era de Ouro possa ser implantada. (*N. do T.*)

sempre. E eis que estou convosco todos os dias,[107] da mesma forma que meu Filho e a presença do Espírito Santo. Ao receberdes nossa radiação neste dia e a sublime regra da Sagrada Família, compreendei que essa Trindade da manifestação é o verdadeiro significado da chama trina dentro do vosso coração. Pois no equilíbrio dos princípios do Pai, da Mãe e do Filho alcançai a glória da vossa vitória. Recebei-a, então, pois ela é oferecida livre e amorosamente a partir do coração da vossa Presença do EU SOU.

Maria

Colorado Springs, Colorado
31 de dezembro de 1967

A sabedoria edificou sua casa, lavrou suas sete colunas. (...) Quem é simples, entre aqui. Aos falsos de entendimento diz: Vinde, comei do meu pão e bebei do vinho que misturei. Deixai os insensatos e vivei; andai pelo caminho do entendimento.

Provérbios 9: 1 e 9: 4-6

14

Vinde para os braços da Mãe Divina

Abençoados filhos do meu coração, reuni-vos agora nas dobras da minha consciência. Vinde para os braços da Mãe Divina e senti por um momento a ânsia de vossos corações pela Meta Eterna, suavizada para vós pelo amor daquela que há muito tempo tomou o Cristo em seus braços. Do mesmo modo, envolver-vos-ei nas vestes firmes da minha consciência, nas dobras de sabedoria cuidadosamente colocadas em torno de vossos corpos, as dobras de amor e poder, de fé e graça, os ungüentos de cura. Assim, tomo as vestes da minha consciência e vos envolvo nelas, a cada um de vós, no amor da Mãe Divina, cujo cargo tenho a oportunidade de representar para a humanidade encarnada.

Como é maravilhoso contemplar vossos rostos elevados em preces sagradas, em súplicas ao Seu Divino, que identificais na minha pessoa, mas que não está confinado apenas à minha pessoa, abençoados, pois tudo permeia. Pois a Mãe Divina é o próprio cosmos. E tem sido meu trabalho expressar uma fração dela, e essa fração contém o Todo e é o Todo. Desse modo, quando os devotos da luz rezam dizendo "Maria", eles recebem o esplendor do *raio da Mãe*, que é o significado interno de *Maria*,* liberado pelas minhas mãos, pelo meu coração e pelo meu ser.

---

*Novamente aqui, os autores usam a semelhança, em inglês, entre *ma-ray* (raio da mãe) e *Mary* (Maria). (*N. do T.*)

Faces voltadas para o Céu em oração sempre conseguem chamar a atenção dos anjos. Os anjos da Mãe Divina permanecem com aqueles que rezam o rosário a cada dia ou que oferecem decretos e afirmações, segundo aprenderam na fé de cada um. Pois a Mãe Divina não está ligada apenas a uma fé, abençoados, pois ela é universal. Compreendei, então, que, para ela, todos são filhos do Altíssimo. Todos foram gerados pela semente do Pai. E através da nutrição que ela oferece e do carinho suave e respeito que ela lhes dedica, a Mãe sabe que todos deverão retornar a Ele.

Portanto, quando rezais para a Mãe Divina, deveis incluir nas vossas orações uma súplica por todos aqueles que não conhecem o significado da Mãe, e por todos aqueles aos quais foi negada a imagem mais sagrada da Virgem e a Criança. Pelos atos das trevas e dos lucíferos, foi feito um plano para atingir a muitos, tanto no Ocidente quanto no Oriente. A Mãe foi tomada deles e suas almas clamam, como clamou Maria Madalena: "Levaram o meu Senhor e não sei onde o puseram".[108] Do mesmo modo, as almas dos homens choram por dentro e dizem: "Tiraram de mim minha Mãe, e não sei onde encontrá-la."

Preciosos corações, até que as almas tornem a encontrar a Mãe — a Maternidade de Deus personificada em muitos seres celestiais e anjos —, essas almas não vão conseguir se reunir com o Pai. Conseguis entender que a criança chega ao Pai através da Mãe? É a Mãe que ensina à criança a sabedoria do Pai. É a Mãe que atrai os filhos para o centro da natureza. É a Mãe, acima de tudo, que sela a alma com os padrões da individualidade, que atrai, pelo poder do seu amor, a magnetização da chama de Deus, que é como um núcleo de luz encerrado no coração até que o calor do amor da Mãe o alcance, da mesma forma que o sol toca as flores. E, então, elas começam a germinar, mesmo estando abaixo do solo, e desse modo a alma brota dentro do homem, antes mesmo de o Cristo aparecer na superfície para transformar todo o seu ser e o seu mundo.

Rezai, portanto, não só por vós mesmos e por vossos filhos, vós filhas de Jerusalém que choraram na hora da crucificação de Jesus.[109] Rezai por vossos filhos. Rezai por vós mesmas. Rezai por toda a humanidade. Rezai para que todos também possam vir a conhecer a Mãe Divina.

E como poderão eles vir a conhecer essa Mãe? Existe uma forma muito importante através da qual podereis prestar assistência com relação a isso, e vim aqui esta noite para vos revelar isto. É necessário que vos torneis a Mãe Divina! — é importante que recebais em vossos braços aqueles que necessitam de socorro, cura, conforto e compaixão. Vós, que sois homens fortes e sábios, também precisais tornar-vos a Mãe, e deveis expressar sua chama. E vós, mulheres do fogo sagrado, vós que destes à luz as crianças desta geração, compreendeis que todas as pessoas são vossos filhos. Considerando-as como filhos que sugaram vosso seio, compreendei que toda a humanidade deve ser alimentada com o leite da Palavra viva, os verdadeiros ensinamentos do meu Filho. Eles foram transmitidos a vós, não para os manterdes escondidos debaixo de um alqueire,[110] nem para os manterdes cobertos sob as vestes de vossa falsa virtude, mas sim para os manifestardes com humildade.

Digo-vos, então, sede representantes da Virgem, da Santa Virgem de Deus. Exibi a consciência do Altíssimo em pureza e amor, e ministrai isso conforme as necessidades de meus filhos em toda parte. Contemplai, pois daqui e dali eles estão vindo. Alguns deles podem não saber que suas almas anseiam pela luz da Mãe Divina, pois estão cheios de orgulho intelectual e arrogância. Buscaram-na de muitas formas, mas receberam palha em vez de trigo. Não receberam nem uma migalha da verdadeira consciência e sabedoria da Mãe.

Cuidado, portanto, para que não vos torneis inflados demais com a sabedoria do mundo, com os meandros intelectuais que levam a mente para muito longe da sua sintonia com o Cristo.

Cuidado, também, para usardes vosso conhecimento como uma ferramenta. Pois tudo o que vos é transmitido nas escolas de conhecimento superior, em vossas universidades, destina-se à edificação do homem, para que ele possa ser trazido aos pés da Mãe Divina, que ensina às crianças. Portanto, a verdadeira sabedoria das eras deve ser consagrada nas salas de estudo. E deveis aprender a discernir o que é real do que é irreal, discernir entre as informações que aprisionam a alma a uma fixação decadente na *matéria* e a inspiração divina que liberta a alma para a ascendente *Mater*-realização *materna*.*

A realização da Mãe é o propósito de todo o estudo. Permiti que a Sabedoria ensine às crianças. Rezai quando estiverdes na escola, na faculdade e nas universidades. Rezai para que a sabedoria da Mãe possa inspirar professores, monitores, ouvintes e alunos que chegarem. Por que motivo eles vêm, preciosos corações? Eles vêm por que a chama da Mãe está consagrada onde quer que a sabedoria se manifeste, e é a chama da sabedoria da Mãe Divina que leva a todas as pessoas o desejo de aprender mais. Tão profundamente encerrada dentro do ser do homem está a alma que anseia por ser livre e sabe que sua liberdade virá, em última instância, através do conhecimento da Palavra sagrada.

E assim acontece: "Buscai, e encontrareis; batei, e abrir-se-vos-á."[111] O chamado sempre compele a resposta. Quereis ter amor? Então, invocai o amor. Quereis vos transformar no amor? Então, invocai o amor. Quereis oferecer amor a todas as nações? Então, eu vos digo, invocai o amor! Pois como podeis oferecer o que não possuis, não conheceis ou não compreendeis? A não ser que esse amor vos seja dado por Deus, não vai durar, nem ser real, nem trazer a cura, e não será pleno de poder. Se desejais sabedoria, invocai por ela. Se quereis tê-la e se tornar nela, invocai-a, preciosos corações.

---

*Os autores aqui utilizam a similaridade entre *matter* (matéria, em inglês) e *mater* (mãe, em latim). (*N. do T.*)

Invocai! Invocai! Invocai! Pois os representantes do Todo-Poderoso estão à vossa volta. Mas não tocarão em um fio de cabelo sequer de vossas cabeças a não ser que permitais que eles entrem em vosso mundo, a não ser que os convideis a entrar, pois esta é a lei dos planos da consciência.

Não vos esqueçais que Deus deu ao homem a oportunidade de exercer domínio sobre a terra que é o estrado de seus pés,[112] e deu também o livre-arbítrio para que possa se mostrar digno de se tornar um co-criador com o Seu Infinito. Portanto, o homem deve fazer o *fiat*: "Que seja feita a Vossa vontade! Que seja feita a vossa vontade! Que seja feita a vossa vontade em nós diariamente!" Através desse *fiat*, o homem devolve a autoridade de volta a Deus, que então entra no Seu mundo, no Seu reino, a fim de realizar as obras do fogo da vontade de Deus. Esse chamado deve ser feito a cada hora, a todo momento, diariamente. Não apenas uma vez, mas perpetuamente deveis recitar o mantra: "Não a minha vontade, não a minha vontade, não a minha vontade, mas sim a tua seja feita!"[113] Esta é a chave para a cornucópia do Céu, a chave para alcançarmos a abundância de bênçãos que se derrama sobre vós a cada vez que dizeis este *fiat* imortal do Filho do homem.

Meus preciosos, se o Reino dos Céus deve se tornar realidade sobre a Terra, e se esta geração deve ser poupada dos ciclos do retorno do carma que foram profetizados sob a forma de cataclismos, montes e rochedos que caem sobre os homens,[114] como choro e ranger de dentes,[115] como as dores do parto da Mulher Divina que sofria tormentos para dar à luz[116] — se esta geração deve ser poupada de tudo isso, então eu vos digo: é necessário uma dedicação acima do comum por parte dos devotos do fogo sagrado em prol dos irmãos desencaminhados.

Pois o Céu exige que parte do povo expressse sua devoção. Da mesma forma que o Senhor concordou em poupar a cidade de Sodoma se fossem encontrados nela dez homens justos,[117] igualmente ele concorda, nessa hora de perdição iminente, que se um punhado de homens e mulheres justos for encontrado, e se eles forem totalmente dedicados e consagrados, então o carma que está para descer pode ser detido — e a mão da autodestruição do homem será atada.

Sabeis o que o Senhor exige de vós? Sabeis o que significa ser totalmente dedicado, totalmente altruísta, abrir mão da personalidade humana, não mais se engajar em brigas e discórdias, oferecer-vos no altar de Deus a cada manhã, ao vos levantardes da cama, consagrando vossas energias — cada erg de energia, cada medida que pulsa do coração de Deus para o coração do homem, do centro do ser, do coração, da cabeça e da mão — em domínio manifesto a cada dia? A dedicação deve ser buscada e, quando encontrada, deve ser transcendida. E a dedicação deve se tornar um fervor, cada vez maior, uma chama que se expande para incluir todos os que entram na sua aura e radiação suave.

Os fogos da dedicação são os fogos do amor. Estes são os fogos que levam todos os homens a adorar um só Deus e a libertá-los de suas idolatrias, narcisismos e rebelião contra a Lei do Pai. Digo-vos, então, que se vos considerais dedicados, deveis dizer: "Tenho que me tornar dez vezes mais dedicado. Tenho que multiplicar minha dedicação!"

Jamais deveis ficar satisfeitos com vosso grau de dedicação, pois digo-vos que, assim que estiverdes dedicados o bastante em um dos planos da consciência, adquirireis o direito de vos elevardes ao plano seguinte, que inclui uma percepção ainda mais expandida da consciência de Deus, que, por sua vez, exige iniciações ainda maiores, julgamentos e testes ainda mais difíceis. Portanto, a dedicação deve ser de novo multiplicada imediatamente, a fim de fazer face aos desafios do nível seguinte da consciência de Deus. E, assim que conseguirdes chegar lá, ganhareis o direito de entrar no plano seguinte. Quando ouvimos falar nos níveis do Céu — o terceiro Céu ao qual Paulo se elevou —[118] isso significa o terceiro plano da consciência de Deus.

Compreendei, portanto, que não deve haver jamais nenhum tipo de complacência, jamais deveis ficar parados. Pois, uma vez que o ciclo de iniciação teve início em vossas vidas, ele é como uma bobina gigantesca, em espiral. E essa espiral tem exatamente 33 voltas. Começando com uma base larga, vai se estreitando à medida que se eleva, tomando a forma da pirâmide da vida.

Descobrireis, à medida que vos elevardes nessa espiral de iniciação, como Jesus fez nos 33 anos de sua encarnação final, que vai haver cada vez menos espaço para a consciência humana. Pois as paredes irão se fechando e sobrará lugar apenas para o espírito, a alma do homem. Se, às vezes, começardes a vos sentir confinados na Senda, compreendei que é por estardes sendo elevados na espiral da iniciação. A única coisa que se torna confinada é o ego humano, a mente carnal, a vontade humana, a motivação humana, o intelecto humano. Estes, portanto, devem ser renunciados, se a alma quiser seguir em frente e subir mais um degrau.

Assim, digo-vos, homens e mulheres do século XX, este é o momento em que o destino do planeta será determinado. A humanidade tem em suas mãos hoje o conhecimento e o uso de armas atômicas, explosivos com os quais pode destruir o próprio planeta que suporta suas consciências. Achais que estou sendo severa em minhas palavras? Tendes apenas de olhar para o cinto de asteróides que se encontra entre Marte e Júpiter para descobrir o que uma civilização fez através do mau uso do poder atômico. Ali existiu, no passado, um poderoso e nobre planeta. As facções guerreiras daquela civilização não conseguiram entrar em acordo com os argumentos do Senhor: "Vinde, então, e argüi-me, diz o Senhor."[119] Mas não, eles não aceitaram, eles não conseguiram. Recusaram-se a abrir mão de seu orgulho mortal e das difamações e injúrias que atiravam uns contra os outros.

Não compreenderam que, ao odiarem uns aos outros, estavam odiando a si mesmos. Assim, o ódio que enviaram recaiu sobre eles num gigantesco surto de poder explosivo. Eles, literalmente, explodiram sua casa e se aniquilaram mutuamente com seu ódio, destruindo tudo. Só restaram os pedaços de pedra flutuando no espaço, inadequados para a habitação. Este é o destino que desejais para o vosso lar? Acredito que não.

Então, torno a vos dizer, há trabalho a ser feito, e existe muito que deveis fazer. Não deveis ficar ociosos, nem deveis esquecer que cada hora representa uma contagem regressiva, e que ao fim dessa hora o julgamento vai descer, e a escolha estará feita. Será que as energias que a humanidade utilizou durante essa hora retornarão a ela sob a forma de autodestruição ou como auto-elevação? Pois o julgamento final é distribuído a cada homem 24 vezes, a cada ciclo de 24 horas. Ao fim de cada hora, os anjos do registro anotam, para cada homem, mulher e criança, a utilização exata que eles deram ao fogo sagrado. Um dia essa energia armazenada será liberada de volta para a humanidade. Eles chamam a este dia de dia do Juízo Final, mas digo-vos que o Juízo Final é apenas o efeito das causas que foram colocadas em movimento antes de chegar o fim.

Assim sendo, cada hora é uma boa hora para considerardes: o que fiz com o meu tempo, com os meus pensamentos, com os meus sentimentos? Terão sido eles cálices para as hostes do Senhor entregar nas mãos do meu povo as energias da pureza e da cura? Ou terei desperdiçado esta hora e os grãos da ampulheta, os grãos de energia que me foram confiados pelo Espírito Santo? É bom que avalies com cuidado o uso de vosso tempo, pois tempo é energia, e tempo é a única dádiva que possuis através da qual podeis trazer o Reino dos Céus em manifestação.

Quando consagrais vossas horas à chama trina do amor, da sabedoria e do poder, estareis determinando o padrão pelo qual toda a humanidade que vos segue, caminhando sobre as vossas pegadas como caminham sobre as pegadas de Cristo, poderá também aprender as lições da Lei dos Ciclos. Compreendei, preciosos corações, que vos é dada uma tremenda oportunidade — uma oportunidade que poderá salvar o planeta da autodestruição, que poderá trazer uma Era de Ouro de iluminação, um reinado de 2 mil anos do Cristo no qual toda a humanidade terá a oportunidade de praticar as leis da alquimia sagrada, tal como Jesus as ensinou.

Essa é a hora, preciosos corações. Assim, como manifestação do raio da Mãe, eu, Maria, vim até vós hoje para compartilhar convosco do pão, para comungar convosco, com o Espírito Santo, para trazer-vos para o meu coração. Deveis saber que, ao vos acolher em meu abraço durante estes inestimáveis momentos que passamos juntos, reforcei a âncora da Presença Eletrônica da vossa divindade dentro da minha chama do coração. E devo levá-la comigo como um precioso *souvenir*, uma preciosa lembrança deste tempo que passamos juntos, comemorando o momento na história cósmica em que a chama da Mãe retornou ao continente da África. E por terdes sido trazidos aqui pelo amor dos vossos corações, devo oferecer-vos, preciosos, a dispensação especial que determina que podereis estar sempre comigo através do padrão da vossa divindade, o qual eu devo, de agora em diante, trazer dentro do meu coração.

Reconhecei então o mantra: "Somos um, somos um, somos um, somos um, somos um" (entoado por Maria e acompanhado pela congregação). Amados filhos, ao entoardes juntos esta canção do fogo sagrado, recordai a oração de Jesus: "Pai, faz deles um, assim como nós somos um."[120] Em vossos corações e vossa consciência, em vossos pensamentos uns pelos outros, deveis abraçarvos a cada dia, assim como o Cristo que nasce e é embalado dentro do vosso coração. Pois somente através desse imenso amor pelo vosso irmão e pela vossa irmã conseguireis conhecer a unidade que compartilhamos — a unidade da Mãe e do Cristo, a unidade do Pai.

Se vos mantiverdes unidos como o poderoso corpo de Deus na Terra — inseparável em serviço, em pensamento, em prece, em dedicação —, vereis uma poderosa obra ser realizada neste continente da África, uma obra que jamais foi vista desde a última Era de

Ouro da raça azul e da raça violeta. Estas são as palavras que dei aos discípulos que permaneceram comigo até a hora da minha ascensão. Estas são as palavras preciosas da unificação. Pois na união que vem através desta unificação ireis encontrar a força, a vitória que tudo conquista e o poder que vos capacita a apagar todos os dardos inflamados do maligno[121] e todas as tentações do mundo.

Lembrai-vos disso então, nos momentos de crise e tensão, quando eu não estiver mais entre vós como uma voz que fala e em manifestação tangível, lembrai-vos destes sagrados momentos que passamos juntos, quando renovamos nosso pacto de unidade, da mesma forma que este pacto foi renovado entre os discípulos e eu.

Pois isto vos dará coragem para seguir em frente, para seguir os passos dos Três Reis Magos, os passos do Cristo e da estrela do Oriente que repousará sobre todo o continente da África, profetizando o nascimento de uma nova nação, um novo povo, um novo começo, uma nova ressurreição, uma nova oportunidade. Esta estrela é Afra! É a estrela nascida de Alfa e Ômega! É a estrela cujas energias irão fluir num jorro poderoso e contínuo, para inspirar os corações de todas as almas que evoluem aqui até que também elas, caminhando sobre suas pegadas, consigam escalar o monte de Betânia, e também consigam se elevar até a nuvem de sua Presença do EU SOU, como fez Jesus.[122] Que assim seja.

Pelo poder da Mãe Divina, eu falei. E EU SOU e estarei convosco todos os dias, até o final da era![123]

Maria

Acra, Gana
23 de julho de 1972

A imagem do seu Eu Divino

A imagem do seu Eu Divino

A imagem do seu Eu Divino é um retrato de você e do Deus que habita o seu interior. É um diagrama de você mesmo e do seu potencial de se transformar em quem realmente é. É uma representação da sua anatomia espiritual.

A figura superior é sua "Presença do EU SOU", a Presença de Deus que está individualizada em cada um de nós. É o seu "EU SOU O QUE EU SOU" pessoal. A sua Presença do EU SOU está envolvida pelas sete esferas concêntricas de energia espiritual, que formam o chamado "Corpo Causal". Essas esferas de energia pulsante contêm o registro das boas obras realizadas desde sua primeira encarnação na Terra. Representam, digamos assim, sua conta bancária cósmica.

A figura do meio da imagem representa o "Santo Cristo Pessoal", também chamado de Eu Superior. Você pode considerá-lo como seu anjo da guarda principal e seu melhor amigo; seu instrutor interior, a voz da sua consciência. Assim como a Presença do EU SOU é a presença de Deus individualizada para cada um de nós, o Santo Cristo Pessoal é a presença do Cristo universal individualizada para cada um de nós.

"O Cristo" é, na verdade, um título dado àqueles que alcançaram a unidade com o seu Eu Superior, ou Ser Crístico. É por isso que Jesus foi chamado de "Jesus, o Cristo". Cristo vem da palavra grega *christos*, que significa "ungido" — ungido com a luz de Deus.

A imagem mostra que cada um de nós tem um Eu Superior ou "Cristo interno", e que estamos destinados a nos unir com o Eu Superior — quer o chamemos de Cristo, Buda, o Tao ou o Atman. Esse "Cristo interno" é o que os místicos cristãos costumavam denominar de "o homem interior do coração" e o que os Upanishads misteriosamente descrevem como um ser do "tamanho de um polegar" que "habita as profundezas do coração".

Todos temos momentos em que sentimos esta conexão com o Eu Superior — quando somos criativos, amorosos, alegres. Mas há instantes em que nos sentimos fora de sintonia com ele — quando sentimos raiva, depressão, tristeza. A Senda espiritual nos ensina a como manter esta conexão com nossa consciência superior, para que possamos prestar nossa melhor contribuição à humanidade.

O feixe de luz branca, que desce da Presença do EU SOU através do Santo Cristo Pessoal e chega até a figura inferior da Imagem, chama-se cordão de cristal (também denominado de cordão de prata). É o "cordão umbilical", a linha salva-vidas que liga você ao Espírito.

Seu cordão de cristal também nutre a chama de Deus, especial e radiante, localizada na câmara secreta do seu coração. Ela é chamada de chama trina, ou centelha divina, é, literalmente, uma centelha do fogo sagrado que Deus transmitiu do Seu coração até você. Esta chama é denominada "trina" porque expressa os atributos primários do Espírito — poder, sabedoria e amor.

Os místicos de todas as religiões contataram a centelha divina, descrevendo-a como a semente da divindade interior. Os budistas, por exemplo, falam da "semente da budicidade" que existe em todos os seres viventes. Na tradição hindu, o Katha Upanishad fala da "luz do Espírito", que se oculta no "lugar sagrado do coração" de todos os seres.

Da mesma forma, o teólogo e místico cristão Meister Eckhart, no século XIV, falava sobre a centelha divina: "A semente de Deus está em nosso interior." Existe uma parte de nós, dizia Eckhart, que "permanece eternamente no Espírito e que é divina. (...) Aqui Deus cresce e flameja sem cessar".

Quando decretamos, meditamos na chama que fica na câmara secreta do coração. Essa câmara secreta é seu templo de meditação pessoal, seu castelo interior, como Teresa de Ávila costumava chamá-lo. Na tradição hindu, o devoto visualiza uma ilha de jóias no interior do coração. Vê a si mesmo nessa ilha, diante de um lindo altar, onde, em profunda meditação, envia amor ao seu mestre.

Jesus falou sobre a importância de entrarmos na câmara secreta do coração, quando disse: "Quando rezais, deveis entrar no quarto, fechar a porta e orar em segredo ao Pai; e o Pai, que vos ouviu em segredo, recompensar-vos-á abertamente."

A figura inferior da Imagem do Seu Eu Divino representa você na Senda espiritual, envolvido pela chama violeta e pela proteção da luz branca de Deus, o "tubo de luz". Sua alma é o potencial vivente de Deus — sua parte mortal que poderá se tornar imortal. A energia de alta freqüência da chama violeta poderá ajudá-lo a alcançar esse objetivo mais rapidamente.

O propósito da evolução da sua alma na Terra é desenvolver a mestria pessoal, equilibrar o carma e cumprir sua missão no planeta, para assim poder retornar às dimensões espirituais que são seu verdadeiro lar. Quando finalmente sua alma levantar vôo e ascender de volta a Deus e ao mundo celestial, você se tornará um Mestre "Ascenso", livre dos ciclos do carma e do renascimento.

Notas

Prólogo

1. Mt 13: 33.
2. Rm 12: 4; I Cor 12: 27; Ef 4: 12.
3. Ap 12: 10-11.
4. At 2: 1.
5. Ap 21: 3.
6. Mt 24: 14.
7. Ap 11: 3, 10.
8. Ap 12: 5.
9. Rm 8: 7.
10. Jo 1: 9.

Introdução

1. 1 Sm 16: 1.
2. 1 Sm 16: 11-13.
3. Is 11: 1-2.
4. Sl 16: 9-11.
5. Sl 17: 15.
6. Sl 19: 14.
7. Dt 6: 4.
8. *Os livros apócrifos da Bíblia* (Cleveland e Nova York: World Publishing Co., 1926), O Evangelho do Nascimento de Maria I: 1-3.
9. Mt 5: 37.
10. João, o Amado, 19 de abril de 1973, "O Corpo de Deus Sobre a Terra" — *Pérolas de sabedoria,* vol. 16, nº 25 (Corwin Springs, Montana: The Summit Lighthouse), p. 108.

11. *Livros apócrifos*, Nascimento de Maria I: 5-6.

12. Êx 3: 14.

13. São João Damasceno, citado em *Heavenly Friends* (Boston: The Daughters of Saint Paul, 1958), pp. 312-13.

14. *Livros apócrifos*, Nascimento de Maria I: 9-10, 11.

15. *Ibid.*, II: 1-5.

16. *Ibid.*, II: 9-12.

17. *Ibid.*, III: 1-5, 11.

18. *Ibid.*, IV.

19. *Ibid.*, V: 1-3.

20. *Ibid.*, V: 4-6.

21. *Ibid.*, V: 10-17.

22. *Ibid.*, VI: 1-5.

23. *Livros Apócrifos*, O Proto-Evangelho IX: 7.

24. *Ibid.*, IX: 8-17.

25. *Ibid.*, IX: 18.

26. Lc 1:39-56; *Livros apócrifos*, O Proto-Evangelho IX: 20-21.

27. *Ibid.*, XI: 8-22.

28. *Livros apócrifos*, O Primeiro Evangelho da Infância de Jesus Cristo I: 4-21.

PARTE UM
O Aspecto da Sabedoria da Chama do Cristo
Quatorze Cartas de uma Mãe a seus Filhos

1. Gn 5: 18-24.

2. Mt 15: 14.

3. Mt 23: 24.

4. Pv 4: 7.

5. Mt 28: 18.

6. Rm 8: 17.

7. Jo 16: 13.

8. 2 Tm 2: 15.

9. Mt 6:10.

10. 1 Cor 12: 13; Ef 4: 4.

11. Mt 6: 23.

12. Êx 25: 20.

13. 1 Jo 4: 18.

14. Jo 8: 11.

15. Ap 12: 11.
16. Ap 3: 8.
17. Gl 5: 22-23.
18. Tg 1: 27.
19. Jo 17: 11.
20. 2 Pd 3: 16.
21. Ef 6: 12.
22. Mt 19: 26.
23. Cl 2: 9.
24. 2 Cor 3: 6.
25. 1 Sm 16: 7.
26. Gn 4: 9.
27. Gn 1: 28.
28. Mt 6: 34.
29. 1 Ts 5:21.
30. Jo 2:17.
31. 1 Cor 3:13.
32. Sl 23: 6.
33. 1 Cor 13: 13.
34. Mt 5: 16.
35. Mt 24: 6.
36. Jo 14: 1.
37. 1 Ts 5: 21.
38. Mt 5: 6.
39. Ap 16.
40. 1 Tm 6: 10.
41. Mt 25:14-30.
42. Jo 6: 1-14.
43. Mt 15: 27.
44. Jó 1: 21.
45. Lc 12: 32.
46. Fp 4: 19.
47. Dn 11: 31; Mc 13: 14.
48. St Athanasius, *On de Incarnation of the Word of God*, 54 (século IV).
49. Mt 24: 6.
50. At 17: 24.
51. Jo 15: 17.
52. Jo 5: 17.

53. Gn 1: 27.
54. Jo 10: 30.
55. Fp 2: 10.
56. 1 Cor 15: 28.
57. Jo 4: 24.
58. 1 Cor 8: 5-6.
59. Ap 5: 13.
60. Mt 5: 18.
61. Gl 6: 7.
62. Sl 136.
63. 1 Cor 15: 50.
64. Êx 8: 15; Mt 19: 8.
65. Lc 2: 40.
66. Gn 1: 26.
67. Gl 6: 9.
68. Jr 31: 34.
69. Mt 13: 25.
70. Mt 24: 22.
71. Js 24: 15.
72. 1 Jo 4: 1.
73. Lc 21: 19.
74. Lc 2: 14.
75. 2 Cor 3: 6.
76. Ap 21: 1.
77. Jo 16: 13.
78. Sl 23: 3.
79. Fábulas de Esopo — *A lebre e a tartaruga.*
80. Jo 14: 26.
81. 2 Sm 6: 6-7.
82. Thomas à Kempis, *A imitação de Cristo,* livro 1, cap. 19, p. 35.
83. Lc 23: 46.
84. "Deus é meu direito", Ricardo I.
85. "O estado sou eu!", frase de Luís XIV da França, na qual se baseava o conceito de Monarquia Absoluta.
86. 1 Cor 13: 12.
87. Pv 14: 12.
88. Apóstolo Paulo em uma carta aos Gálatas.
89. Gl 6: 7.
90. Mt 5: 18.

91. Ap 3: 12.

92. Ap 21: 16, 23.

93. Jo 10: 30.

94. Is 65: 24.

95. Tg 4: 3.

96. At 17: 28.

97. Heb 11: 1.

98. Lm 3: 26.

PARTE DOIS

O Aspecto do Amor da Chama do Cristo

Oito Mistério do Rosário Oferecidos pela Mãe a Seus Filhos

1. Mt 6: 6.

2. Is 45: 11.

3. Gn 1: 28.

4. Is 66: 1.

5. Lc 22: 42.

6. Sl 91: 14-16.

7. Lc 11: 2.

8. Jo 22: 28.

9. Mt 18: 19.

10. Jo 16: 23.

11. Mt 14: 23; Lc 6: 12; 9: 28; Mc 1: 12-13, 4: 39; Lc 22: 42; Jo 5: 8; Mt 9: 2, 22; Jo 11: 43; Mt 16: 23.

12. Jo 17: 9-10, 20-21.

13. Jo 21: 15-17.

14. Mt 16: 18.

15. Mt 5: 5, 8-10.

16. Jo 11: 25; 8: 12; 9: 5; 10: 10; 14: 6; 14: 10, 11.

17. Gn 4: 25-26.

18. Rm 10: 18.

19. Rm 10: 13.

20. Lc 1: 28.

21. Lc 1: 42.

22. *Enciclopédia britânica*, 1949, s.v. "Nestorius".

23. Jo 1: 14.

24. Maria, "Uma carta de Mãe Maria", Lição 16 de Guardião da chama, p. 9.

25. Ap 12.
26. Maria, Lição 16 de Guardião da chama, p.11.
27. Ap 12:17.
28. Ap 1: 8.
29. Êx 3: 14.
30. Sl 82: 1-2, 6.
31. Ap 12: 10.
32. Jo 10: 30.
33. Jo 5: 17.
34. Jo 10: 32-38
35. Jo 1: 12.
36. 1 Jo 3: 2.
37. Gn 2: 7.
38. Mt 3: 17.
39. William Thomas Walsh, *Nossa Senhora de Fátima* (Garden City, N.Y.: Doubleday & Co., Image Books, 1954), p. 202.
40. Ditado de El Morya, 12 de dezembro de 1972.
41. Mãe Maria, 20 de abril de 1973, "Reunião para a Comunhão no Templo da Ressurreição com Maria, Jesus e Lanello", em 1973 — *Pérolas de sabedoria*, vol. 16, nº 30 (Corwin Springs, Montana: The Summit Lighthouse), pp. 128-29.
42. *Ibid.*
43. Jo 17: 22.
44. Ap 21: 2.

Mistérios Doutrinários

Primeiro Mistério Doutrinário
Mt 5: 1-12.
Segundo Mistério Doutrinário
Mt 22: 2-14.
Terceiro Mistério Doutrinário
Mt 18: 23-35.
Quarto Mistério Doutrinário
Mt 25: 1-13.
Quinto Mistério Doutrinário
Mt 13: 36-43; 18: 18-20.

Mistérios Magistrais

Primeiro Mistério Magistral
Mt 4: 1-11.
Segundo Mistério Magistral
Lc 8: 41-54; Mc 5: 41; Lc 8: 55; Mc 5: 42.
Terceiro Mistério Magistral
Mt 14: 22-33.
Quarto Mistério Magistral
Lc 9: 28-29; Mt 17: 2; Lc 9: 30-32; Mt 17: 4-8.
Quinto Mistério Magistral
Jo 11 :1, 3-4, 6-7, 20-27, 41-44.

Mistérios Amorosos

Primeiro Mistério Amoroso
Jo 3: 30; 1: 6-9; Mt 3: 1-3; Lc 3: 16, 17; Mt 3: 13-17; 11: 11.
Segundo Mistério Amoroso
Jo 14: 15-31.
Terceiro Mistério Amoroso
Jo 15: 1-17.
Quarto Mistério Amoroso
Jo 21: 3-6, 9-12, 15-17.
Quinto Mistério Amoroso
Jo 3: 1-11.

Mistérios Jubilosos

Primeiro Mistério Jubiloso
Lc 1: 26-38.
Segundo Mistério Jubiloso
Lc 1: 39-55, 57; Jo 1: 6; Lc 1: 67, 76-79.
Terceiro Mistério Jubiloso
Jo 1: 1-5; Lc 2: 4-14, 20, 19; Mt 2: 1-2, 11; Jo 1: 14.
Quarto Mistério Jubiloso
Lc 2: 22, 25-40.
Quinto Mistério Jubiloso
Lc 2: 41-49, 51-52.

Mistérios Curativos

Primeiro Mistério Curativo
Jo 8: 12-19, 28, 29, 31, 32.
Segundo Mistério Curativo
Jo 5: 2-9, 19, 24-25.
Terceiro Mistério Curativo
Jo 9: 1-7, 39-41.
Quarto Mistério Curativo
Lc 17: 11-21.
Quinto Mistério Curativo
Ap 11: 3-13.

Mistérios Iniciáticos

Primeiro Mistério Iniciático
Mt 26: 26; 1 Cor 11: 24; Mt 26: 27-29; Jo 13: 4-10, 14-15; 14: 12-14.
Segundo Mistério Iniciático
Jo 17: 1,4; Lc 22: 39-44; Mt 26: 40-41, 45-46; Jo 18: 4-6; Lc 22: 50-51; Jo 18: 11;
Mt 26: 53-54; Lc 22: 52-53.
Terceiro Mistério Iniciático
Mt 27: 1-2. Jo 18: 33, 36-38; Mt 27: 24-26; Jo 19: 2-5.
Quarto Mistério Iniciático
Lc 9: 23-24; Mt 11: 28-30; Jo 19: 17, 19; Lc 23: 26-28, 31; Jo 15: 20; 16: 2,
22-24, 33.
Quinto Mistério Iniciático
Jo 12: 24-25; Lc 23: 33-34, 39, 42-43; Jo 19: 26-27; Mc 15: 33-34; Lc 23: 46;
Mc 15: 38-39; Jo 12: 31-32.

Mistérios Gloriosos

Primeiro Mistério Glorioso
Mt 28: 1-10; Jo 20: 19-23.
Segundo Mistério Glorioso
Lc 24: 46-49; Mt 28: 18-20; At 1: 8-11; Mc 16: 20.
Terceiro Mistério Glorioso
At 2: 1-4, 6-7, 14, 16-18, 21, 38-39, 41.

Quarto Mistério Glorioso
Ap 12: 1-11.
Quinto Mistério Glorioso
Ap 12: 12-17; 21: 1-4, 6, 7; 22: 17.

Mistérios Miraculosos

Primeiro Mistério Miraculoso
Jo 2: 1-11.
Segundo Mistério Miraculoso
Lc 8: 22-35.
Terceiro Mistério Miraculoso
Jo 6: 1-10; Lc 9: 14; Jo 6: 11-14.
Quarto Mistério Miraculoso
Jo 8: 2-11.
Quinto Mistério Miraculoso
Jo 6: 35, 38-40, 44, 48-51, 53-57.

PARTE TRÊS
O Aspecto do Poder da Chama do Cristo
Quatorze Mensagens da Palavra da Vida
para as Crianças da Mãe

1. Is 6: 3.
2. Mt 22: 11-12.
3. Jo 19: 23.
4. Ef 6: 11, 13.
5. Gn 15: 1.
6. Jo 1: 14.
7. Rm 8: 7.
8. Jr 13: 23.
9. Mt 6: 27.
10. Rm 13: 12.
11. 2 Tm 3: 1.
12. Sl 24: 1.
13. Ap 1: 6; 5: 10.
14. Gn 1: 28.
15. Rm 8: 7.
16. At 2: 1-4.

17. Ap 18: 2.
18. Mt 24: 51.
19. Jo 21: 22.
20. Ap 12: 11.
21. Thomas Jefferson, *Declaração da Independência dos EUA*.
22. Jr 8: 22.
23. Mt 28: 6.
24. Mt 22: 11-12.
25. Jo 19: 23.
26. Ap 3: 17-18.
27. Cl 3: 9.
28. Tg 4: 8.
29. At 2: 1-4.
30. Tg 1: 17.
31. Gn 3: 24.
32. Mt 10: 42.
33. Jo 14: 2.
34. 2 Rs 2: 14.
35. 2 Rs 2: 11.
36. Alexander Pope, *Ensaio sobre a crítica*, parte 3, linha 66.
37. Gn 14: 18, Hb 6: 20.
38. Jr 31: 33, Hb 8: 10.
39. Gen 1: 28.
40. Jo 4: 35.
41. Is 30: 20.
42. Hb 13: 2.
43. Mt 9: 20-22.
44. Ap 1: 16.
45. Mt 15: 8.
46. Hb 6: 6.
47. Nm 21: 9.
48. Ap 12: 5.
49. Rt 1: 16.
50. Mt 25: 40; 18: 6.
51. 1 Cor 3: 16; 6: 19.
52. Mt 24: 35.
53. Mt 5: 18.
54. Jo 19: 23.
55. Mt 5: 5.

56. 1 Rs 17: 17-23.
57. Dn 3: 19-28.
58. Jo 11: 25.
59. Mt 28: 18.
60. William Shakespeare, *Hamlet*, ato 1, cena 3, linhas 78-80.
61. Mt 8: 20.
62. Mc 4: 39.
63. Ap 12: 11.
64. Jo 1: 9.
65. Lc 2: 40.
66. Is 9: 2; Mt. 4: 16.
67. Jo 8: 3-11.
68. Lc 12: 32.
69. Mt 3: 17.
70. Fl 3: 14.
71. 2 Ts 3: 13.
72. Mt 25: 7.
73. Jo 10: 30.
74. Jo 14: 1.
75. Mt 23: 37.
76. At 7: 33; Êx 3: 5.
77. Mt 13: 33.
78. Mt 14: 27.
79. Ap 7: 17; 21: 4.
80. Hb 11: 1.
81. 1 Jo 4: 18.
82. Jo 19: 23.
83. Hb 12: 29.
84. 2 Cor 3: 18.
85. Pv 16: 25.
86. Lc 1: 28.
87. Is 42: 3; Mt 12: 20.
88. Nm 17: 8.
89. Jo 14: 6.
90. Lc 1: 78.
91. Ap 2: 7.
92. Mt 27:51.
93. Hb 10: 19-20.
94. Mt 26: 41.

95. Mt 24: 43-44.

96. Mt 26: 40.

97. Jo 13: 27.

98. Ap 21: 1.

99. 2 Ts 3: 13.

100. Ap 12: 11.

101. 1 Jo 3: 2.

102. Mc 4: 39.

103. Sl 46: 10.

104. Fp 3: 14.

105. Lc 21: 19.

106. Mt 25: 1-13.

107. Mt 28: 20.

108. Jo 20: 13.

109. Lc 23: 27-28.

110. Mt 5: 15.

111. Mt 7: 7.

112. Is 66: 1.

113. Lc 22: 42.

114. Ap 6: 16.

115. Mt 24: 51.

116. Ap 12: 2.

117. Gn 18: 32.

118. 2 Cor 12: 2.

119. Is 1: 18.

120. Jo 17: 11.

121. Ef 6: 16.

122. Os Mestres Ascensos, através da sua mensageira Elizabeth Clare Prophet, revelaram anos depois que Jesus não efetuou sua ascensão após a conclusão do seu ministério na Palestina, retornando para o coração de Deus, mas removendo seu corpo da Palestina no ritual do monte em Betânia. Ele se foi desta maneira porque já cumprira seu ministério na Palestina. Após sua crucificação e ressurreição, Jesus efetuou uma jornada até Caxemira, onde viveu até os 81 anos, quando ascendeu do retiro etérico de Shamballa. Vide Jesus Cristo, "A Senda dos Construtores", 27 de junho de 1993 — *Pérolas de sabedoria*, vol. 36, n° 36 (Corwin Springs, Montana — EUA, The Summit Lighthouse), pp. 522-23.

123. Mt 28: 20.

Este livro foi composto na tipologia Minion, em
corpo 11/15, e impresso em papel off-white 80g/m²,
no Sistema Cameron da Divisão Gráfica
da Distribuidora Record.

Você pode adquirir os títulos da NOVA ERA
por Reembolso Postal e se cadastrar para
receber nossos informativos de lançamentos
e promoções. Entre em contato conosco:

mdireto@record.com.br

Tel.: (21) 2585-2002
Fax: (21) 2585-2085

*De segunda a sexta-feira,
das 8h30 às 18h*

Caixa Postal 23.052
Rio de Janeiro, RJ
CEP 20922-970

Válido somente no Brasil
www.record.com.br